UNE INTRODUCTION À L'ANALYSE DU DISCOURS ARGUMENTATIF

DES SAVOIRS ET SAVOIR-FAIRE FONDAMENTAUX

VANCE MENDENHALL

Les Presses de l'Université d'Ottawa
Ottawa

Données de catalogage avant publication (Canada)

Mendenhall, V. (Vance)

Une introduction à l'analyse du discours argumentatif

ISBN 2-7603-0270-9

1. Analyse du discours 2. Logique
3. Rhétorique I. Titre.

P301.5.P47M36 1990 808'.001'41 C89-090391-3

Les bandes dessinées de Mafalda sont tirées des albums suivants :
Le Monde de Mafalda,
Le Petit Frère de Mafalda,
Mafalda et ses amis,
Les Vacances de Mafalda,
Encore Mafalda.

ISBN 978-2-7603-0270-9
Réimprimé au Canada en 2013

Table des matières

AVANT-PROPOS xiii

INTRODUCTION

1. LE LANGAGE 3

1.1 Un instrument de la vie sociale 3
1.2 Une forme de vie sociale 4
1.3 Une interaction 5
1.4 Une interaction réglée 6
1.5 Les règles de l'interlocution 7

2. LES SAVOIRS ET SAVOIR-FAIRE COMMUNS . 9

2.1 Les savoirs et savoir-faire fondamentaux 12

Première partie

LES ACTES DISCURSIFS

OBJECTIFS 19

1. LES POSSIBILITÉS OFFERTES PAR L'INTERLOCUTION 21

1.1 Les actes discursifs et les effets discursifs 21
1.2 Les types d'actes discursifs 23
1.3 « Dire et montrer » 25

Travaux pratiques 27

1.4 La force de l'acte discursif 31

Travail pratique 34

1.5 La portée des actes discursifs 35

Travaux pratiques 36

1.6 Les détours discursifs 37

Travail pratique 39

2. LA SITUATION INTERLOCUTIVE : COMPRENDRE ET SE MÉPRENDRE 40

2.1 Le contexte ou situation interlocutive 40
2.2 Les contraintes syntactico-sémantiques . . . 41
2.3 Réussir 44
2.4 « Tu sais ce que je veux dire » 45

Travail pratique 48

3. LE DISCOURS ET SON ORGANISATION 49

3.1 Le schéma conjonctif 49
3.2 Le schéma hiérarchique 49
3.3 Illustrations des schémas organisationnels 50

Travaux pratiques 57

Résumé 62

Auto-évaluation 64

Deuxième partie

L'INFORMATION DISCURSIVE

OBJECTIFS 73

1. THÈME ET PROPOS 75

1.1 La question initiale 75
1.2 Support et apport / ancien et nouveau 77
1.2 La reconnaissance du thème et du propos 80
1.3 La mise en propos 83
1.4 La situation interlocutive 83

Travaux pratiques 86

2. THÈMES ET PROPOS PRINCIPAUX ET SECONDAIRES 91

3. L'INFORMATION SUPPOSÉE, L'INFORMATION POSÉE 95

3.1 La présupposition et la supposition 97
3.2 L'ordre de présentation 99
3.3 Les informations propositionnelles supposées 100
3.4 Les nominalisations 101

Travaux pratiques 103

4. LA QUALITÉ DES INFORMATIONS : CLARTÉ ET PRÉCISION 107

4.1 L'ambigu 108
4.2 Le flou 110
4.3 Les intentions et les initiatives du locuteur 113

Travaux pratiques 114

Auto-évaluation 118

5. LE PARTICULIER, LE GÉNÉRAL, L'ABSTRAIT, LE CONCRET 125

5.1 Le particulier 125
5.2 Le général 126
5.3 Le concret 126
5.4 L'abstrait 127
5.4.1 L'information abstraite 127
5.5 Les informations particulières, générales, concrètes ou abstraites 128

Travaux pratiques 130

6. LES MOTS ET LES VALEURS 133

6.1 La minoration et la majoration euphémiques 133
6.2 L'information faussée : préjugés et parti pris 134

Travaux pratiques 138

7. PRÉSUPPOSER ET LAISSER ENTENDRE 139

7.1 La présupposition 139
7.1.1 Les présuppositions et la langue 139
7.1.2 La présupposition optative 140
7.1.3 Les présuppositions et les faits 141
7.1.4 La présupposition et les pratiques sociales 143

7.1.4.1 Les cadres communs 143
7.1.4.2 Les cadres spécialisés 145

7.2 « Cela va sans dire » 145

Travaux pratiques 146

8. LAISSER ENTENDRE ET SOUS-ENTENDRE . . 153

8.1 La suite discursive incomplète 153
8.2 La suite discursive insatisfaisante 155
8.3 « Ce n'est pas moi qui le dis » 156

Travaux pratiques 157

Résumé 159

Ce que nous savons faire 161

Auto-évaluation 163

Troisième partie

LE DISCOURS ARGUMENTATIF

OBJECTIFS 177

LES RÈGLES DU DISCOURS 179

1. LE DISCOURS ARGUMENTATIF 183

1.1 La priorité du discours argumentatif 183
1.2 Les éléments du discours argumentatif 185

Travaux pratiques 186

1.2.1 Les présuppositions dans le discours argumentatif 190
1.2.2 Les présuppositions fondamentales 191
1.2.3 Une conception de la rationalité 192

Travaux pratiques 194

1.2.4 Les relations argumentatives 197

Travail pratique 200

1.2.5 Les modalités 201

Travail pratique 203

2. LE NON-DIT 205

2.1 Le sous-entendu 207

Travaux pratiques 209

3. RAISONS ET CONCLUSIONS, PRINCIPALES ET SECONDAIRES 211

Travail pratique 213

4. LES PARCOURS ARGUMENTATIFS 216

Travaux pratiques 221

Auto-évaluation 222

Auto-évaluation complémentaire 232

5. LA PENSÉE CRITIQUE 238

5.1 Illustrations 242

5.1.1 Statistiquement 242
5.1.2 Généralement ou précipitamment 245
5.1.3 C'est la même chose 246
5.1.4 La causalité 248
5.1.5 Le signe ou l'indicateur 250

Travaux pratiques 252

6. CONCLUSION 280

6.1 Raison et raisons 281
6.2 Une raison commune 283

Ce que nous savons faire 285

This page intentionally left blank

AVANT-PROPOS

À lire avec attention

Ce livre présente une méthode d'analyse du discours argumentatif qui met en vedette sa figure communicationnelle. Le discours argumentatif est vu comme un moyen et une forme spécifiques d'action interindividuelle, une sorte de transaction, et une pratique sociale. Par le fait même, la question méthodologique :

> **Comment faire pour comprendre et évaluer le discours argumentatif?**

se trouve transformée. Elle devient :

> **Que faisons-nous lorsque nous nous engageons dans une transaction argumentative?**

Cette nouvelle question permet de voir plus clairement les procédés que nous suivons lorsque nous appuyons une affirmation en donnant des raisons et que nous devons suivre sous peine de faire autre chose : décrire, exhorter, revendiquer, par exemple.

Toutefois, la mise en œuvre de cette méthode dépend d'une lecture (ou d'une écoute) **attentive** et **intelligente** du discours. Sans une telle lecture (ou écoute), il est vraisemblablement impossible de repérer les composantes du discours, de saisir les rapports qui les lient ensemble, de reconnaître leur ordonnance et leur hiérarchie et de mettre au grand jour les présuppositions et les sous-entendus. Sans une telle lecture (ou écoute), il est sans doute possible de déchiffrer un discours (texte ou conversation), mais non pas de le comprendre tel qu'il est donné, ni de lui donner suite. Il n'y a pas de transaction.

C'est pourquoi ce livre montre d'abord **comment lire avec attention**.

Pour ce faire, il met en place, dans la **première** et la **deuxième partie**, un ensemble d'instruments, de techniques et de stratégies qui permettent de voir ce que le discours **fait** et **dit**, comment il **s'organise** sur les plans du faire et du dire et comment il **différencie** les unes des autres les informations supposées (anciennes), posées (nouvelles) et présupposées.

La **troisième partie** présente une méthode d'analyse qui considère le discours argumentatif comme une transaction et une pratique sociale. Cette méthode comporte deux volets :

- un **volet descriptif** qui fait voir les composantes d'une transaction argumentative : par exemple, les affirmations (et les restrictions et conditions qui limitent leur portée), les informations offertes en appui, les règles, principes et pratiques et les situations interlocutives qui font que ces informations comptent comme des raisons;

- un **volet évaluatif** ou critique qui examine les échecs dans les transactions argumentatives. Du point de vue de la communication, ces échecs sont -- en partie tout au moins -- des gaffes ou des maladresses dans la présentation des informations (affirmations ou raisons) : celles-ci peuvent être floues, ou ambiguës, ou erronées, ou en nombre insuffisant, ou encore mal liées en ce sens que les règles, principes ou pratiques posés et présupposés pour légitimer un lien argumentatif entre les informations présentées ne le font pas.

L'introduction de ce livre décrit, à grands traits et sans appareillage technique et doctrinal, le fond de règles et de suppositions qui rendent les transactions langagières possibles. En particulier, elle montre que la plus banale transaction langagière ne peut se réaliser sans la supposition que les interlocuteurs savent faire certaines choses ensemble, qu'ils possèdent certaines habiletés actives et un répertoire commun d'informations.

Toutefois, la supposition que les interlocuteurs possèdent les habiletés actives et le répertoire commun d'informations nécessaires pour s'engager dans une transaction langagière n'est pas toujours légitime. Certes, on ne sait ni tout ni tout faire. Seulement, aujourd'hui, le sentiment est largement répandu qu'il y a des choses que nous devons tous savoir et savoir faire ensemble et que, pourtant, nous ne savons pas. Ce sont des **savoirs et savoir-faire fondamentaux** par lesquels passent tous les autres savoirs et savoir-faire de même que tout le plaisir que nous nous offrons dans le discours.

L'introduction rappelle ce sentiment et l'étaye de quelques exemples. De cette manière, elle fait voir que le problème n'est pas seulement, ni même principalement, celui de la connaissance des codes de la langue et des lois de l'esprit, mais plutôt celui de l'emploi du langage et de notre capacité de nous engager dans certaines formes d'action interindividuelle que notre société estime fondamentales. Ce problème vient du fait que, tous, nous ne savons pas les choses que notre société estime fondamentales et que, tous, nous ne savons pas faire des choses fondamentales comme interroger, demander, affirmer, nier, préciser, décrire, expliquer, justifier, et ainsi de suite, et de pouvoir les reconnaître lorsqu'elles sont faites.

Ces capacités ou habiletés fondamentales s'acquièrent par la pratique. Cette acquisition est plus sûre lorsque la pratique est méthodique et que sa pertinence est rendue évidente. C'est pourquoi les travaux pratiques ou exercices proposés à chacune des articulations majeures sont construits, d'une part, selon une complexité progressive et, d'autre part, en employant un matériel discursif déjà familier aux étudiants, celui qui fait partie d'un régime ordinaire de lecture -- articles de journaux, publicité, bandes dessinées, etc. --, ou encore d'un régime obligatoire, les manuels, par exemple. De plus, pour assurer que la pertinence, l'utilité et éventuellement la transférabilité de ces habiletés soient évidentes, certains travaux pratiques font appel à l'initiative de l'étudiant ou de l'enseignant en l'invitant à fournir des objets d'analyse plus près de leurs intérêts, leurs goûts et leurs compétences. Enfin, les corrigés des exercices et les travaux évaluatifs permettent à l'étudiant de vérifier lui-même son apprentissage.

À certains égards, la méthode d'analyse du discours et du discours argumentatif proposée ici n'est pas nouvelle. On la rattachera aisément à Aristote, à Arnauld et Nicole, à la grande tradition de la rhétorique et, chez les contemporains, aux linguistes et aux philosophes qui, en posant des questions sur le langage et la logique de la langue naturelle, ont profondément renouvelé notre intelligence de ce que nous faisons en parlant.

Si nouveauté il y a, elle vient de la tentative de mettre à contribution certains éléments de la logique non formelle et de la pragmatique pour poser et pour résoudre le problème de la non-acquisition des savoirs et savoir-faire fondamentaux. Elle vient aussi de l'effort de tenir compte de tout, depuis la situation interlocutive jusqu'aux suspensifs. Il en résulte, pour ce livre, un certain caractère d'inachèvement dans les analyses qui se manifeste par des hésitations et des blancs, même parfois par des erreurs et des méprises. C'est pourquoi il faut solliciter la collaboration des utilisateurs de ce livre pour remplir les blancs et pour corriger les erreurs. C'est cette collaboration qui rendra possible l'élaboration d'instruments théoriques et pédagogiques propres à assurer l'acquisition des habiletés discursives fondamentales.

****

Les corrigés de certains travaux pratiques seront publiés dans un autre cahier. Ces corrigés permettront aux étudiants de contrôler leur apprentissage et de travailler d'une façon plus autonome. Les professeurs, quant à ceux, pourront y trouver des matériaux pour augmenter le nombre et la variété d'exemples.

Ce cahier de corrigés comprendra aussi un ensemble d'examens, destinés aussi bien à vérifier les apprentissages qu'à augmenter le répertoire d'exemples.

Enfin, on y trouvera l'analyse d'un texte argumentatif : un éditorial de Jean-Louis Roy, « L'Invasion de la Grenade » (***Le Devoir***, 27 octobre 1983). Cette analyse permet de voir comment la méthode peut s'appliquer à un texte plus long et plus complexe que ceux qu'il fallait employer pour présenter les divers aspects de la méthode d'analyse du discours argumentatif. L'analyse de ce texte est conduite suivant un questionnaire qui a pour but de mettre en jeu l'ensemble des instruments d'analyse. Daniel Côté, Yves Morin, Louis Rochon, étudiants au doctorat au Département de philosophie à l'Université d'Ottawa, et moi-même avons élaboré des réponses à ce questionnaire. Cette analyse est donc elle-même le résultat d'un échange, d'un travail de collaboration, de débat et de délibération.

Je suis reconnaissant au Service de ressources de l'enseignement de l'Université d'Ottawa pour son aide financière. Grâce à cette aide, Daniel Côté, alors étudiant à la maîtrise, a pu m'assister dans la préparation de la première version de ce livre. Je veux lui exprimer ici tout ma gratitude; que l'on sache combien m'ont été indispensables sa grande sensibilité aux questions logico-linguistiques et sa conviction qu'il fallait élaborer un ensemble d'instruments pour redresser une pratique qui ignore ses ressources.

Le Département de philosophie de l'Université d'Ottawa a appuyé généreusement ce projet en permettant la collaboration de Daniel Côté et en fournissant les services de secrétariat. Je l'en remercie.

This page intentionally left blank

INTRODUCTION

Le langage est à la fois un instrument et une forme de la vie sociale.

This page intentionally left blank

1. LE LANGAGE

1.1 Un instrument de la vie sociale

Le langage est un instrument. Comme tout instrument, il sert à quelque chose. Il nous aide à faire des choses ou il nous permet d'en faire.

Le langage sert à faire connaître nos idées, nos sentiments, nos désirs à nous-mêmes et à d'autres personnes. Il sert aussi à modifier -- transformer ou façonner -- nos propres idées, sentiments et désirs, et ceux des autres.

Le langage sert à initier, à interrompre, à prolonger ou à transformer la plupart sinon toutes les relations et les activités interindividuelles. Nous parlons ou écrivons dans le but de conseiller, d'informer, de faire plaisir, d'obtenir une réponse, de convaincre, d'impressionner, d'effrayer une autre personne (absente ou présente, réelle ou fictive).

C'est parce que nous employons le langage pour réaliser les milliers d'interactions qui font partie de la vie sociale, de la vie de tous les jours -- saluer, donner des conseils, faire des promesses, expliquer quelque chose, justifier ou commenter un propos, faire des calculs, acheter ou vendre des choses, féliciter quelqu'un, faire la guerre ou faire l'amour --, qu'il est permis de dire que le langage est un instrument de la vie sociale. Mais aussi c'est parce qu'il rend l'interaction **plus commode** ou **plus efficace** et qu'il rend certaines interactions ou certains types d'interactions **possibles** (interroger, par exemple) qu'il est un instrument de la vie sociale.

C'est en ce sens que le langage, ou tel emploi du langage, **est toujours soumis ou subordonné à l'effet qu'il est censé produire.** C'est l'effet recherché qui est important; c'est lui qui est au premier plan. Les moyens que nous employons pour nous exprimer, pour persuader, pour donner un renseignement, etc., sont secondaires. La **forme** est sans importance. C'est pourquoi nous disons : « L'idée, l'opinion, le désir, l'expression comptent, le résultat compte, l'acte exigé, annoncé ou rapporté compte -- **les mots ne comptent pas.** » Ou encore, disons-nous de façon imagée : « Nous vivons de bonne soupe et non de beau langage. » Peu importent les mots employés pourvu que l'effet se produise, pourvu qu'on « comprenne », qu'on « voit ». Nous nous contentons de dire n'importe quoi, n'importe comment, à la condition que le « message » passe.

Il est possible de tenir ce langage tant et aussi longtemps que les mots sont pris pour des signes (de choses, de pensées, de sentiments, de désirs), tant et aussi longtemps que le langage n'est qu'un instrument ou qu'un moyen de communication auquel on pourra au gré ou au besoin en substituer d'autres.

1.2 Une forme de vie sociale

Mais le langage n'est pas qu'un instrument. Donner un renseignement, faire une promesse, poser une question, donner un ordre, avertir ou conseiller sont des choses que nous faisons en parlant ou en écrivant. Faire l'une ou l'autre de ces choses, c'est poser un acte d'un certain genre, c'est agir à l'égard d'un interlocuteur (réel ou possible) d'une certaine façon. Cet acte est de lui-même un comportement interindividuel, interpersonnel. Ainsi, employer le langage, ce n'est pas seulement transmettre ou faire connaître quelque chose, c'est agir d'une certaine façon. Parler, écrire, c'est réaliser des **actes discursifs.**

De plus, les actes discursifs instaurent entre les interlocuteurs une **relation.** Ils les **lient** d'une certaine façon. Dans la mesure où ils se différencient les uns des autres, ils instaurent des **relations spécifiques.** Pris ensemble, ils constituent comme un répertoire de comportements sociaux.

En effet, ce sont précisément les relations instaurées par le langage dans l'action discursive qui constituent la vie sociale. Être en société, c'est, en partie, donner des renseignements, faire des assertions, poser des questions, donner des ordres, s'exclamer, expliquer ou commenter ou justifier un propos. Ce sont des formes de la vie sociale.

Évidemment, certains actes discursifs sont liés à une société particulière : sacrer, faire de la poésie, argumenter, délibérer, contester, plaider, s'avouer coupable, par exemple, ne sont pas des actes discursifs communs à toutes les sociétés. Ainsi, l'acte de sacrer ou de blasphémer, qui s'oppose à l'acte de jurer ou de s'exclamer, n'est possible que dans une société où une tradition religieuse est importante ou même dominante. Lorsque cette tradition n'a plus son importance d'antan ou n'est plus dominante comme aujourd'hui au Québec, il est possible que le sacre ou le blasphème aient la force ou la valeur d'un juron ou d'une interjection et qu'ils ne soient plus des occasions de nouveauté ou de créativité (*cf.* Diane Vincent, ***Pressions et impressions sur les sacres au Québec***).

1.3 Une interaction

Employer le langage, parler ou écrire, c'est s'engager dans une activité sociale, c'est ouvrir un processus interactif dans lequel la personne qui parle **et** la personne à qui l'on parle, l'interlocuteur réel ou possible, sont **actives**. Parler ou écrire ne sont pas des actes qui se réalisent selon le schéma d'une action-réaction, selon lequel une personne agira et l'autre réagira; ce sont, en fait, des **interactes**.

La réalisation d'un acte discursif quel qu'il soit est le résultat d'une interaction, voire d'une certaine collaboration ou coopération entre la personne qui parle et la personne à qui elle s'adresse. Car l'acte discursif ne produit son effet que s'il est **reçu** ou **reconnu** tel qu'il a été donné.

Parler, poser un acte discursif, est une activité interpersonnelle. Sa réalisation est donc codéterminée par les interlocuteurs. À la différence d'autres actes ou formes de conduite -- courir, planter un arbre, chercher l'étoile du berger, allumer un feu, fuir un danger, délirer, mettre le moteur de la voiture en marche, etc. -- , si nous essayons de faire quelque chose comme donner un renseignement, interroger, saluer, affirmer ou nier, nous ne le faisons que si la personne à qui nous parlons reconnaît que nous lui donnons un renseignement, que nous lui posons une question, que nous la saluons, etc. Si la personne à qui nous parlons ne reconnaît pas ce que nous essayons de faire, nous ne le faisons pas; l'acte discursif ne se réalise pas, il est raté, il est manqué.

La réalisation d'un acte discursif dépend de sa réception. Sa réception dépend en partie de ce que nous essayons de faire. Ce que nous essayons de faire dépend de ce que le langage nous permet de faire, de la situation interlocutive et de ce que nous savons faire.

Mais aussi la réception dépend de ce que l'interlocuteur sait reconnaître comme actes discursifs, de ce qu'il connaît de la situation interlocutive et du langage. Ainsi, pour poser une question au bon moment, il faut savoir poser une question **et** il faut que la personne interpellée sache reconnaître une question lorsqu'on lui en pose une au bon moment.

1.4 Une interaction réglée

Entre ce que nous voulons faire en parlant et les mots que nous employons pour le faire il n'y a pas un rapport quelconque. Nous ne pouvons pas dire : « Je vous promets de venir demain. » pour donner un ordre, ni dire : « C'est un ordre, vous devez venir demain. » dans le but de faire une promesse. Nous ne pouvons pas le faire parce que la relation entre ce que nous pouvons faire en parlant et les mots que nous employons pour le faire est régie par un ensemble de règles ou de postulats supposés communs et reconnus comme tels par les interlocuteurs. Cet ensemble de règles ou de postulats a pour fonction d'assurer qu'un acte sera pris tel qu'il a été posé.

Sans la supposition d'un ensemble de règles ou de postulats communs et reconnus comme tels par les interlocuteurs, le plus banal acte discursif serait impossible. Impossible de dire « Bonjour » et de saluer si en disant « Bonjour » nous pouvons faire n'importe quoi : injurier, ou céder quelque chose, ou demander un service, ou poser une question. Impossible de dire « Bonjour » et, par le fait même, de saluer si nous savons que la personne à qui nous parlons pourra prendre « Bonjour » comme une salutation, une injure, une concession, une demande ou une question. Poser un acte discursif, c'est suivre ou faire comme si l'on suivait un ensemble de règles reconnues et partagées par les interlocuteurs.

L'emploi du langage est régi par la supposition partagée par les interlocuteurs que les règles communes sont en tous les cas effectivement suivies. Cette supposition vaut autant pour la personne qui parle que pour la personne à qui celle-ci s'adresse.

Autrement dit, l'interlocuteur suppose que lorsqu'il est interpellé, le locuteur le fait dans le but d'établir une relation interpersonnelle spécifique. Il suppose également que l'interlocuteur est en mesure d'employer le langage de telle manière que son acte discursif peut être reconnu et pris pour ce qu'il est et qu'ainsi la relation interpersonnelle spécifique envisagée peut s'instaurer.

Nous employons le langage en suivant des règles que nous supposons communes, partagées et reconnues comme telles par notre interlocuteur; celui-ci suppose que nous suivons ces règles et nous, nous supposons qu'il les suit. La réalisation d'un acte discursif, quel qu'il soit, suppose alors deux habiletés : **celle de pouvoir faire des choses au moyen du langage et celle de pouvoir reconnaître ce qui est fait.**

Sans la supposition de cette double compétence, sans la supposition que la production et la réception des actes discursifs se font conformément à des règles communes, il nous sera impossible de parler avec l'intention de nous mettre dans un rapport spécifique avec notre interlocuteur.

1.5 Les règles de l'interlocution

À partir du moment où la parole lui est adressée -- ou prise comme telle --, l'interlocuteur postule que la personne qui parle :

- **fait** quelque chose;

- **dit** quelque chose.

Il postule également que ce qui est fait et dit :

- lui est **utile** ou l'**intéresse** de quelque façon;
- est posé de **bonne foi**, sans intention d'induire en erreur ou de faire mal;
- est posé **pour être pris de telle manière,** et non pas de n'importe quelle manière (il se différencie des autres actes);
- **peut être pris** tel qu'il est posé;
- est posé par rapport à une **langue commune** dont l'emploi est gouverné par des règles syntactico-sémantiques reconnues et partagées par les interlocuteurs;
- est posé par rapport à une **situation interlocutive connue** des interlocuteurs;
- est **pertinent**, c'est-à-dire lié de quelque façon à la situation interlocutive;
- est **optimal** (si la personne qui parle pouvait faire et dire plus ou moins, elle le ferait).

La personne qui parle ou qui écrit présume que la personne à qui elle s'adresse prendra l'acte discursif comme s'il avait été posé en suivant ces règles. Elle croit, en particulier, que la personne à qui elle s'adresse est en mesure de :

- reconnaître **ce qui est fait**;
- reconnaître **ce qui est dit**;
- **différencier** les actes discursifs les uns des autres.

Elle croit aussi que l'interlocuteur est en mesure de reconnaître dans une **suite discursive** :

- les **rapports** entre les actes discursifs;
- la **hiérarchie** entre les actes discursifs;
- la **direction** ou la **progression** de la suite discursive.

Ces règles sont fondées sur un principe de coopération, et celui-ci repose sur l'idée que le sens est toujours de quelque façon un sens commun, public, résultant d'une interaction et d'une construction.

2. LES SAVOIRS ET SAVOIR-FAIRE COMMUNS

Tout acte discursif se réalise **par rapport** à ces règles; il est pris nécessairement comme s'il était conforme aux règles ou comme s'il les transgressait ou les bafouait. Ainsi, poser un acte discursif, s'engager dans une transaction interlocutive, c'est suivre ces règles.

Or, parmi ces règles, celle qui porte sur la situation interlocutive est fondamentale dans un sens qu'il faut souligner. Selon cette règle, les interlocuteurs doivent connaître la situation interlocutive dans laquelle un acte discursif est posé. En effet, c'est la situation interlocutive ou contexte qui détermine, en partie, comment l'acte sera pris et compris -- comme un renseignement, une menace, ou une demande, par exemple. Mais, quelles que soient les composantes d'une situation concrète, composantes dont il faut tenir compte lorsqu'il s'agit de déterminer les effets d'un acte discursif, ce qui est essentiel, du point de vue de l'acte discursif en tant que tel, ce sont les savoirs et savoir-faire **supposés communs** par le locuteur -- les attitudes et les valeurs, les croyances et les orientations idéologiques, les attentes ou désirs et les besoins, les sentiments -- en posant son acte. Ces savoirs et savoir-faire font partie de la situation interlocutive en ce sens que si l'interlocuteur ne sait pas ou ne sait pas faire ce qui est supposé, il ne peut pas prendre l'acte tel qu'il est posé, il ne peut pas comprendre. Si les interlocuteurs ne savent pas et ne savent pas faire les mêmes choses, les transactions qui supposent ces savoirs et savoir-faire communs sont évidemment impossibles. Par exemple, il est impossible de rire en lisant :

1. Le titre : **Le Déclin de l'été américain**.

Photo AP

LE DÉCLIN DE L'ÉTÉ AMÉRICAIN

L'été s'est effacé très vite chez nos voisins du Sud devant la tempête de neige la plus précoce du siècle qui s'est abattue dès dimanche sur la Nouvelle-Angleterre. Elle a fait six morts et causé des pannes de courant qui affectaient encore plus de 200,000 personnes, hier.

Environ 40 centimètres de neige sont tombés. Ci-haut, un automobilste éprouve ses premières joies hivernales à Chatham, dans l'État de New York.

Le Devoir, 6 octobre 1987

2. « Savez-vous qu'il faut appuyer sur la touche "F7" pour sortir de Wordperfect? »

3. « Bourreaucratie. » (Hagège)

4. « Je pense donc je lis ... LA PRESSE. » (panneau publicitaire, Montréal, 1989).

sans savoir et sans reconnaître que le locuteur **suppose** que l'interlocuteur réel ou possible sait que :

1.1 Il y a un film très populaire qui a pour titre : ***Le Déclin de l'empire américain***;

2.1 On peut donner un renseignement en posant une question;

3.1 Les bureaucrates et les bourreaux se ressemblent d'une certaine façon; la bureaucratie produit des effets semblables à ceux produits par les bourreaux, etc.;

4.1 Il s'agit d'une transformation de la phrase stéréotypée : « **Je pense donc je suis.** »

La production de l'effet d'humour suppose un ensemble de savoirs et savoir-faire partagés par les interlocuteurs.

De même, il nous est impossible de dire : « Ouvrez la porte. » et, par là, de faire une demande sans supposer que la personne à qui l'on s'adresse sait reconnaître cet acte pour ce qu'il est, sans supposer qu'elle sait ce qu'est une porte, qu'elle sait l'ouvrir, etc.

Toute transaction langagière se fait sur le fond d'un ensemble de savoirs et de savoir-faire partagés et reconnus comme tels par les interlocuteurs.

Chacun doit savoir et savoir faire ce que tout le monde sait et sait faire. En même temps, ces savoirs et ces savoir-faire sont fort variables.

D'une part, ce que chacun sait et sait faire varie selon son histoire sociale et personnelle de sorte que nous ne savons pas tous les mêmes choses (un rat de bibliothèque peut tout ignorer du cinéma; on peut ne pas savoir faire un contrat, ou une demande en mariage, ou une demande en dommages-intérêts, ou une demande en renvoi).

D'autre part, ce que nous savons ensemble varie en profondeur et en exactitude selon les individus -- « Est-ce Denys Arcand ou Gilles Carle qui a réalisé ***Le Déclin de l'empire américain***? » ; « Ce film a-t-il été tourné dans les Cantons de l'Est ou ailleurs? ».

Et ce savoir commun est plus ou moins **le même** chez les interlocuteurs. Par exemple, Marie et Claude savent ce que « être malade » veut dire. Mais pour Marie, on est malade au moindre toussotement, pour Claude, cependant, on ne l'est pas tant qu'on tient debout. Ou encore, Claude et Marc savent ce que veut dire « refaire les freins ». Pour Claude, « refaire les freins » consiste à conduire la voiture chez le garagiste et à régler la facture lorsqu'il va la récupérer à la fin de la journée, alors que, pour Marc, « refaire les freins », c'est déposer les roues, remplacer les garnitures, dégripper les étriers, nettoyer les disques, etc.

Enfin, ce que nous savons faire, nous savons le faire **plus ou moins bien** (tout le monde, ou presque, sait conduire une voiture, mais il y en a qui conduisent comme des pieds, il y en a qui sont de vrais pilotes, et il y a les autres, de même il y a des « grands parleurs », il y a des « silencieux », il y a des balbutiants et, enfin, les autres.

2.1 Les savoirs et savoir-faire fondamentaux

> Les signes que font, en dansant, les histrions n'auraient pas de sens s'ils les tenaient de la nature et non de l'institution et de l'assentiment des hommes. Sans quoi, le crieur public, quand dans les premiers temps, un pantomine dansait, n'aurait pas annoncé au peuple de Carthage ce que le danseur voulait exprimer. Beaucoup de vieillards se souviennent encore de ce détail et nous le leur avons entendu raconter. Or, nous devons les croire car, même aujourd'hui, lorsque quelqu'un entre au théâtre sans être initié à de pareilles puérilités, c'est en vain qu'il prête toute son attention, s'il n'apprend pas d'un autre la signification des gestes des acteurs. (Augustin, ***La Doctrine***, II, XXV, p. 38)

Bien entendu, certains savoirs et certains savoir-faire ne sont pas partagés par tous les interlocuteurs possibles ni de **fait** ni de **droit**. Par exemple, nous ne sommes pas tous en mesure de faire un contrat ou un protocole de recherche, ou d'institutionnaliser quelqu'un; nous ne savons pas tous ce qu'est la tache brune, ou la tavelure, ou la flore microbienne normale, ou une cloison porteuse, ou encore nous ne savons pas tous faire une mousse au chocolat ou chercher un relevé de notes. Les savoirs et savoir-faire mis en jeu dans ces exemples sont liés à la fois à des champs plus ou moins spécialisés -- le droit, l'horticulture, la biologie, la charpenterie, la cuisine, l'institution scolaire, etc. -- et à des intérêts, des besoins, des situations, des goûts particuliers. L'interaction dans ces champs suppose que les interlocuteurs maîtrisent jusqu'à un certain point les savoirs et savoir-faire qui constituent ces champs. Ils doivent savoir ce qui compte dans ces champs et comment cela peut compter.

Les savoirs et savoir-faire « spécialisés » sont évidemment appris. Mais pour les apprendre, il faut déjà savoir et savoir faire des choses qui sont, d'une certaine façon, d'un autre ordre. Ces savoirs et savoir-faire sont fondamentaux en ce sens qu'ils constituent le fond, ou répertoire commun, sur lequel l'existence collective, dans toutes ses manifestations -- affectives, évaluatives, cognitives, productives, etc. --, se construit. Pour donner une idée assez juste de ce que sont ces savoirs et savoir-faire fondamentaux, il suffit de dire qu'ils sont formés de l'ensemble des informations (scientifiques, géographiques, climatiques, historiques, folkloriques, littéraires, psychologiques, sociologiques, etc.), des attitudes et des valeurs, des aspirations et des façons de faire les choses que, par exemple, l'enseignant suppose pour pouvoir transmettre de nouvelles connaissances ou habiletés, que le journaliste présente sans glose ou que l'humoriste exploite pour faire rire. Ce sont des évidences qui se passent d'explications.

Ces évidences ne sont pas des faits de nature. Elles sont le résultat d'un long processus complexe d'apprentissage et d'acquisition. On sait que des événements importants pour les Québécois se sont passés en 1837, que les ombres tournent autour des objets en suivant le soleil, que le feu brûle, qu'on ne mange pas l'*amanite phalloïde*, que deux et deux font quatre, qu'il y a des points cardinaux, que Philéas Fogg et Passe-Partout ont entrepris de faire le tour du monde en quatre-vingts jours, que ce qui monte descend, et toutes les autres choses qu'il faut savoir pour vivre en société parce qu'on les a apprises. De même, nous avons appris à demander, à donner un renseignement, à nous excuser, à faire un aveu, à féliciter quelqu'un, à se vanter, à expliquer une thèse, à donner un exemple, à raconter une histoire, à ennuyer autrui, à faire plaisir, etc.

Il faut souligner que ces savoirs et savoir-faire fondamentaux sont définitoires de l'existence collective. Les individus qui ne les possèdent pas ne sont pas en mesure de fonctionner convenablement dans la collectivité. Ils ne peuvent pas s'engager dans les interactions que celle-ci estime essentielles. Ils se trouvent exclus de la vie collective, mis en marge, couverts de ridicule, tenus pour sauvages. Nous trouvons risible, par exemple, l'incapacité de notre interlocuteur de saisir l'humour corrosif dans les termes ***ennuiversel***, ***bourreaucratie*** ou ***genmerderie royale***, ou encore nous le trouvons maladroit (ou provocateur) lorsqu'il répond à notre demande : « Savez-vous l'heure? » par un : « Oui! ». Et nous trouvons bête ou bizarre l'individu qui ne connaît pas le rapport entre la lune et les marées ou qui ignore ce qu'est la Coupe Stanley.

Les individus qui ne possèdent pas les savoirs et savoir-faire fondamentaux se trouvent alors dans l'impossibilité de jouir des situations interlocutives, d'établir certains rapports interpersonnels, de les utiliser et d'en profiter. Ils ne peuvent pas le faire parce qu'ils sont dépourvus de moyens d'apprendre, ils n'ont pas d'attaches communes qui permettent de lier les informations et les situations nouvelles à un fonds commun. Ils ne peuvent pas comprendre. Il s'ensuit que l'absence des savoirs et savoir-faire fondamentaux produit chez les individus un effet de privation sinon d'atrophie et engendre des problèmes de fonctionnement pour la collectivité dans ses efforts pour « pacifier l'existence » par la construction d'un fonds commun.

Il y a des indications claires qu'un nombre important d'individus ne savent pas et ne savent pas faire ensemble des choses fondamentales. Il y a des gens qui ne se parlent pas et qui, lorsqu'ils se parlent, ne se comprennent pas. D'où le problème. C'est à la résolution de ce problème que ce livre veut contribuer par la formation ou le perfectionnement de certaines habiletés discursives fondamentales et, en particulier, celles qui concernent l'argumentation.

Le lecteur qui suivra le parcours aménagé dans ce livre et qui exécutera les travaux pratiques proposés sera en mesure de faire, ou de mieux faire, au moins ceci :

- différencier les **types de discours** les uns des autres;
- différencier les **actes discursifs** les uns des autres;
- reconnaître les différentes manières d'organiser le discours;
- préciser le **thème** et le **propos** dans une unité discursive;
- répartir, selon la complexité de l'unité discursive, les thèmes et les propos entre thèmes et propos **principaux** et thèmes et propos **secondaires**;
- découvrir les **modalités** qui changent la portée des actes discursifs;
- découvrir les **modalités** qui changent la portée des thèmes ou des propos;
- déceler les éléments ou les informations **supposés**, qu'ils soient explicites ou implicites;
- déceler les éléments ou informations **présupposés**, qu'ils soient explicites ou implicites;
- trouver les éléments ou les informations que le discours laisse entendre;
- définir le niveau d'abstraction, de concrétisation, de généralité ou de particularité du discours et de ses éléments;

- reconnaître les **empêchements** à l'interlocution et les **transgressions** des règles discursives;
- dégager les composantes du discours argumentatif;
- faire la représentation schématique du parcours argumentatif;
- déterminer les **relations** et les **présuppositions argumentatives** reliant les éléments du discours argumentatif;

Il sera mieux en mesure de s'engager dans les transactions interlocutives constitutives de notre société.

Première partie

LES ACTES DISCURSIFS

Commander, interroger, raconter, bavarder font partie de notre histoire naturelle tout comme marcher, manger, boire, jouer. (L. Wittgenstein)

Sans doute est-il méthodologiquement utile de ne pas confondre la langue comme système et la parole comme activité, mais la première n'est perceptible qu'à travers la seconde dont, en retour, elle fonde l'existence. (C. Hagège, ***L'Homme de paroles***, p. 304)

« Gloire », par là je veux dire, répondait Humpty-Dumpty, voilà un bel argument pour vous sans réplique. (L. Carrol, ***De l'autre côté du miroir***, p. 147)

This page intentionally left blank

OBJECTIFS

Fournir les informations et proposer des travaux pratiques qui permettront de vérifier ou d'améliorer les habiletés à :

- reconnaître toutes les possibilités qu'offre l'interlocution;
- reconnaître les actes et les types d'actes discursifs, que l'indication du type d'acte posé soit explicite ou implicite ou que l'acte soit posé directement ou indirectement;
- reconnaître la force et la portée de l'acte;
- prendre l'acte discursif ou une suite d'actes discursifs formant une unité discursive tels qu'ils sont donnés;
- reconnaître les contraintes imposées aux actes discursifs (contraintes syntactico-sémantiques; contraintes contextuelles);
- reconnaître dans une suite d'actes discursifs le type d'acte posé par la suite et les rapports entre les actes discursifs qui composent la suite;
- reconnaître les différentes façons d'organiser les actes discursifs selon un schéma conjonctif ou selon un schéma hiérarchique.

This page intentionally left blank

1. LES POSSIBILITÉS OFFERTES PAR L'INTERLOCUTION

1.1 Les actes discursifs et les effets discursifs

Parler ou écrire, c'est donner un renseignement, faire une promesse, poser une question, commenter, nuancer, avertir ou donner un ordre. Faire l'une ou l'autre de ces choses, c'est agir d'une certaine façon, c'est poser un acte ayant une certaine force ou valeur qui produit, comme tout acte, un effet.

Ainsi, dans telle situation interlocutive, dire (ou écrire) : « Le téléjournal passe à 22 heures. », c'est donner **un renseignement** ou **une information**.

Nous pouvons donner un renseignement dans le but d'informer, d'instruire, de répondre à une question, d'avertir, d'effrayer, de persuader ou de faire agir d'une certaine façon un interlocuteur réel ou possible.

De même, dans telle situation interlocutive, dire ou écrire : « À quelle heure le téléjournal passe-t-il? », c'est poser **une question**.

Nous pouvons poser une question dans le but d'obtenir une information, d'embarrasser un interlocuteur ou de l'intégrer à la conversation, ou encore dans le but de lui donner l'occasion de montrer son savoir.

Ces effets possibles d'un acte discursif et celui que la personne qui pose l'acte peut, de fait, avoir l'intention de produire sont à distinguer de la force ou de la valeur de l'acte lui-même. Ce que nous faisons en posant cet acte et ce que nous faisons à un interlocuteur (réel ou possible) sont **deux choses différentes**.

Il faut décrire l'acte discursif comme on décrit n'importe quel autre acte : **refendre du bois** est un acte; c'est un geste ou une suite de gestes qui consiste à couper ou à scier un morceau de bois dans le sens de la longueur; de même, **poser une question** est un acte qui consiste à employer des mots de telle manière que l'interlocuteur est mis dans l'obligation de fournir un renseignement.

Nous pouvons refendre du bois dans le but d'obtenir deux morceaux de bois coupés dans le sens de la longueur, ou dans le but de faire un meuble, des chambranles de porte ou de fenêtre, du bois de chauffage, etc., mais lorsque nous refendons du bois, nous coupons ou scions un morceau de bois dans le sens de la longueur.

De même, nous pouvons poser une question dans le but de mettre un interlocuteur (réel ou possible) dans l'obligation de donner un renseignement ou pour l'embêter, ou lui faire prendre conscience de ce qu'il sait, etc.; mais lorsque nous posons une question, nous mettons l'interlocuteur dans l'obligation de répondre.

Évidemment, tous ces résultats (et bien d'autres : par exemple, en refendant du bois nous faisons du bruit, des saletés, nous consommons de l'énergie, nous en dépensons, nous faisons état de nos talents de menuisier, nous pouvons nous couper un doigt, etc.) sont liés, ou associés, (et même nécessairement) à l'acte. **Mais ce sont des résultats.**

Autrement dit, persuader, convaincre, effrayer, éclairer, séduire, édifier, inspirer, encourager ne sont pas des actions qui se produisent toutes seules et directement. Elles sont des effets, et parfois ou en partie des effets d'actes discursifs. Pour produire ces effets, nous devons agir d'une certaine façon, nous devons faire certaines choses.

À la question :

> « Que faites-vous en disant : « Le téléjournal passe à 22 heures. »? »

il y a au moins deux réponses possibles. Selon la situation interlocutive :

- je peux donner un renseignement;
- je peux chercher à vous faire changer le canal.

Ainsi, à l'intérieur de la question : « Que pouvons-nous faire dans l'interlocution? », il y a lieu de distinguer entre la question qui porte sur les **effets** que nous pouvons produire dans l'interlocution et celle qui porte sur ce que nous **avons à faire** pour produire de tels effets.

Que pouvons-nous faire? Dans l'action interlocutive, nous pouvons produire ou transformer les pensées (les connaissances), les sentiments ou les actes d'un interlocuteur (réel ou possible).

Bien sûr, une réponse plus précise à la première partie de cette question consistera à faire l'inventaire de l'ensemble des interactions possibles à un moment donné dans une société donnée. Car les effets que nous tentons de produire sont ceux que la société reconnaît ou qu'elle est en mesure de reconnaître. Un effet que la société ne reconnaît pas ou qu'elle ne peut reconnaître ne sera que du bruit, du charabia, du non-sens.

Si ce que nous pouvons faire dépend de la société, de notre groupe social et de notre position dans la société et dans le groupe social, il dépend aussi et tout autant de ce que nous **voulons faire** et de ce que nous **savons faire.**

1.2 Les types d'actes discursifs

Qu'avons-nous à faire pour produire ou transformer les pensées, les sentiments ou les actes d'un interlocuteur (réel ou possible)? Nous avons, par exemple, à donner une information, à affirmer quelque chose, à décrire un objet ou une situation, à poser une question, à demander un service, à l'exiger, à nous exclamer, à nier, à réfuter, à promettre quelque chose, à offrir quelque chose, etc., ou encore nous pouvons raconter une histoire, expliquer ou justifier un propos, exposer des idées, rendre compte d'un événement, résumer une thèse, faire une plaidoirie, etc. Nous avons donc à poser tel ou tel **type** d'acte, selon l'effet recherché.

Ces actes se regroupent selon qu'ils :

- **représentent** un état de choses tel qu'il est;

- **règlent** l'action ou la conduite de l'interlocuteur;

- **lient** le locuteur ou l'interlocuteur de quelque manière à l'égard d'une action future;

- **expriment** quelque chose (un sentiment, par exemple);

- **proclament** un état de choses, ou **font** que cet état de choses existe.

Ces groupes d'actes ou types d'actes sont ramifiés, ils comprennent d'autres actes plus ou moins différenciés les uns des autres. Ainsi :

- Nous représentons, nous posons un **acte représentatif** lorsque, par exemple, nous décrivons, exposons, dénotons quelque chose, ou encore lorsque nous affirmons, nions, répondons, confirmons, expliquons, etc. Un acte est représentatif à partir du moment où un locuteur dit (de quelque manière) « c'est ainsi ». Évidemment, en disant « c'est ainsi », le locuteur s'engage à l'égard de ce qui est dit; il prend position.

- Nous posons un **acte régulatif** lorsque, par exemple, nous demandons, ordonnons, évaluons, prions, avertissons, invitons, ou encore lorsque nous prohibons, exigeons, exhortons ou implorons. L'acte régulatif modifie de quelque manière la conduite d'un interlocuteur.

- Nous nous engageons ou nous engageons une autre personne en posant un **acte contractif** lorsque, par exemple, nous promettons, faisons un vœu, parions, menaçons, offrons, etc.

- Nous posons un **acte exclamatif** ou **expressif** lorsque nous remercions, félicitons, applaudissons, maudissons, etc.

- Nous posons un acte **proclamatif** lorsque notre rôle ou notre position dans la société ou à l'intérieur d'une institution nous autorise à congédier, à baptiser, à nommer, à prononcer une sentence, à sanctionner une loi, etc. L'acte de congédier, de baptiser, de nommer, etc. est posé simplement par le fait de dire : « Vous êtes congégié. » ou « Je vous baptise. » ou « Vous êtes nommé. », etc.

1.3 « Dire et montrer »

Il est possible de **montrer** le type d'acte de manière explicite. Ainsi :

1. Je vous **informe** que le téléjournal passe à 22 heures.
2. **Mon conseil**, c'est de tout dire.
3. Je vous **demande** de passer au bureau avant 15 heures.
4. Je **m'engage** à remettre le travail demain.
5. **En guise d'introduction**, il faut dire...
6. **L'argument**, c'est...
7. À cette liste, **ajoutons** une proposition supplémentaire.
8. **Entendu**, c'est bien ainsi.
9. « **Marquons** l'originalité de ces enquêtes vis-à-vis de la recherche épistémologique [...] ». (F. Jacques, ***Dialogiques***, p. 29)
10. « **Revenons** donc aux énoncés, impératifs et interrogatifs. » (O. Ducrot, Préface, dans J. R. Searle, ***Les Actes du langage***, p. 19)
11. **Voilà pourquoi** on peut conclure...

12. **Donc**, il dira...

En tous ces cas, le locuteur **montre** ce qu'il fait. Il indique à l'interlocuteur le type d'acte qu'il pose. Ces indications du type d'acte posé ne sont pas toujours données; l'interlocuteur doit alors les fournir ou les reconstruire à partir des attentes mises en place par la situation interlocutive.

Travaux pratiques

A. ***Que font les textes qui suivent? Si l'acte discursif n'est pas présenté de manière explicite, modifiez le texte pour pouvoir préciser l'acte discursif soit (1) en montrant l'acte, soit (2) en donnant un contexte.***

1. En tant que Franco-Ontarien, je dois m'objecter à ces propos.

2. Voilà un bon travail.

3. Pour définir la sociologie, il faut la différencier des autres manières d'étudier l'être humain.

4. Mettez-vous à table.

5. « Je te demande pardon tout de même pour cet acte irréparable. » (Benoîte et Flora Groult, ***Le Féminin pluriel*** p. 23)

6. Je tiens à remercier vivement tous ceux qui ont donné leur accord et ont participé à la réalisation de ce document.

7. Que font les locutions suivantes?

8. Choisissez-en quatre, sans obligation.

9. En bref, ce que nous avons voulu souligner ici c'est que [...].

10. Avez-vous entendu l'histoire de [...]?

11. Selon Pierre, il ne peut pas répondre.

12. « Vous faites bien d'éviter ma colère. » (Molière, ***Le Bourgeois gentilhomme***)

13. « Il n'est pas possible de saisir la signification exacte des phénomènes allergiques sans les situer dans le cadre des réactions immunitaires. » (Jean Paupe, ***L'Allergie***, p. 15)

14. Je vous en prie.

15. « À parcourir ce livre, puissiez-vous trouver plaisir et utilité. »

16. « On ne dit pas « cercueil de Lorraine » mais « bière d'Alsace ». » (Gaston)

17. On ne met pas de virgule après chaque ligne d'une adresse ni de point à la fin.

18. Défense de fumer, de manger, de boire.

19. La publicité : faut en prendre et en laisser.

20. Le téléjournal passe à 22 heures.

1. La publicité : faut en prendre et en laisser.

2. Défense de fumer, de manger, de boire.

3. Le contrat est un engagement que prennent deux ou plusieurs personnes : le vendeur et l'acheteur, l'employeur et l'employé, etc.

4. ■ ***Notre pays est malade, l'érable se meurt***

MALGRÉ les cris d'alarme de l'Union des producteurs agricoles du Québec et des biologistes, il semble que les gouvernements du Canada et du Québec resteront muets devant la mort lente de nos érables.

Alors, comment expliquera-t-on au reste du monde, sans paraître ridicule, que l'on a laissé mourir l'arbre dont la feuille tient lieu d'emblème à ce grand pays !

Le monde réel échappe aux technocrates ! Messieurs-dames, il y a plusieurs Tchernobyl en cette terre d'Amérique.

— **ANDRÉ MAINGUY**

Longueuil, 13 mai. *Le Devoir*

5. « Choisissez-en quatre, sans obligation. »

B. Que faut-il dire pour faire ces choses ?

1. Saluer quelqu'un(e) ________________
2. Ennuyer quelqu'un(e) ______________
3. Interdire quelque chose ____________
4. Promettre quelque chose ___________
5. Vendre quelque chose ______________
6. Expliquer quelque chose ___________
7. Supposer quelque chose ____________

8. Féliciter quelqu'un(e) ______________

9. Annoncer quelque chose ____________

10. Offrir des condoléances _____________

C. ***Cherchez dans les journaux et les revues des textes qui (1) dénoncent, (2) répudient, (3) circonstancient, (4) accordent, (5) revendiquent, (6) commentent, (7) expliquent, (8) décrivent, (9) racontent, (10) font l'éloge.***

1.4 La force de l'acte discursif

La force d'un acte discursif peut varier. La force, c'est l'engagement du locuteur à l'égard de ce qu'il fait.

Par le fait de dire **X** et de poser un acte représentatif, le locuteur **s'engage** à l'égard de la vérité de **X**; il dit, en effet :

« C'est ainsi. »;

« Ce n'est pas ainsi. »;

« C'est possible que ce soit ainsi. »;

« C'est probable que ce soit ainsi. »;

« C'est nécessairement ainsi. »;

etc.

Par le fait de dire **X** et de poser un acte régulatif, contractif ou expressif, le locuteur **prend position** à l'égard du caractère obligatoire de **X** ou à l'égard de sa désidérabilité; il dit, en effet :

« C'est obligatoire qu'il en soit ainsi. »;

« C'est facultatif. »;

« C'est indifférent. »;

« C'est souhaitable. »;

« C'est répugnant. »;

« C'est à interdire. »;

etc.

Ainsi, par exemple :

1. J'affirme, **sans peur de me tromper**, que le téléjournal passe à 22 heures.

2. J'affirme **catégoriquement** que le téléjournal passe à 22 heures.

3. **Je crois** que le téléjournal passe à 22 heures.

4. **Il me semble** que le téléjournal passe à 22 heures.

5. J'affirme (**au cas où vous ne le sauriez pas**) que le téléjournal passe à 22 heures.

6. J'affirme (**puisque vous vous endormez**) que le téléjournal passe à 22 heures.

7. Je vous demande **gentiment** de fermer la porte.

8. **Vous êtes priés de bien vouloir** vous abstenir de fumer.

9. Il vous est **formellement** interdit de fumer.

L'effet de ces **qualificatifs**, ou manières de dire, est de modifier la force de l'acte primitif ou d'indiquer les circonstances ou les conditions à l'intérieur desquelles le locuteur est prêt à prendre position, à s'engager.

Travail pratique

Cherchez cinq textes dans lesquels la force de l'acte discursif est indiquée de manière explicite. Choisissez ces textes parmi ceux que vous étudiez dans vos cours.

1.5 La portée des actes discursifs

Le locuteur peut modifier la force de l'acte primitif en indiquant la nature de son engagement, ou encore les limites ou les conditions qui le qualifient. Il peut alors articuler de façon de plus en plus fine **ce qu'il fait**.

Mais il peut aussi, sans changer la force de l'acte, intervenir sur **ce qui est dit** pour en modifier **sa portée**. Il peut, entre autres, préciser, circonstancier, nuancer, atténuer, amplifier, contraster, anticiper par rapport à ce qui est dit. Ce faisant, il pose d'autres actes discursifs, ceux de préciser, de circonstancier, de nuancer, etc., et ce, par l'addition de certains mots : adverbes, adjectifs ou locutions adverbiales, ou propositions adjectives. Par exemple, la portée d'un discours tel que « Pierre est arrivé en retard. » peut être modifiée en donnant plus de précision à l'information « arrivé en retard » :

« Pierre est **vraiment** arrivé en retard, **malgré lui**. »

ou

« Pierre est arrivé en retard **pour le petit déjeuner**. »

À la différence des actes primitifs, les actes de préciser, de circonstancier, etc., sont des **actes dépendants** en ce sens qu'ils supposent l'acte primitif -- le locuteur donne un renseignement, il le précise, le circonstancie, l'amplifie, etc.

Travaux pratiques

A. *Cherchez cinq exemples de locutions dans lesquelles il y a un acte indépendant et un acte dépendant. Préciser ces actes.*

B. *Cherchez, dans l'un ou l'autre des textes que vous étudiez dans vos cours, cinq illustrations d'actes dépendants. Dites ce qu'ils font à l'acte indépendant.*

1.6 Les détours discursifs

L'acte discursif peut être posé directement et de manière explicite. Ainsi un locuteur qui dit :

« J'affirme que le téléjournal passe à 22 heures. »

fait une affirmation; ou s'il dit :

« Je vous informe que le téléjournal passe à 22 heures. »

il donne une information.

Une locution telle que :

« Le téléjournal passe à 22 heures. »

sera comprise le plus souvent comme donnant une information.

Cependant, un locuteur peut poser un acte en posant un autre acte; il peut le poser **indirectement**, en faisant des détours. C'est ainsi que :
la **question** :

« Voulez-vous me passer le sel? »

peut être une **requête** ou une **demande**;

l'**information** :

« La porte est là. »

peut être une **invitation** ou une **demande**;

l'**information** :

« C'est vous le patron. »

peut être une **concession**;

la **question** :

> « Pouvez-vous me remettre le livre demain? »

peut être une **demande** ou une **information**;

l'**affirmation** :

> « Je ne prendrai plus cela. »

peut être un **avertissement**;

la **question** :

> « Savez-vous que passer d'une idée à une autre sans y mettre des rapports, c'est faire du coq-à-l'âne? »

peut être une **information**;

la **question** :

> « As-tu une cigarette? »

peut être une **demande.**

Un acte est posé indirectement ou par détours lorsqu'il y a un empêchement -- les règles de politesse et d'autres conventions sociales, par exemple, nous empêchent de donner une information directement ou de faire voir publiquement que l'interlocuteur ignore quelque chose qu'il devrait savoir, ou encore elles nous interdisent de donner un ordre ou d'exiger quelque chose.

Travail pratique

Dressez une liste de locutions qui présentent des actes indirects. Indiquez au besoin le contexte ou la situation qui rend l'acte indirect.

Attention! Il s'agit de locutions qui *font* une chose pour faire autre chose et non pas de locutions qui *disent* une chose pour dire autre chose (par exemple, dire : « Un chat échaudé craint l'eau froide. » pour dire : « Une expérience malheureuse ou pénible rend méfiant. »).

2. LA SITUATION INTERLOCUTIVE : COMPRENDRE ET SE MÉPRENDRE

2.1 Le contexte ou situation interlocutive

La différence entre un **acte discursif** et une **proposition** ou une **phrase**, entre le mot « terre » hurlé par la vigie et le même mot trouvé dans le dictionnaire (V. Descombes, ***Grammaire philosophique des objets***, p. 189), c'est que le premier est nécessairement :

- **posé pour être compris par un interlocuteur (réel ou possible);**
- **produit dans un contexte ou situation interlocutive.**

En fait, la seule réalité linguistique concrète est celle de l'interlocution. « On ne peut neutraliser le contexte pragmatique. En toute rigueur il n'y a pas d'occurrence *hors contexte*; ce qu'on appelle de ce nom n'est qu'une occurrence dans un contexte artificiellement simplifié ou dans une classe de contextes que l'on tient pour typiques. » (F. Jacques, ***Dialogiques***, p. 140)

Un mot, une phrase, une suite de phrases ne peuvent être compris -- même si les formes grammaticales et le sens lexical des mots sont familiers -- tant que sa relation avec un contexte est inconnue.

L'interlocuteur ne peut saisir le sens d'un mot ou d'une suite de mots que s'il reconnaît le contexte ou s'il est en mesure de le reconstruire.

Une phrase telle que :

« J'écoute. »

n'a pas de sens, ne signifie rien, même si nous savons qu'il y a là une phrase, une proposition, une unité de groupement, même si nous savons ce que sont un verbe et ses modalités, un complément d'objet, un complément circonstanciel, etc. Tant que nous ignorons la situation interlocutive et la force avec laquelle une phrase est donnée, cette phrase ne dit rien. Elle est, selon la grammaire, **déclarative**; elle nous donne alors un renseignement. Mais employée dans telle situation interlocutive, elle est :

- **un renseignement** (« Je suis là. »);
- **une interrogation** (« Que voulez-vous? »);
- **une injonction** (« Parlez donc! »);
- **une permission** (« Vous pouvez parler. »).

Une phrase peut être employée pour faire beaucoup de choses. La connaissance de la langue, des règles de grammaire, du sens lexical des mots ne suffit pas pour lever **l'indétermination** de la phrase. C'est dans la reconnaissance de la situation interlocutive que l'indétermination est levée.

Le contexte ou situation interlocutive se définit, d'une part, comme **l'horizon commun des interlocuteurs**. Cet horizon est ou peut être tout aussi bien physique que psychologique et épistémique. Il inclut les attitudes, les attentes, les croyances, les informations partagées et l'ensemble des mots, des phrases antérieures. Le contexte comprend aussi l'ensemble de toutes les présuppositions de la question ou du problème qui justifient et fondent ce rapport interlocutif.

2.2 Les contraintes syntactico-sémantiques

Selon le contexte, une seule et même phrase peut avoir une multiplicité de forces : une phrase déclarative, par exemple, peut avoir la force d'une question, d'une demande, d'un ordre, d'une concession, d'un refus, etc., ou encore, une phrase interrogative, celle d'un aveu, d'une déclaration, d'un ordre, etc.

Cependant, une connaissance de la situation interlocutive ne suffit pas pour déterminer comment le sens d'un acte discursif doit être saisi **parce que le rapport entre ce qui est fait et ce qui est dit n'est pas quelconque**.

D'une part, la nature interactive de l'acte discursif condamne l'hypothèse d'un acte discursif purement circonstanciel et d'un langage purement privé. D'autre part, le système de la langue -- la phonologie, le lexique, la syntaxe et la morphologie -- impose des contraintes : nous ne pouvons faire ni dire que ce que la langue nous permet de faire et de dire. Ou encore, comme le dit C. Hagège, « la grammaire [ajoutons le lexique] peut se définir comme ce qui est obligatoire » (***L'Homme de paroles***, p. 321).

Se rendant obligatoire et par là **commun**, le système de la langue **garantit** en quelque sorte la **recevabilité** d'un acte discursif. En fait, le système de la langue, compris comme un ensemble de règles ou de contraintes communes ou supposées comme telles, est la condition nécessaire pour qu'un acte discursif puisse être posé et compris dans le sens qu'il a été posé.

Nous ne pouvons pas dire n'importe quoi sans faire n'importe quoi. La grammaire et le lexique déterminent un ensemble de possibles « cernés d'impossibles » (C. Hagège, ***L'Homme de paroles***, p. 321).

Ainsi, pour **saluer**, par exemple, nous ne pouvons pas dire :

> « Allez-vous-en. »;
>
> « Attention à vous. »;
>
> « Quel plaisir de vous voir partir. »;

pas plus que nous pouvons **donner un ordre** en disant :

> « Bonjour. »;

ou **tirer une conclusion** en disant :

> « Examinons maintenant le rapport entre le dire et le faire. »;

ou

> « Aimez-vous les fleurs? ».

Ce qui est fait dépend en partie de ce qui est dit. Pour être en mesure de prendre un acte discursif tel qu'il est donné, il faut pouvoir **reconnaître** ce qui est dit.

Toutefois, une suite de mots peut être parfaitement conforme aux exigences du système de la langue (règles syntactico-sémantiques) sans pour autant être recevable.

Elle peut ne pas être recevable **absolument** ou ne pas l'être pour certains interlocuteurs.

Les suites telles que :

> « Les machicoulis de la crépinette se plient devant la gloire. »;

> « Je vous remettrai les outils hier, c'est une promesse. »;

ne sont pas recevables en raison d'incohérences relevant de notre expérience du monde. Nous ne savons pas ce que la personne qui parle veut dire et faire en employant ces mots de cette façon.

D'autre part, une suite produite conformément aux règles syntactico-sémantiques peut ne pas être recevable parce qu'elle fait appel à des connaissances particulières, comme, par exemple, la chimie :

> « Il s'agit de la diastase qui transforme la saccharose en glucose et en lévulose. »

Ou bien, la suite de mots parfaitement recevable qui suit ne sera comprise comme un jeu de mots que par les interlocuteurs qui savent reconnaître un jeu de mots et, de plus, un jeu de mots (vers rapportés) ayant cette forme :

> « Ta beauté, ta vertu, ton esprit, ton maintient
> « Esblouit et défait, assoupit et renflamme
> « Par ses rais, par penser, par crainte ou pour un rien
> « Mes deux yeux, mon amour, mes desseins et mon âme. » (Étienne Tabourot, dit Chevalier des Accords, ***Bigarrures***, publié en 1583, cité par T. Todorov, « **Les Jeux de mots** », dans ***Recherches poïétiques II***, p. 90)

Ou encore, un discours peut nécessiter plusieurs connaissances pour être recevable, comme dans l'exemple qui suit où K. Popper suppose, chez ses lecteurs, une connaissance de l'histoire de la philosophie, de la logique, du latin, etc. :

> « Le mode d'inférence falsifiant auquel il est fait référence ici [...] est le *modus tollens* de la logique classique. » (K. Popper, ***La Logique de la découverte scientifique***, p. 74)

2.3 Réussir

L'acte discursif, comme tout acte, peut réussir ou échouer. Il peut produire l'effet recherché ou ne pas le produire. La réussite ou l'échec d'un acte discursif est le résultat d'une **interaction**, c'est-à-dire de l'enjeu ou de la rencontre de **deux compétences** : la **compétence productive** chez la personne qui parle ou qui écrit et la **compétence réceptive** chez la personne à qui l'on parle.

L'acte discursif réussit à partir du moment où il est pris pour ce qu'il est : un renseignement, une question, une promesse, un refus, etc. L'acte discursif « prend », tout comme une mayonnaise, une confiture, un ciment, un vaccin, une greffe, un semis « prennent » (illustration empruntée à F. Récanati, ***La Transparence et l'énonciation***, p. 179), à partir du moment où un certain effet est obtenu; au delà ou en deçà de ce moment, il y a autre chose : un mélange d'œufs, d'huile, de moutarde, de sel; un jus de fruits, une gomme, un bonbon, du sable, de la chaux, de l'eau, etc.

2.4 « Tu sais ce que je veux dire. »

Le postulat selon lequel l'interlocution est finalisée -- nous employons le langage pour faire quelque chose -- fait en sorte que nous cherchons le plus souvent à annuler ou à compenser les maladresses, les négligences, les oublis, les fautes et même les incompétences du locuteur en faisant un effort pour comprendre. Nous le faisons grâce à ce que nous savons **par ailleurs** du locuteur et du contexte.

L'expression : « **Tu sais ce que je veux dire.** » exploite cette bonne volonté interlocutive.

Nous pouvons, par exemple, être agacé ou ennuyé par le dépliant qui accompagne la montre *Guess*, mais nous savons, au moins :

- qu'on y félicite le propriétaire de la montre;
- qu'on l'instruit du mode de fonctionnement de la montre (nous arrivons quand même à la régler);
- qu'on l'informe de la garantie ou de la protection offerte par le fabricant à l'égard des défectuosités possibles de la montre et également des limites de cette protection.

Félicitatión à vous, possesseur de cette nouvelle montre Guess. Développé de la technologie electronique avancée, le mouvement est fabriqué des partiés constituantes de la meilleure qualité de la Suisse, et est animé par une batterié de longue vie.

Instructión de l'operation
Pour changer ou corriger le tempes, il suffit simplement de tirer le bouton de la couronne jusqu'il cliquette. Cela vous permettra de tourner le bouton de la couronne, l'ajuster le temps exigé. Pour répartir la montre, vous n'avez qu'à pousser le bouton de la couronne en arrière dans sa place.

La Garantie limitée d'an an.
Cette montre "Guess" est garantie pour vous, possesseur, de la période d'un an, depuis le jour de l'achat original, contré tous les défauts en matière ou en travail.

Cette garantíe n'applique pas à l'usure normale, à la dechirure ou à l'abus et excluit la batterie, le coffret ou le bracelet. Toute garantie impliquée est aussi limitée en un an, depuis le jour de l'achat original.

A l'événement du défaut ou de'la malfonction pendant cette période, la montre sera réparée ou replacée à notre option, pourvu qu'elle est retournée avec un chèque ou l'ordre d'aigent de $4.50 comme le payement d'avance qui n'est pas cependant une charge de réparatión mais couvre simplement le postage de maniement et de retour.

Vous retournerez la montre paquetée attenivement et mise d'assurance,

Carolyn Sales Inc
125 Norfinch Drive
Downsview, Ontario
M3N 1W8
Canada

avec votre payement et le coupon complet de réparatión de garantie (attaché ici).

Ce sera votre exclusif moyen et Carolyn Sales Inc. de l'horlogerie ne sera pas licé à aucun dommage incidental économique ou de conséquence, venant de l'échec ou de la malfonctión de cette montre.

Tant que cette garantie vous donne les droits légals spécifiques l'autre droit quelconque peut différer de natión en natión.

Tandis que l'autre garantie donnée par votre d'eto'llant, appartient complètement à sa responsabilitée et les termes de cette garantie ne peuvent pas etre changés par n'importe leguel.

Nom ______________________

Adresse ______________________

____

Date de l'achat ______________________

Achetée du détaillant de- ______________________

Date ______________ Signature ______________

Certes, les incorrections dans les phrases qui suivent font sourire, mais nous ne nous méprenons pas sur ce qu'elles signifient.

> « À vendre une bicyclette de dame ayant peu roulée. » (Bally)

> « Sophie quitte Anna rassurée. » (Bally)

> « Cela resterait votre problème, pas le mien, si vous n'aviez entrepris de résumer mon reportage tout croche et tout de travers, afin de le critiquer plus aisément. » (Benoît Aubin, ***Le Devoir***, 21 février 1986)

Ou encore, l'agrammaticalité rend difficile mais non impossible la compréhension de suites de mots comme celles-ci :

> « L'assiette la main mettre. »;

> « Vous chauffons tôt. »;

> « Chauffez tôt vous. »;

> « Édifice Le Cours Saint Pierre. » (Pierre Beaudry, ***Le Devoir économique***, mars 1986, pp. 51 et 52);

> « Édifice La Cie Canada Tire Ltée. » (*ibid.*);

> « Montage au 2er plancher. » (affiche dans un hôpital à Ottawa, juxtaposée à une autre affiche : « Up to the second floor. »).

Si l'acte discursif peut atteindre son but malgré ses défauts, il faut néanmoins signaler le caractère aléatoire de cette réussite et la possibilité très réelle pour un interlocuteur de refuser de s'engager dans une telle interaction. (Si *Guess* fait ses montres comme elle fait sa littérature...)

Travail pratique

Dressez une liste de cinq candidats au « prix citron » de l'interaction linguistique.

3. LE DISCOURS ET SON ORGANISATION

Le discours (texte ou conversation) est fait d'actes discursifs. Il n'est pas une suite quelconque d'actes discursifs, mais un ensemble **organisé**, ou encore **construit** à l'intérieur des contraintes imposées par la langue et par la situation interlocutive, dans un but précis de faire quelque chose : informer, expliquer, résoudre un problème, justifier une thèse, évaluer, interroger, décrire, raconter, etc.

Le discours est organisé ou construit en ce sens que tous les actes discursifs réalisent ou contribuent à réaliser le but du discours; c'est dire que chacun des actes discursifs joue un rôle dans la réalisation du but soit en **concourant** avec les autres actes, soit en **agissant sur eux**.

3.1 Le schéma conjonctif

Lorsque les actes concourent pour réaliser le but du discours, ils sont posés sur le même plan. Ils sont indépendants les uns des autres quoique liés par un but commun. Ils s'additionnent ou se joignent les uns aux autres. Cette façon d'organiser un discours est **conjonctive**.

3.2 Le schéma hiérarchique

Un acte discursif qui agit sur un autre acte discursif en le précisant, en l'illustrant, en l'évaluant, en le commentant, en le circonstanciant, etc., est d'une certaine façon **dépendant** de ce dernier. Celui-ci est **indépendant** par rapport au premier. Ces actes ne sont pas posés sur le même plan : les actes dépendants sont dans une position **périphérique** par rapport aux actes indépendants, qui eux sont **centraux**. Ces derniers forment le **noyau** du discours : ils sont des **éléments nucléaires**. Ils correspondent au but du discours. Les actes dépendants sont des **éléments satellites** : ils agissent sur les éléments nucléaires.

L'aménagement d'une hiérarchie dans le discours se fait par la mise en place de **liens** ou de **relations** entre les actes discursifs.

Ces liens, ou relations, sont très nombreux. Les actes peuvent être liés, par exemple, comme :

problème	- solution	conclusion	- raison
action	- motivation	situation	- arrière-plan
action	- justification	opinion	- évidence
action	- moyen	thèse	- antithèse
but	- moyen	thèse	- restriction
tout	- partie	thèse	- amplification
abstraction	- concrétision	thèse	- concession
famille	- membre	situation	- circonstance
processus	- étape	affirmation	- évidence
chose	- attribut	affirmation	- refus
genre	- espèce	question	- réponse
général	- spécifique		etc.

Ces relations sont signalées, ou peuvent l'être, par des conjonctions ou des locutions conjonctives telles que : **donc, parce que, dans le but de, alors que, malgré, cependant, mais**.

3.3 Illustrations des schémas organisationnels

1. « Le ciel sera dégagé cette nuit. Les vents seront du nord-est. Il y aura des rafales atteignant 30 kilomètres l'heure. La température descendra à 5 degrés Celsius. Il y a risque de gel dans les terres basses. »

Toutes ces informations sont indépendantes les unes des autres, mais elles **concourent**, elles sont **jointes** pour former le bulletin de météo.

Schématiquement :

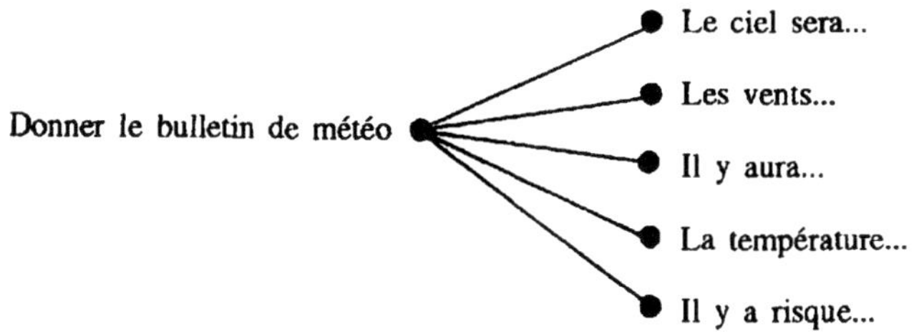

2. « [1] Il fait froid, [2] mets ton chandail. »

[1], « Il fait froid », est clairement l'élément satellite; il **motive** ou **justifie** l'injonction [2], « mets ton chandail », qui est l'élément nucléaire.

Schématiquement :

3. « [1] Qu'est-ce que la *demande* pour un produit ou un service? [2] Dans un sens économique, [3] *c'est plus qu'un désir,* [4] car les désirs sont à toutes fins pratiques illimités, [5] alors que la demande pour un produit ne l'est pas [6]. On dira que *la demande est la volonté d'acheter de la part d'un client* ou, [7] en termes concrets, c'est la quantité d'un produit qu'une unité de consommation désire acheter à différents prix pendant une période déterminée. » (Rodrigue Tremblay, ***L'Économique. Analyse microéconomique***, p. 35)

Ce texte **pose** une question [1], **circonstancie** ou **situe** la réponse [2], **refuse** une réponse possible [3], **justifie** [4] ce refus par un adversatif ou un appositif [5], **répond** à la question [6] et **répète** cette réponse ou encore **l'explicite** [7].

[6] et [7] sont les **éléments nucléaires**, les autres éléments sont des **éléments satellites**. Ils réalisent ou con-

tribuent à la réalisation du but du texte : répondre à la question : « Qu'est-ce que la *demande* pour un produit ou un service? ».

Schématiquement :

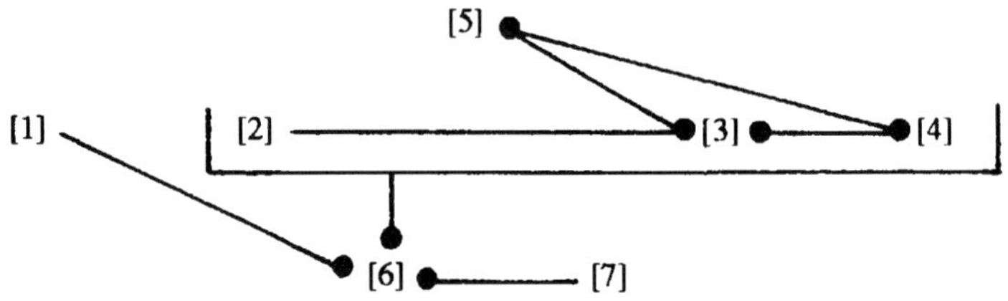

4. « [1] Venez rencontrer nos conseillers en formation. [2] Ils se feront un plaisir de vous guider dans votre choix. [3] Tél. : 343-6867. »

Ce texte est une invitation. Il est fait dans le but de **vous** inviter à venir rencontrer les conseillers en formation. C'est la **raison d'être** de ce texte. L'invitation est faite dans la première partie du texte [1]; c'est l'**élément nucléaire**. La deuxième partie du texte [2] présente une raison pour accepter l'invitation : « [Les conseillers] se feront un plaisir de vous guider dans votre choix » (autrement dit, ils sont gentils). Cette partie du texte [2] est liée à la première [1] en tant que **motif** de l'acte; elle n'a pas de sens sans la première partie (l'invitation). La troisième partie [3] est le **moyen** par lequel il est possible d'accepter l'invitation (en téléphonant au 343-6867); cette partie du texte n'a pas non plus de sens sans l'invitation [1]. Les deuxième et troisième parties sont donc des **éléments satellites**.

Schématiquement :

5. « [1] Notons cependant que le volume consacré à la cargaison est moins intéressant : [2] malgré sa grande longueur, [3] le coffre manque de profondeur et [4] la roue de secours logée à plat manque une bonne part de l'espace disponible. » (Marc Belva, « La Brougham d'Élégance », ***Le Devoir***, 29 août 1988)

Cette citation est tirée d'un long texte qui décrit une voiture et fait état de ses qualités et de ses défauts; son but est de juger, d'apprécier. Dans cette partie du texte, Marc Belva attire l'attention du lecteur (**Notons**) sur un défaut de la voiture qui s'oppose à une qualité, décrite plus haut dans son texte; cette opposition est signalée par la conjonction **cependant**. L'**élément nucléaire** correspond à [1], « Notons cependant que le volume consacré à la cargaison est moins intéressant. ». Tous les autres éléments sont des **éléments satellites**. Ils sont liés à l'élément nucléaire dans un rapport qui peut se décrire comme un rapport d'**explication**, ou encore d'**élaboration**. Toutefois, l'élément [2], « malgré sa grande longueur », est posé dans un rapport d'**opposition** et de **concession** à l'égard de [3]. L'élément [2] reconnaît une qualité mais l'oppose à un défaut (c'est le sens de **malgré**).

Schématiquement :

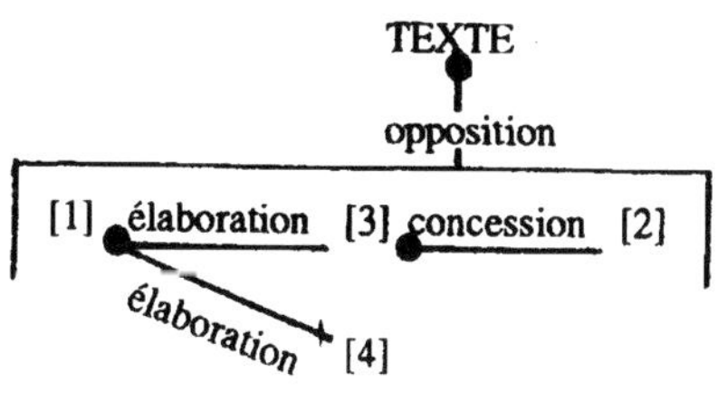

6. « [1] Par mouvement de population, il faudrait entendre tout changement apporté à l'état de la population. [2] Une acception large du mot pourrait donc couvrir même les changements de profession ou de religion. [3] En fait, l'expression concerne spécialement l'état civil. » (A. Sauvy, ***La Population***, p. 13).

Ce texte est fait pour répondre à la question : « Que faut-il entendre par mouvement de population? ». La réponse à cette question [1] correspond à l'**élément nucléaire**. Les éléments [2] et [3] font partie de cette réponse, donc de l'élément nucléaire, mais ils ne se confondent pas avec lui; tout au contraire, ils y ajoutent des renseignements supplémentaires; ce faisant, ils **précisent** [3] la réponse en indiquant les membres de la classe et en spécifiant ceux qu'il faut retenir.

Schématiquement :

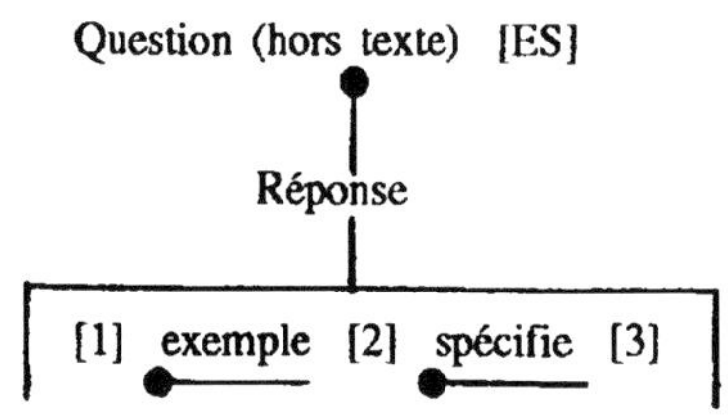

1. «Assez», c'est combien?

Les entreprises de communications constituent au Canada une immense industrie dont les revenus publicitaires annuels s'élèvent à eux seuls à un milliard de dollars. Cela signifie-t-il que l'information est sous la coupe de
[I] la grande entreprise? Et s'il en est ainsi, cette situation porte-t-elle atteinte à l'intérêt public? Ce sont là les questions principales auxquelles notre Comité avait à répondre.

Mais avant de commencer à y répondre, il nous fallait trouver dans quelle mesure les groupements de tous genres influent sur les moyens d'informa-
[II] tion. Il est assez étonnant, certes, qu'au Canada aucune étude exhaustive n'ait été effectuée sur le sujet; serait-ce que les hommes d'affaires ont tendance à devancer les statisticiens dans le domaine des communications?

En conséquence, le Comité a chargé la société Hopkins, Hedlin Ltd., de Toronto, d'examiner en détail l'économie des entreprises de communications
[III] au Canada. Leur rapport, que nous publions comme supplément à ce volume, représentait une œuvre considérable. Ce chapitre et le suivant en résument les conclusions.

Nous tenons à souligner que les données de ces deux chapitres ne mettent aucun particulier en cause. Par souci d'uniformité statistique, la firme Hopkins, Hedlin a dû faire des distinctions rigoureuses entre la notion de propriété collective et celle de propriété indépendante. Ces distinctions n'ont cependant aucun rapport direct avec la qualité rédactionnelle. Certains des
[IV] meilleurs journaux du pays sont propriété de consortiums; quelques-uns des pires sont aux mains de propriétaires indépendants. On voudra bien comprendre que lorsque nous analyserons, dans les pages qui suivent, l'importance des regroupements d'entreprises relativement à celle des propriétaires indépendants, nous ne porterons aucun jugement moral sur les dirigeants mêmes. Nous ne faisons que décrire la situation réelle de la propriété en termes statistiques qui sont tout à fait logiques, mais parfois plutôt irréels.

Le Miroir équivoque, Rapport du Comité spécial du Sénat
sur les moyens de communications de masse, p. 17.

Ces quatre paragraphes constituent l'introduction au chapitre premier : « « Assez », c'est combien? ». Ce chapitre et le suivant résument les conclusions d'un rapport qui examine l'économie des entreprises de communication. L'introduction répond à une question du type : « De quoi parlera l'auteur dans ce chapitre? » et la réponse y est donnée dans le troisième paragraphe. Ce paragraphe est donc l'**élément nucléaire**. Les trois autres paragraphes, I, II et IV, sont des **éléments satellites** et **se rapportent** au paragraphe III.

Le premier paragraphe **rappelle** le mandat du comité, ou plus exactement les questions auxquelles celui-ci avait à répondre. Il **situe** ces questions en donnant de l'information sur les entreprises de communication et le montant de leurs revenus tirés de la publicité. Il **montre** ainsi l'origine des questions.

Le deuxième paragraphe **introduit** une restriction par rapport aux réponses qui seront offertes; il **limite** ce chapitre (et le suivant) à des questions préalables et il **justifie** cette restriction.

Le troisième paragraphe tire une conséquence de cette restriction (II) et **annonce** le « contenu » du chapitre ainsi que celui du suivant.

Le quatrième paragraphe fait une sorte de « mise en garde » en **précisant** les limites et les conditions des données et le genre de discours tenu, qui est descriptif et non pas évaluatif, car les auteurs disent qu'ils ne portent pas de « jugement moral » sur l'économie des entreprises de communication.

Schématiquement :

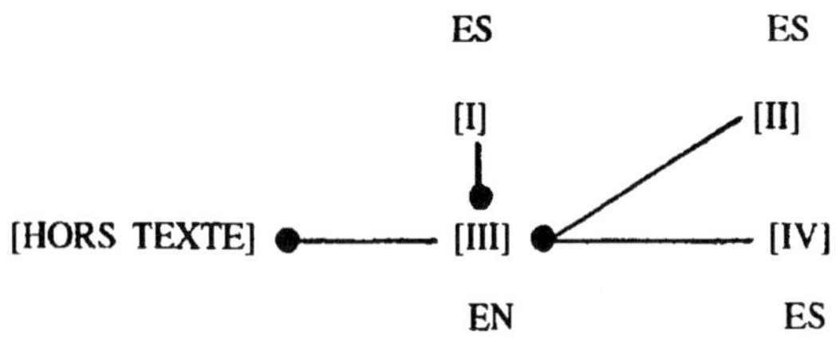

Travaux pratiques

A. ***Dressez une liste de conjonctions et de locutions conjonctives (une telle liste se trouve dans n'importe quelle grammaire), indiquez les relations qui sont établies par ces conjonctions ou locutions conjonctives. Illustrez.***

Par exemple:

« Si » établit des relations adversatives ou oppositives (1), concessives (2), implicatives (3) et hypothétiques (4). Ainsi :

Si (1) : « Si cette voiture est bien conçue, elle n'est pas bien construite. »

Si (2) : « Si ce groupe d'investisseurs existe toujours, il n'y a plus personne qui lui fait confiance. »

Si (3) : « Si vous n'avez pas sauvegardé votre document, vous ne pouvez pas le récupérer. »

Si (4) : « Si vous sortez de Wordperfect sans sauvegarder votre document, il sera perdu. »

B. ***Définissez à l'aide d'un dictionnaire* (Le Petit Robert *ou* Gradus, Les Procédés littéraires, *par exemple) les types de discours : discours descriptif, discours mode d'emploi, discours d'exposition, discours narratif, discours injonctif, discours expressif, discours évaluatif, discours critique, discours définitoire, discours publicitaire, discours commentaire, discours journalistique, etc. Cherchez quelques exemples de ces types de discours dans vos manuels.***

Quels effets peut-on produire en tenant tel ou tel type de discours? Par exemple, est-ce qu'un discours descriptif peut être employé pour convaincre? pour avertir? pour évaluer? Donnez des exemples.

C. *Voici une série de textes. Indiquez le* **schéma organisationnel** *(conjonctif ou hiérarchique). Si le texte est organisé selon un schéma hiérarchique, indiquez les* **éléments nucléaires,** *les* **éléments satellites** *et les* **relations** *par lesquelles ils sont liés. Relevez les* **actes discursifs** *dont le texte est composé et l'***acte** *qui caractérise l'ensemble du texte. Dites de quel* **type de discours** *il s'agit (descriptif, commentaire, reportage, exposition, etc.). Faites une représentation graphique de l'organisation du texte.*

1. « La jeunesse s'entoure de bruit lorsqu'elle ne veut rien entendre. » (Albert Brie)

2. Même si l'on m'offrait une maison en banlieue, je ne quitterais pas mon appartement rue Laurier.

3. « Voici une voiture moderne que la concurrence devra surveiller. Le concepteur a réussi à allier avec succès les critères les plus populaires de nos jours : économie, performance, format pratique, commodités et conduite agréable. En outre, l'ensemble est présenté avec bon goût. Un choix à considérer dans sa catégorie. » (Marc Gosselin, ***Protégez-vous***, août 1982)

4. « Même française, bêtise est bêtise. J'ai été profondément scandalisé et attristé de constater que sur la première page de votre journal du 5 juillet, il y avait, d'un côté « La francisation du français, des anglicismes bannis sous peine d'amende » et de l'autre « Week-end sportif ». Quel contraste? Si Henri Bourassa revenait, il vous congédierait tous. LE DEVOIR a bien changé depuis. Il est devenu jauniste. Pourquoi employer un anglicisme alors que l'Office de la langue française fait un effort de les bannir. Les bêtises que font les

Français restent toujours des bêtises. On ne parle pas français avec des mots anglais. C'est logique et c'est clair. » (A. R. Lanthier, Montréal, lettre ouverte dans ***Le Devoir***)

5. « Étant donné que les technocrates occupant les meilleurs emplois sont encore relativement jeunes, on peut prévoir une assez longue période de blocage et d'attente pour les diplômés des collèges et des universités. La majorité devra donc se résigner à faire carrière ailleurs que dans la fonction publique provinciale qui, pendant 20 ans, a fourni à la classe instruite son principal débouché professionnel. C'est donc dire que l'orientation idéologique favorisant les carrières de service public et social n'a pratiquement plus sa raison d'être : en guise de remplacement, il faudra cultiver de nouvelles mentalités occupationnelles. » (Dominique Clift, ***L'Actualité***)

6. « Premier semestre difficile pour la Société générale de financement (SGF) qui a perdu $6,3 millions par rapport à un profit de $8,2 millions durant la même période en 1981. Les ventes du groupe SGF ont fléchi de $397,9 millions à $378,4 millions. La filiale Forano, de Plessisville, a perdu $4,5 millions. Des négociations sont en cours avec les employés pour sauver l'entreprise de la fermeture. D'autre part, Petromont, un des intérêts de la SGF, a perdu $7 millions. » (***Le Devoir***)

7. « Les faillites des petites entreprises au pays sont surtout le fruit d'un manque de connaissances et d'expérience en gestion, révèle un rapport commandé par le gouvernement fédéral à la firme Raymond, Chabot, Martin, Paré et Cie, de Montréal. Selon les auteurs du rapport, les petits entrepreneurs refusent d'admettre leur incapacité à bien gérer. De plus, ils rejettent toute possibilité de s'associer à des investisseurs privés afin d'alléger la structure de leur capital. » (***Le Devoir***)

8. « À la suite des élections municipales qui se sont déroulées au Québec en novembre dernier, le nombre de femmes occupant un poste de maire ou de conseiller a presque doublé. L'examen des résultats des scrutins dans 1004 municipalités du Québec fait ressortir une très nette progression de la présence féminine. Cette présence, qui pouvait s'établir globalement à quelque 1,5 % avant l'automne 1981, s'élève maintenant à environ 7 %. Il s'agit d'une hausse appréciable qui, en étant soutenue, devrait connaître une accentuation constante. » (***Le Devoir***)

9. « Albert Trempe avait été arrêté, le 8 mars dernier, en rapport avec le décès de Jimmy Heddleston, le 6 ou 7 mars 1979. Il a été impossible de déterminer la date de ce décès, puisque l'incident s'est déroulé entre 23h et minuit le soir du 6 mars 1979. » (***Le Droit***)

10. « Le prix du pétrole baisse et la crise continue ... Étonnant non? Chômage, austérité, endettement font écho aux « no future » des jeunes du monde entier. Face à cette « grande crise », la solution n'est pas seulement économique : c'est tout un modèle de développement qui est en cause. Ce qui hier paraissait comme utopique est peut-être aujourd'hui la seule voie possible : changer le travail, promouvoir le temps libre, inventer de nouvelles relations entre pays et régions, en finir avec le productivisme. » (***L'Actualité***)

11. Depuis l'aube des temps, on a associé une valeur intuitive aux couleurs. Des expressions telles que « il voit rouge » ou « une colère noire » en sont bien la preuve. Cependant, maintenant les savants ont déterminé que les fréquences des couleurs influencent bien l'individu. Notre personnel médical porte des vêtements de couleur verte parce qu'il s'agit d'une couleur reposante. Donc, avant de repeindre une pièce ou d'acheter un vêtement, examinez le langage des couleurs.

12. « Publié par le MLF de 1971 à 1973 ***Le Torchon brûlé*** allait exprimer la jeunesse du mouvement, en laissant exploser tant la rage que l'humour, les humeurs, dans des pages éclatées, bouleversées, champ libre à la contestation, à la spontanéité, à l'amour et à la haine, à l'impulsion, au foisonnement, à la diversité, aux contradictions. Il donnait voix à des révoltes à fleur de peau, de réalités, de discours, de réactions, et aussi aux révoltes, plus profondes, de mémoires, de corps, dont l'élaboration s'inscrivait en vif. » (***Québec français***)

Résumé

1. Parler, écrire, c'est faire quelque chose. C'est donner des renseignements, faire une demande, interroger. Faire ces choses-là, c'est agir d'une certaine façon, c'est poser un **acte discursif**.

2. Cet acte a une **valeur** ou **qualité**. Il compte dans une situation interlocutive d'une certaine façon, c'est-à-dire qu'il est l'acte de renseigner, d'avertir, de commander, de demander, etc.

3. La valeur ou qualité (le type) de l'acte discursif posé dépend du **contexte** et de **ce qui est dit**. Dire : « Les prix montent. » peut être, selon le contexte, un renseignement, un conseil, un ordre, etc.

4. L'acte a aussi une **force** par laquelle le locuteur indique son engagement à l'égard de ce qu'il fait et de ce qu'il dit. Cette force est variable.

5. Le locuteur peut montrer ce qu'il fait de façon très explicite. Dire : « J'affirme que... », c'est faire une affirmation et montrer qu'on fait une affirmation. Dire : « Donnez-moi ce livre! », c'est faire une demande. Dire : « Je vous le demande, donnez-moi ce livre! », c'est faire une demande et montrer qu'on fait une demande.

6. Parler, écrire, c'est **faire** quelque chose, c'est **dire** quelque chose. L'acte discursif a une qualité, mais il a aussi un **contenu** : on renseigne sur..., on avertit de..., on demande quelque chose.

7. Ce qui est dit et ce qui est fait ne sont pas dans un rapport quelconque. Ce que nous faisons dépend de ce que nous disons; ce que nous disons dépend de ce que nous voulons faire.

8. Il est possible d'agir sur ce qui est dit pour en modifier **sa portée**. Les locutions explicatives, déterminatives, circonstancielles, complémentaires sont des locutions qui modifient la portée de l'acte discursif. Agir sur le « contenu » de l'acte de cette façon, c'est poser un **interacte**. Expliquer, déterminer, circonstancier, préciser, etc., sont des **actes dépendants**.

9. Le discours est un ensemble d'actes et d'interactes discursifs qui a sa propre valeur ou qualité discursive.

10. Le discours est un ensemble d'actes discursifs organisés de sorte qu'ils réalisent le but du discours ou contribuent d'une certaine manière à sa réalisation.

11. Selon que les actes discursifs sont indépendants ou interdépendants, le discours est organisé selon un schéma **conjonctif** ou un schéma **hiérarchique**.

12. Le schéma **conjonctif** pose les actes sur le même plan, chacun réalisant à sa façon le but du discours.

13. Le schéma **hiérarchique** pose les actes sur des plans différents. Certains correspondent au but du discours; ils forment **l'élément nucléaire**. D'autres agissent directement ou indirectement sur l'élément nucléaire (ils précisent, illustrent, commentent, etc.); ce sont des **éléments satellites**.

Auto-évaluation

I

Déterminez l'acte discursif. Si l'acte n'est pas explicite dans le texte, modifiez le texte pour qu'il le soit. Si le contexte n'est pas évident, indiquez-le de sorte que ce qui est dit aura la force ou la valeur que vous voulez lui donner. Ou encore, faites une suite discursive qui rend la force de l'acte évidente.

1. Les prix montent.

2. Il s'agira ici de définir, d'une façon provisoire, la sociologie.

3. Il s'agit dans ce livre des origines de la Révolution.

4. Il s'agit de se mettre à table.

5. Son voisin l'a dénoncé.

6. N'oublie pas qu'il faut téléphoner à Odette.

7. Que font les locutions suivantes?

8. Avez-vous un stylo?

9. En bref, ce que nous avons voulu proposer ici [...].

10. Au Canada, selon le sociologue Alex Sim, la fibre rurale s'effiloche.

11. « Commencer par une constatation : depuis quelques années on connaît en France un remarquable épanouissement de la réflexion sur la *figure* [...]. » (T. Todorov)

12. Nous nous permettons ici une mise en garde : il faut que [...].

13. Je ne peux pas répondre.

14. « Va, cours, vole et nous venge. » (Corneille)

15. Pourvu que ça dure.

16. Je commence à m'impatienter.

17. Merci.

18. « Un autre argument que j'entends souvent évoquer, c'est que la publicité est payée par le consommateur et qu'elle fait monter les prix. » (Janine Brémond, ***La Publicité***)

19. « Intéressante, cette initiative d'Inaltéra et de son agence Publicis. Intéressante. » (Janine Brémond, ***La Publicité***, p. 49)

20. Pour faire une mousse, prenez une demi-douzaine d'œufs, séparez les jaunes des blancs, mélangez 125 g de sucre aux jaunes, faites monter les blancs...

II

1. ***Quel est l'élément nucléaire dans le texte qui suit? Quel est le rapport entre [1] et [10]? Entre [5] et [6]?***

« [1] La publicité ne crée pas de besoins. [2] Qu'on se le redise [3] pour mieux cerner la réalité aliénante. [4] Elle exploite des besoins manifestes ou latents. [5] La soif a toujours existé, [6] c'est un besoin naturel, primaire, [7] que doit assouvir l'organisme qui veut se maintenir en vie. [8] Coca-Cola n'a pas créé la soif dans les pays d'Amérique centrale ou du Sud, [9] Coca-Cola n'a jamais créé que le besoin de Coca-Cola. [10] On peut donc plutôt parler du « transfert qui s'est opéré de la soif en besoin de Coca-Cola », [11] comme Ivan D. Illich [12] à qui il est arrivé de voir planter des panneaux publicitaires pour le Coca-Cola dans des pays d'Amérique latine où les puits étaient insuffisants [...] » (Janine Brémond, ***La Publicité***, pp. 54 et 56)

2.

Pour faire rire le lecteur, l'humoriste suppose que le lecteur sait certaines choses. Que faut-il savoir relativement au dessin ci-dessus pour pouvoir rire?

____

____

____

____

3. ***Miguelito transgresse et exploite une règle discursive. (a) Laquelle? (b) Quel est l'effet de cette transgression?***

(a)____

(b)____

Deuxième partie

L'INFORMATION DISCURSIVE

OBJECTIFS

Fournir les informations et proposer des travaux pratiques qui permettent de vérifier ou d'améliorer les habiletés à :

- reconnaître le **thème**, ce dont il est question dans une unité discursive, en particulier à reconnaître ou à reconstruire la **question initiale** et l'**univers du discours**;
- reconnaître le **propos**, ce qui est dit du thème dans une unité discursive;
- reconnaître le thème **principal** et le propos **principal** dans une unité discursive;
- reconnaître les thèmes et les propos **secondaires** dans une unité discursive;
- différencier l'information **supposée** de l'information **posée**;
- reconnaître la **clarté** et la **précision** (ou l'**ambiguïté** et le **flou**) des informations présentées;
- reconnaître les **stratégies de valorisation** (positive ou négative) des informations présentées;
- différencier l'**abstrait** du **concret**, le **général** du **particulier**;
- reconnaître ce que les informations présentées **présupposent** et **laissent entendre**.

This page intentionally left blank

1. THÈME ET PROPOS

1.1 La question initiale

Tout acte discursif est interactif ou transactif. Non seulement met-il en jeu une dyade locuteur-interlocuteur, mais il est toujours en quelque sorte une réaction ou une réponse à une situation interactive réelle ou possible, anticipée ou actuelle. Cette situation, qu'elle soit articulée en toutes lettres, à haute voix ou qu'elle aille sans dire, agit comme une **question initiale** qui ouvre et délimite un **univers de discours** et, par là, règle la transaction.

La question initiale **ouvre** et **délimite** le discours, elle :

- **instaure** un espace interlocutif;
- **engage** les interlocuteurs dans un processus d'échange;
- **détermine** ce qui est en question. Par le fait même, elle circonscrit un champ ou un univers à l'intérieur duquel doit s'inscrire toute réponse;
- **différencie** cet univers de discours de tout autre univers de discours. Elle le fait d'une manière plus ou moins claire, plus ou moins précise, plus ou moins circonstanciée;
- elle **opère un tri** parmi toutes les informations et les actes discursifs possibles par le fait de déterminer ce qui est en question.

La question initiale **règle** l'échange :

- elle décide de ce qui est **pertinent**, **convenant**, **acceptable**;

- elle décide aussi quelles informations parmi celles qui sont présentées comptent comme des informations qui sont **supposées être partagées** et quelles sont celles qui comptent comme des informations **nouvelles**, qui peuvent être offertes comme **réponse** à la question.

La question initiale peut être reprise dans le discours de **façon explicite**, mais elle peut tout aussi bien être seulement **sous-entendue**. Lorsqu'elle est sous-entendue, il faut la **reconstruire**. Sans cette reconstruction, le texte nous échappe, il est incompréhensible, ou bien nous essayons de le comprendre et nous l'interprétons selon les éléments qui nous impressionnent, selon nos intérêts, nos penchants, nos connaissances, etc., et nous risquons de ne pas le suivre, de ne pas entrer dans son univers, de ne pas le prendre en tant que tel.

La reconnaissance ou la reconstruction de la question initiale est nécessaire pour l'intelligence d'un texte. Cette nécessité vient du fait que le discours :

- est une réponse à une question;

- est une réaction à une situation interactive;

- est lié, par définition, à la question initiale;

- est construit.

En effet, la présence des éléments discursifs (telles informations, tels actes) n'est pas **fortuite**. Ces éléments sont pour ainsi dire prélevés dans l'univers du discours (informations et actes possibles) instauré par la question initiale, précisément pour y répondre ou pour y réagir. Le discours est construit en ce sens que les éléments discursifs (informations et actes) sont **disposés, ordonnés** par rapport à la question initiale et les uns par rapport aux autres (lorsqu'il s'agit d'un discours suivi) dans le **but** de répondre à la question initale ou d'y réagir.

1.2 Support et apport / ancien et nouveau

Toute transaction interlocutive dépend en tout premier lieu de la reconnaissance par les interlocuteurs de la même question initiale.

La question initiale, en ouvrant le discours, en délimitant un univers de discours, détermine **de quoi il s'agit** dans ce discours. Elle détermine ce dont le locuteur parle et elle coïncide avec le **thème** du discours.

La question initiale est liée à la situation interlocutive, d'où elle est prélevée. Cette situation interlocutive est **supposée être commune** aux interlocuteurs; ils s'y retrouvent nécessairement. Elle comprend un ensemble d'informations, d'attitudes, de désirs, etc., communs aux interlocuteurs et actualisés par la question initiale. Ces informations, attitudes, désirs, etc., dans la mesure où ils sont **communs, partagés** par les interlocuteurs, ou encore supposés l'être, sont évidemment des informations, attitudes, désirs, etc., connus.

C'est par rapport à cette situation, par rapport donc à ce qui est commun et connu que le locuteur proposera quelque chose et qu'il fera un **apport** ou une **contribution**. C'est cette situation **ancienne** qui sera transformée; c'est par rapport à elle qu'une **nouvelle** situation sera produite.

L'espace interlocutif comprend donc deux places ou deux positions: l'une, la place du **thème**, est réservée à la question initiale.

Plus précisément, les éléments qui sont en position de thème :

- font **connaître** ou **rappellent** l'univers du discours, la question initiale;

- sont le **support** des éléments nouveaux.

L'autre place, celle du **propos**, est réservée aux éléments qui **proposent** ou qui **apportent** une **information nouvelle**.

De ce point de vue, le propos est ce qui est **posé** dans l'acte discursif et le thème est ce qui est **supposé**.

Le thème, ce dont il est question -- qu'il soit indiqué en toutes lettres ou seulement sous-entendu -- se présente **comme incontestable**. Il constitue le cadre du discours et, à ce titre, le remettre en question, le refuser revient à initier un autre discours dans lequel il est question d'autres choses.

Le propos, ce que le discours apporte, se présente comme l'élément **discutable**, l'élément que l'interlocuteur peut accepter ou refuser, nuancer ou amplifier sans rompre le fil du discours.

Logiquement, la direction ou la progression du discours va de ce qui est supposé ou admis, donc **de l'ancien**, à ce qui est posé, non admis, donc **au nouveau**.

L'acte discursif n'est possible que sur une base d'**entente** : il s'agit de **ceci** et non pas de **cela**. Sans cette entente, les interlocuteurs ne se trouvent pas dans le même univers de discours, ils n'occupent pas le même espace interlocutif; s'il y a échange de paroles, ils parlent de choses et d'autres, ils sont tour à tour **hors sujet**. Les propos sont **de travers**; l'échange tourne à l'indifférence, au vinaigre, au comique.

CAEN

J'avais dit, pendant les vacances, je ne fais rien!... rien!... Je ne veux rien faire.

Je ne savais pas où aller.

Comme j'avais entendu dire : « À quand les vacances?... À quand les vacances?... » Je me dis : « Bon!... Je vais aller à Caen... » Et puis... Caen!... ça tombait bien, je n'avais rien à y faire.

Je boucle la valise... Je vais prendre le car... Je demande à l'employé : « Pour Caen, quelle heure ?

-- Pour où?

-- Pour Caen!

-- Comment voulez-vous que je vous dise quand, si je ne sais pas où?

-- Comment? Vous ne savez pas où est Caen?

-- Si vous ne me le dites pas!

-- Mais je vous ai dit Caen!

-- Oui!... mais vous ne m'avez pas dit où!

-- Monsieur... je vous demande une petite minute d'attention! Je voudrais que vous me donniez l'heure des départs des cars qui partent pour Caen?

-- !!...

-- Enfin!... Caen!... dans le Calvados!...

-- C'est vague.

-- ... En Normandie!...

-- !!!!

-- Ma parole! Vous débarquez!

-- Ah!... Là où a eu lieu le débarquement!... En Normandie! À Caen...

-- Là!

-- Prenez le car.

-- Il part quand?

-- Il part au quart.

-- !!!!... Mais (regardant sa montre)... le quart est passé!

-- Ah si le car est passé, vous l'avez raté.

-- !!!!... Alors... et le prochain?

-- Il part à Sète.

-- Mais, il va à Caen?

-- Non, il va à Sète.

-- !!!!... Mais, moi je ne veux pas aller à Sète... Je veux aller à Caen!

-- D'abord, qu'est-ce que vous allez faire à Caen!

-- Rien!... rien!... Je n'ai rien à y faire!

-- Alors si vous n'avez rien à faire à Caen, allez à Sète.

-- !!!! Qu'est-ce que vous voulez que j'aille faire à Sète?...

-- Prendre le car!

-- Pour où?

-- Pour Caen.

-- Comment voulez-vous que je vous dise quand, si je ne sais pas où!...

-- Comment!... Vous ne savez pas où est Caen?

-- Mais si, je sais où est Caen!... Ça fait une demi-heure que je vous dis que c'est...

Raymond Devos
Ça n'a pas de sens
Paris, Denoël, 1968, pp. 18, 19.

1.2 La reconnaissance du thème et du propos

La reconnaissance du thème et du propos, ou encore l'habileté à reconnaître le thème et le propos dépend de la connaissance (pratique) de la **langue** et de la **situation interlocutive**. Ces deux régimes de connaissance sont nécessaires pour toute transaction langagière. Ils font partie des éléments constitutifs de la **compétence interlocutive** ou **communicationnelle**.

Pour la **langue** (française), c'est en suivant le schéma canonique :

sujet grammatical - prédicat

que nous cherchons en tête de phrase l'élément supposé ou le support et, en dernière place, le propos ou l'apport.

Schématiquement :

Langue	Sujet grammatical	Prédicat
Interlocution	Thème	Propos
	Supposé	Posé

Étant donné que le thème, l'élément supposé, échappe à l'interrogation et à la négation, il est possible de repérer le thème et le propos en faisant les transformations interrogatives et négatives correspondantes à la phrase de départ. Ainsi :

1. La voiture de Michel est en panne.

1.1 **Est-ce que** la voiture de Michel **est en panne**?

1.2 La voiture de Michel **n'est pas en panne**.

La négation et l'interrogation n'affectent que le propos. Seule l'**information nouvelle** est remise en question ou niée.

Ou encore, pour la même raison, une suite formée par une conjonction d'opposition (par exemple, **mais**) permet de repérer cette information nouvelle (et, par le fait même, de repérer le thème, l'opposition étant faite au propos et non pas au thème).

1.3 La voiture de Michel n'est pas en panne,

mais → elle est rouillé;
mais → elle a été vendue;
mais → elle roule bien.

Par contre, du point de vue de la langue, la phrase d'opposition qui suit sera rejetée :

> La voiture de Michel n'est pas en panne, **mais Michel n'a pas de voiture**.

Un autre exemple :

2. Dans sa bibliothèque, Pierre a toute la collection « Achille Talon ».

2.1 Dans sa bibliothèque, **est-ce que Pierre a toute la collection « Achille Talon »**?

2.2 Dans sa bibliothèque, **Pierre n'a pas toute la collection « Achille Talon ».**

2.3 Dans sa bibliothèque, Pierre n'a pas toute la collection « Achille Talon », **mais...**

Si la question de départ, repérée par ces transformations, est :

> « Qu'est-ce que Pierre a dans sa bibliothèque? »

ce ne sera pas possible de dire :

2.4 « Dans sa bibliothèque, Pierre n'a pas toute la collection « Achille Talon »,

mais il l'a
- dans sa chambre »;
- chez les copains »;
- etc.

Dire **2.4**, c'est répondre à la question : « Où est-ce que Pierre garde toute sa collection « Achille Talon »? » C'est donc supposer donnée l'information qui s'offrait comme information nouvelle selon les transformations interrogative, négative et oppositive (2.1, 2.2, 2.3).

1.3 La mise en propos

Nous savons de quoi il s'agit (thème) et ce qui en est dit (propos) parce que le locuteur a les moyens de le faire savoir et nous savons qu'il a ces moyens : il place le thème en tête de phrase et le propos à la place finale; il met un accent d'insistance sur le mot ou la partie de la phrase qui apporte l'information nouvelle, ou encore il emploie les procédés d'enchâssement du propos dans une locution de mise en propos (c'est... qui, c'est... que, etc.). Par exemple :

C'est Pierre qui a toute la collection [...].

C'est toute la collection [...] que Pierre a [...].

C'est dans sa bibliothèque que [...].

1.4 La situation interlocutive

Toutefois, n'importe quel mot ou groupe de mots peut compter comme thème ou comme propos selon **la situation interlocutive**, c'est-à-dire selon **la question initiale**. Décontextualisé, pris hors de la situation interlocutive, le discours reste **indéterminé**. Nous ne pouvons pas savoir avec précision de quoi il s'agit ni ce qui en est dit sans connaître la question initiale.

Pour s'en rendre compte, il suffit de remarquer que la phrase :

« Pierre a rejoint Sophie ce matin. »

peut être prise comme réponse à n'importe quelle des questions formées par l'interrogation partielle (Qui? Quoi? Quand? Où?) :

1. « Quand Pierre a-t-il rejoint Sophie? »

2. « Qui Pierre a-t-il rejoint ce matin? »

3. « Qui a rejoint Sophie ce matin? »

4. « Qu'a fait Pierre? »

5. « Qu'a fait Pierre ce matin? »

6. « Que s'est-il passé ce matin? »

7. « Que se passe-t-il? »

Selon la question retenue, l'information nouvelle (le propos) sera :

1.1 « Ce matin. »

2.1 « Sophie. »

3.1 « Pierre. »

4.1 « Il a rejoint Sophie ce matin. »

5.1 « Il a rejoint Sophie. »

6.1 « Pierre a rejoint Sophie. »

7.1 « Pierre a rejoint Sophie ce matin. »

Selon la question retenue, les suites possibles sont différentes :

(1) « Pierre n'a pas rejoint Sophie ce matin, mais hier soir. » (Question : « Quand Pierre a-t-il rejoint Sophie? »)

(2) « Pierre n'a pas rejoint Sophie ce matin; il est allé chercher ses albums « Achille Talon ». » (Question : « Qu'est-ce que fait Pierre ce matin? »)

La reconnaissance du thème et du propos se fait de deux manières : par l'analyse syntactico-sémantique et par l'analyse situationnelle. Toutefois, c'est l'**analyse situationnelle** où la **question initiale** est mise en jeu qui est déterminante.

Travaux pratiques

A. ***Soulignez le thème en rouge, le propos en jaune; si le thème n'est pas « dans le texte », écrivez-le. Dites à quelle question le texte répond.***

1. « Les raisons qui amènent les gens à jardiner sont beaucoup moins de faire des économies que de pratiquer une activité de plein air et de reprendre à chaque printemps un certain contact avec la nature, la terre, l'eau et le soleil. » (***Rénovation-Bricolage***, avril 1981)

2. Quel homme bizarre!

3. Je crois qu'il viendra.

4. Nous allons démanteler le FIRA.

5. Chien méchant.

6. « Il n'a aucune faiblesse, il ne fume pas, ne boit ni café ni alcool, il ne lit pas de romans. Il ne tolère aucune faiblesse chez les autres. Il se croit important. Il est important. » (Dino Buzzati, ***Les Nuits difficiles***)

7. **ELLES PERDENT LA TÊTE**

   « LONDRES (d'après Reuter) - Les femmes commencent plus vite que les hommes à perdre de la matière grise, affirment deux spécialistes britanniques du cerveau dans la revue médicale ***Lancet***. Ce qui explique, d'après les Drs John Anderson et Barbara Hubbard, pourquoi on trouve plus de vieilles dames séniles que de vieux messieurs gâteux. Les femmes perdent 56 grammes de matière grise entre 40 et 60 ans, alors que ce n'est qu'aux approches de la soixantaine que celle des hommes commence à s'atrophier et que leur cerveau perd du poids. Mais après 60 ans, toujours d'après cette savante étude, les deux sexes subissent la même chute au plan du cerveau. » (***Le Devoir***)

8. « Les avocats des milliers de victimes de la mousse isolante d'urée-formol (MIUF) semblaient d'accord sur des causes-types qui feraient jurisprudence, mais des interventions individuelles en Cour supérieure risquent de compromettre cet effort de coordination et de faire éclater le comité mis sur pied par l'Office de protection des consommateurs. » (***Le Devoir***)

9. « La Sentra constitue un autre tour de force de l'industrie japonaise de l'automobile. En fait, elle n'a de la sous-compacte que sa consommation d'essence et son prix d'achat. Personnellement, ce sont les dimensions de l'habitacle qui m'ont le plus surpris. La compagnie Nissan restructure sa gamme à partir de la base, et il me semble qu'avec de telles voitures [Stanza et Sentra], elle a retrouvé la voie du succès qu'elle a connu au début des années 70 avec la 510. » (***Protégez-vous***, août 1982)

10. C'est évident que Micheline Carrier dira que l'on dépense plus d'argent pour la pornographie que pour les garderies, elle est une féministe radicale.

B. Formulez les questions auxquelles ces phrases peuvent être des réponses (interrogation totale, interrogation partielle : Qui? Quand? Où? Quoi?). Indiquez, pour chacune des situations de discours repérées, le thème et le propos.

1. Frege est mort en 1925.

2. Le prix du pétrole ne va pas monter avant la fin de l'année.

3. Le dernier film de Denis Arcand est très réussi.

4. WP50F est un logiciel très puissant.

5. Les touches « ALT-F9 » vous mettent en fonction graphique.

C. ***Voici un devoir proposé aux étudiants. Vous trouverez à la suite de ce texte l'explication offerte par l'un d'eux.***

Expliquez, à votre tour, ce qui ne va pas dans l'explication proposée par l'étudiante et dans la lettre préparée par le ou la fonctionnaire.

LETTRES AU DEVOIR

Restreindre le droit de grève

Les hommes d'affaires et en fait tous les Canadiens, en ont assez! Il est grand temps que la loi accordant le droit de grève aux fonctionnaires soit modifiée! Et surtout pour ceux qui sont dans des services essentiels!

Aujourd'hui, il est clair qu'en 1967, le gouvernement fédéral fit une erreur en leur accordant le droit de grève et malheureusement, le quart de million de fonctionnaires canadiens en ont abusé et menacent la sécurité publique. La grève des postes a imposé de sérieux dégâts économiques. M. Don Johnston, président du Conseil du Trésor, a admis que certains syndicats peuvent faire de sérieux dégâts économiques et a indiqué que son ministère étudie les moyens de restreindre le droit de grève.

À moins que des mesures ne soient prises sous peu, les choses vont empirer. Trente-neuf des 81 unités de négociations de la fonction publique ont indiqué qu'elles comptaient utiliser l'option «conciliation-grève» (celle que les postiers utilisèrent) pour leurs prochaines négociations. Ces 39 unités représentent 70% des fonctionnaires. En novembre, les contrats collectifs de 43,000 fonctionnaires fédéraux arriveront à échéance et présentement, plus de 2,000 contrôleurs du trafic aérien sont sans contrats depuis dix mois.

Bien entendu, toute tentative pour restreindre le droit de grève des fonctionnaires rencontrera une forte opposition de la part des grands syndicats de la fonction publique. Leurs dirigeants ont déjà menacé de mettre en danger la carrière politique de plusieurs députés si la moindre modification est envisagée. Mais l'intérêt public doit avoir le pas sur les privilèges des fonctionnaires et comme le déclarait M. Johnston, «le Parlement a comme devoir de protéger l'intérêt public».

Nous ne pouvons plus permettre que les droits du public et la santé de notre économie soient mis en danger par des syndicats capables de stopper les services essentiels. La Loi sur les relations de travail dans la fonction publique doit être amendée afin de restreindre sérieusement le droit de grève. Veillons à ce que les services essentiels ne cessent de fonctionner et renforçons les pénalisations imposées aux grévistes illégaux.

S.C. ROBERTS
président,
Chambre de commerce
du Canada

Montréal, 11 septembre

PHI 1601 F

1. Le président du Conseil du Trésor a demandé à un(e) fonctionnaire de faire savoir à M. Roberts que le gouvernement était de son avis. Voici la lettre:

Monsieur Roberts,

J'ai pris connaissance de votre lettre publiée dans le Devoir et je m'empresse de vous faire savoir combien je suis de votre avis. Les postiers ont certainement perturbé la vie économique du pays. Les ministres et les députés, comme vous l'avez dit, en ont assez d'être menacés par les syndicats. Le Parlement a comme devoir de protéger l'intérêt public, c'est pourquoi cette grève passera dans l'histoire comme celle qui aura conduit le gouvernement à mettre les Postes sous la tutelle d'une Société de la couronne.

Soyez certain que nous veillons à ce que les droits des grévistes illégaux soient restreints.

Veuillez agréer, Monsieur Roberts, l'expression de mes sentiments fraternels.

2. Le président du Conseil du Trésor, qui devait signer cette lettre, a refusé de le faire. Le(a) fonctionnaire, qui croyait bien faire, était éberlué(e). VOUS ALLEZ EXPLIQUER AU FONCTIONNAIRE CE QU'IL(ELLE) A MAL FAIT. VOUS ALLEZ LUI DIRE QUE SA REPONSE S'EST FAITE A PARTIR DE NOMBREUSES MEPRISES.

RÉPONSE (Lettre):

La raison que le président du Conseil du Trésorier n'as pas signer la réplique est parce qu'il a trouvé que le(a) fonctionnaire a répondu a partir de nombreuses méprises. Le(a) fonctionnaire, en premier, assume que c'est seulement les postiers qui n'aide pas la vie économique du pays; il y a d'autres facteurs qui détruisent l'économie. Sans sa lettre, le(a) fonctionnaire devrait pas dire "comme vous l'avez dit", puisqu'il(elle) donne l'implication que l'écrivain est bien quand il peut être fausse. Il faudrait que le(a) fonctionnaire dise qu'il(elle) est en accord avec ce que l'écrivain a dit. Le plus grand erreur que le(a) fonctionnaire a commis est qu'il(elle) dit "cette grève" quand dans l'article il ne spécifie pas un grève; il généralize. Le(a) fonctionnaire ne devrait pas dire "tutell" puisque sa sonne comme les postiers retourne à l'école. Au lieu il(elle) pourrait dire "sous la direction de" ou quelque chose de semblable. Cette situation est un exception puisque d'habitude les ministres ne lisent pas ce que les fonctionnaires écrivent. Peut-être ceci démontre que les ministres devraient penser à relire ce qui est écrit pour eux.

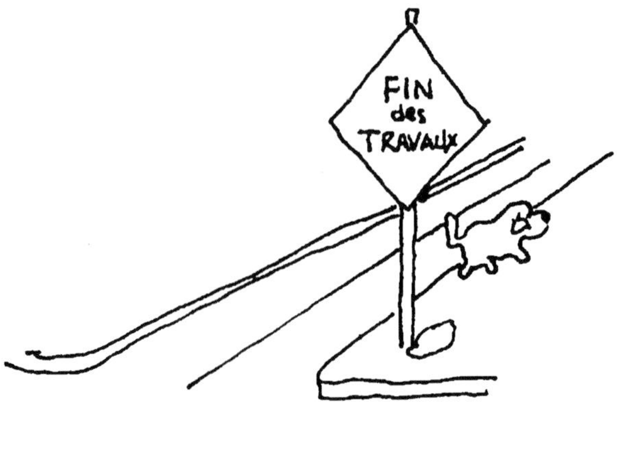

2. THÈMES ET PROPOS PRINCIPAUX ET SECONDAIRES

Le discours peut être plus ou moins complexe. Il peut comprendre un thème ou une multiplicité de thèmes, un propos ou une multiplicité de propos.

Le discours qui comprend une multiplicité de thèmes peut les hiérarchiser en mettant un seul thème en vedette. Tous les autres thèmes se rapportent à ce thème vedette. Le thème vedette assure l'unité et la cohésion de la suite discursive. Il est le thème **principal**. Les thèmes qui lui sont subordonnés sont des thèmes **secondaires.**

Le discours qui comprend une multiplicité de propos peut poser tous les propos sur le même plan; ils sont alors tous **principaux**. Ou bien, il peut les poser sur des plans différents; certains propos sont dès lors **principaux**, d'autres sont **secondaires**. Voici trois exemples :

1. « La nouvelle machine à écrire électrique Canon AP300 a été repensée de façon à être plus rapide, plus efficace et plus productive que jamais. » (Publicité, ***Actualité***)

Thème	Propos	
Nouvelle machine à écrire....	repensée de façon à être	• plus rapide • plus efficace • plus productive

Il y a un thème et trois propos. Ces propos sont posés sur le même plan et composent ensemble le propos **principal**.

2. « Une augmentation de la masse monétaire facilite les prêts bancaires et tend à diminuer le taux d'intérêt. D'une certaine façon, ce procédé combat la récession, mais à condition que la confiance n'ait pas été trop ébranlée. Il permet aux banques d'octroyer aux petites entreprises des prêts qu'elles leur refusaient auparavant; il favorise la construction de logements; il augmente la valeur des titres en Bourse, ce qui stimule les dépenses des rentiers; il rend plus faciles les ventes à crédit. Il peut aussi encourager les grandes firmes à investir car elles y voient le signe que les pouvoirs publics ne permettront pas la poursuite de la récession. » (Jean Robinson et John Eatwell, ***L'Économie moderne***, pp. 373 et 374)

Le texte présente une suite de propos sur les conséquences de l'augmentation de la masse monétaire (thème). Cette suite peut être décomposée ainsi :

Thème	Propos
Conséquences de l'augmentation de la masse monétaire	1. facilite les prêts bancaires; 2. tend à diminuer le taux d'intérêt; 3. combat la récession; 4. permet aux banques d'octroyer aux petites entreprises des prêts; 5. favorise la construction de logements; 6. augmente la valeur des titres en Bourse; 7. rend plus faciles les ventes à crédit; 8. encourage les grandes firmes à investir.

Tous ces propos sont posés sur le même plan, ils sont tous aussi importants les uns que les autres. C'est pourquoi cette suite pourra être composée autrement, dans n'importe quel ordre :

> L'augmentation de la masse monétaire [8] encourage les grandes firmes à investir, [1] facilite les prêts bancaires, [5] favorise la construction des logements [...].

sans rompre le fil, sans affecter l'unité de la suite.

3. « [1] Une baisse des revenus de publicité a obligé le ***Globe and Mail*** à abandonner son cahier hebdomadaire « Vivre aujourd'hui » [2] qui était vendu dans l'édition du jeudi. [3] La direction du journal torontois a fait savoir hier que ce cahier, [4] consacré depuis plusieurs années à des articles sur la famille, la communauté, les chroniques mondaines, l'éducation, la médecine, [3] serait plutôt condensé et [5] paraîtrait dorénavant le mardi. [6] Le cahier hebdomadaire sur la mode, [7] qui paraissait dans l'édition nationale, [6] paraîtra dans les éditions ontariennes. » (***Le Devoir***)

Thèmes	**Propos**
Principal	**Principal**
1. Conséquences d'une baisse des revenus	1. a obligé [...] à abandonner son cahier
Secondaires	**Secondaires**
2. Cahier « Vivre aujourd'hui »	2. vendu dans l'édition du jeudi [...]
3. Cahier « Vivre aujourd'hui »	3. serait condensé [...]
4. Cahier « Vivre aujourd'hui »	4. consacré [à la] médecine
5. Cahier « Vivre aujourd'hui »	5. paraîtrait dorénavant le mardi
6. Cahier sur la mode	6. paraîtra dans les éditions ontariennes
7. Cahier sur la mode	7. paraissait dans l'édition nationale

L'information vedette, ce que le journaliste veut nous faire savoir, c'est que le ***Globe and Mail*** abandonne son cahier hebdomadaire « Vivre aujourd'hui ». Il fait comme si le lecteur savait (ou pouvait déjà savoir) que les revenus de publicité sont à la baisse; il fait comme si le lecteur voulait connaître **les conséquences de cette baisse** ou encore **ce que la direction allait faire pour faire face à cette baisse**. Les autres informations sont **secondaires**; elles portent sur le cahier, mais pas directement sur le thème **principal**. Le thème secondaire, le cahier hebdomadaire sur la mode, n'est pas clairement rattaché au thème principal; le lecteur ne sait pas s'il s'agit d'un autre cahier qui est abandonné (ou modifié), ou bien s'il s'agit du même cahier diffusé sur une autre échelle, ou encore s'il y a des erreurs de transcription ou de traduction (mots qui manquent, par exemple).

Peut-être s'agit-il pour le journaliste de nous dire que la baisse des revenus de publicité du ***Globe and Mail*** entraîne l'abandon de ce cahier (le jeudi), sa reprise en format condensé le mardi, la limitation de sa diffusion (en Ontario seulement).

3. L'INFORMATION SUPPOSÉE, L'INFORMATION POSÉE

Prendre un acte discursif en tant que tel, le comprendre, c'est reconnaître à la fois et indissociablement ce qui est fait et ce qui est dit. Ce qui est dit a toujours un **contenu informatif**; celui-ci se décompose en **information supposée** et en **information posée**.

L'information **supposée** est l'information présentée de façon explicite ou sous-entendue par le thème (question initiale).

Toute information qui se trouve à la place du thème ou qui fait partie du groupe thématique est présentée et doit être prise -- même si, de fait, l'interlocuteur ignore tout -- comme si elle était **supposée**. Cette information ne peut pas faire l'objet de l'échange sans que le fil de l'échange ne soit rompu. Elle ne peut pas être l'objet de l'échange parce qu'elle est le support de l'échange, ou encore parce qu'elle est **greffée** au support de l'échange et que, par le fait même, elle passe dans l'échange comme ce qui est connu, partagé, hors de question.

Toute information présentée dans l'espace thématique l'est comme une information **rappelée** ou **résumée**. Étant connue, partagée et hors de question, elle est **secondaire**.

Tous les compléments ou toutes les subordonnées qu'un thème peut supporter passent dans l'échange comme des informations **supposées** et **secondaires**.

L'information **posée** est l'information présentée par le propos.

Toute information présentée à la place du propos est présentée et doit être prise comme si elle était **nouvelle** même si, de fait, l'interlocuteur possède déjà ces informations. Celles-ci constituent l'objet de l'échange en ce sens que c'est sur elles que portent l'interrogation, la négation, la nuance, la restriction, l'amplification, etc. Par exemple :

« M. Miller, ingénieur bilingue, qui est devenu millionnaire comme vendeur d'autos et détenteur de campements touristiques dans la région de Muskoka, possède à peu près le même style que son prédécesseur, un batailleur politique redoutable. » (***Le Devoir***, 26 mars 1985)

Dans ce texte, le journaliste présente aux lecteurs du ***Devoir*** beaucoup d'informations au sujet de M. Miller, mais seulement deux informations sont présentées comme des informations nouvelles :

- M. Miller possède à peu près le même style que son prédécesseur;
- Il est un batailleur politique redoutable.

Ces informations sont **principales**. Toutes les autres informations :

- M. Miller est ingénieur;
- Il est bilingue;
- Il est millionnaire;
- Il est devenu millionnaire comme vendeur d'autos;
- Il est devenu millionnaire comme détenteur de campements touristiques;
- Les campements touristiques sont dans la région de Muskoka;

sont présentées comme des informations **supposées** et **secondaires**.

Le lecteur qui dit : « Mais M. Miller n'est pas ingénieur. » ou « Ce n'est pas comme vendeur d'autos qu'il est devenu millionnaire. » ne sait pas de quoi parle le journaliste, ou encore il ne suit pas le parcours discursif aménagé par le journaliste.

3.1 La présupposition et la supposition

À la différence de la présupposition, qui peut être seulement sous-entendue, la supposition est **dite**. Le locuteur donne une information comme si elle était connue et évidente, réalisée et parfois admise; il la donne de telle manière que l'interlocuteur ne peut la remettre en question sans rompre le fil de l'échange, sans changer le thème.

Certains verbes **supposent** leur complément. Le complément est présenté comme s'il était connu, évident ou réalisé, par exemple :

1. **« Pierre reconnaît qu'il a tort. »**

suppose ou met hors de question l'information :

« Pierre a tort. »

2. **« N'oubliez pas qu'il faut téléphoner sans faute à Sophie. »**

suppose ou met hors de question l'information :

« Il faut téléphoner sans faute à Sophie.»

3. **« Pierre s'excuse de son retard. »**

suppose ou met hors de question l'information :

« Pierre est en retard. »

4. **« Il reprochait à ses camarades leur ignorance et leur sottise. »** (Duhamel)

suppose ou met hors de question l'information:

« Ses camarades sont ignorants et sots. »

5. **« Tout le monde sait que Frege est mort en 1925. »**

suppose ou met hors de question l'information :

« Frege est mort en 1925. »

L'espace de l'information supposée est une sorte de **lieu protégé** où le locuteur peut donner les informations dont il ne veut pas discuter ou qu'il estime hors de question.

Toute information donnée en apposition, comme déterminatif ou explicatif du thème, est toujours une **information supposée**. Ainsi :

1. **« Paul, fatigué, s'est assis. »**

donne deux informations sur Paul :

« Il est fatigué. »

« Il s'est assis. »

Mais seulement l'information **« Il s'est assis. »** est donnée pour être discutée. Elle répond à la question de départ : **« Que fait Paul? »**. Il est certes possible de dire : **« Paul n'est pas fatigué. »**, mais cette phrase n'est pas une réponse à la question de départ, elle déplace cette question.

2. **« Ce livre, qui est peu passionnant, semble faire le bonheur de son éditeur. »**

donne deux informations :

« Ce livre est peu passionnant. »

« Ce livre semble faire le bonheur de son éditeur. »

Mais il est impossible de remettre en question l'information disant que ce livre est peu passionnant sans rompre le fil de l'échange. Seule l'information disant que ce livre semble faire le bonheur de son éditeur peut être mise en doute, discutée, nuancée, etc.

3.2 L'ordre de présentation

L'ordre dans lequel les informations sont présentées peut déterminer la valeur informative (posée et supposée, ancienne et nouvelle). Ainsi :

1. **« Quand vous viendrez nous voir, les rosiers seront en fleur. »**

ne suppose pas et ne pose pas les mêmes informations que :

« Les rosiers seront en fleur quand vous viendrez nous voir. »

ni que :

« C'est quand vous viendrez nous voir que les rosiers seront en fleur. »

De même :

2. **« Pour apprendre l'anglais, il a passé trois ans à Toronto. »**

ne suppose pas et ne pose pas les mêmes informations que :

« Il a passé trois ans à Toronto pour apprendre l'anglais. »

ni que :

« C'est à Toronto qu'il a passé trois ans pour apprendre l'anglais. »

Et encore :

3. **« Ils n'étaient que six millions en 1974. »**

ne suppose pas et ne pose pas les mêmes informations que :

« En 1974, ils n'étaient que six millions. »

Enfin :

4. **« Je suis allée à Montréal en avion. »**

ne suppose pas et ne pose pas les mêmes informations que :

« Je suis allée en avion à Montréal. »

et ne suppose pas et ne pose pas les mêmes informations que :

« C'est à Montréal que je suis allée en avion. »

3.3 Les informations propositionnelles supposées

Une information jointe au propos par des conjonctions ou des subjonctions est présentée comme une information supposée. Mais cette information supposée échappe à la remise en question et à la négation du propos en ce sens que discuter de la supposition revient à changer le thème de l'échange. Ainsi :

1. **« Ce livre peu passionnant fait le bonheur de son éditeur, très avare de publicité. »**

suppose :

« Ce livre est peu passionnant. »

pose :

> **« Il fait le bonheur de son éditeur. »**

et suppose dans le propos :

> **« L'éditeur est très avare de publicité. »**

Pour remettre en question cette dernière supposition, il faut parler de l'éditeur alors que le thème de l'échange est le livre. On ne peut parler de l'éditeur sans rompre le fil de l'échange.

3.4 Les nominalisations

Des informations supposées et secondaires peuvent être présentées comme des compléments ou comme des subordonnées. Elles peuvent l'être aussi sous forme de **nominalisations**. Ainsi, par exemple :

> **« L'absence des moyens de communication nous a empêchés de dresser un état exact des dommages. »**

nominalise :

> **« Les moyens de communication sont absents. »**

Ce qui peut être discuté dans la première phrase, c'est :

- que l'on n'ait pas encore dressé un état des dommages;
- que ce soit l'absence des moyens de communication qui empêche de dresser cet état.

L'interlocuteur ne peut pas, sans parler d'autre chose, contester qu'il n'existe pas de moyens de communication : c'est une donnée de la situation, c'est un **supposé**. Cet état de choses est présenté comme évident et réalisé, comme point de départ de l'échange.

Le procédé de nominalisation permet de présenter comme évidents et réalisés des états de choses. Or il se peut que ce ne soit pas du tout ainsi. Quand on passe de « mes thèses sont justes » ou « les peuples luttent contre l'impérialisme » à « la justesse de mes thèses » ou « la lutte des peuples contre l'impérialisme », on passe de l'**affirmation** au **supposé**. Le locuteur « élude ainsi la prise en charge aussi bien que l'objection ». Car si l'interlocuteur peut interrompre le locuteur à la fin de la phrase « Mes thèses sont justes », il le peut beaucoup moins après « la justesse de mes thèses ». (C. Hagège, ***L'Homme de paroles***, p. 269)

La nominalisation est un procédé, un des moyens dont dispose le locuteur pour rappeler ou résumer des informations déjà données ou supposées sans que ces informations ne soient mises ou remises en cause. C'est autant un moyen d'enchaîner, de lier les diverses informations les unes aux autres que de donner des informations dont on ne veut pas discuter ou de faire des affirmations sans en porter la responsabilité.

Travaux pratiques

A. **Les textes qui suivent peuvent présenter des informations qui ne sont pas toutes sur le même plan; il y en a qui sont en position d'information vedette ou de propos principal, d'autres sont en position d'information secondaire ou de thème.**

Faites l'inventaire des informations présentées dans ces textes et répartissez-les selon qu'elles sont secondaires ou principales. Indiquez les unités d'information par des chiffres.

1. « Les femmes commencent plus vite que les hommes à perdre de la matière grise, affirment deux spécialistes britanniques du cerveau dans la revue médicale ***Lancet***. Ce qui explique, d'après les Drs John Anderson et Barbara Hubbard, pourquoi on trouve plus de vieilles dames séniles que de vieux messieurs gâteux. Les femmes perdent 56 grammes de matière grise entre 40 et 60 ans, alors que ce n'est qu'aux approches de la soixantaine que celle des hommes commence à s'atrophier et que leur cerveau perd du poids. Mais après 60 ans, toujours d'après cette savante étude, les deux sexes subissent la même chute au plan du cerveau. » (***Le Devoir***)

2. « Les raisons qui amènent les gens à jardiner sont beaucoup moins de faire des économies que de pratiquer une activité de plein air et de reprendre à chaque printemps un certain contact avec la nature, la terre, l'eau et le soleil. »

3. « Étant donné que les technocrates occupant les meilleurs emplois sont encore relativement jeunes, on peut prévoir une assez longue période de blocage et d'attente pour les diplômés des collèges et des universités. La majorité devra donc se résigner à faire carrière ailleurs que dans la fonction publique provinciale qui, pendant 20 ans, a fourni à la classe instruite son principal débouché professionnel. C'est donc dire que l'orientation idéologique favorisant les carrières de service public et social n'a pratiquement plus sa raison d'être : en guise de remplacement, il faudra cultiver de nouvelles mentalités occupationnelles. » (Dominique Clift, ***L'Actualité***)

4. « À la suite des élections municipales qui se sont déroulées au Québec en novembre dernier, le nombre de femmes occupant un poste de maire ou de conseiller a presque doublé. L'examen des résultats des scrutins dans 1004 municipalités du Québec fait ressortir une très nette progression de la présence féminine. Cette présence, qui pouvait s'établir globalement à quelque 1,5 % avant l'automne 1981, s'élève maintenant à environ 7 %. Il s'agit d'une hausse appréciable qui, en étant soutenue, devrait connaître une accentuation constante. » (***Le Devoir***)

5. « Voici une voiture moderne, que la concurrence devra surveiller. Le concepteur a réussi à allier avec succès les critères les plus populaires de nos jours : économie, performance, format pratique, commodités et conduite agréable. En outre, l'ensemble est présenté avec bon goût. Un choix à considérer dans sa catégorie. » (Marc Gosselin, ***Protégez-vous***, août 1982)

6. « L'acte de prendre la parole n'est pas en effet, au moins dans les formes de civilisation que nous connaissons, ni un acte libre, ni un acte gratuit. Il n'est pas libre, en ce sens que certaines conditions doivent être remplies pour qu'on ait le droit de parler, et de parler de telle façon. Il n'est pas gratuit, en ce sens que toute

parole doit se présenter comme motivée, comme répondant à certains besoins ou visant à certaines fins [...]. Les questions, « De quel droit dis-tu cela? » ou « Pourquoi dis-tu cela? » passent pour des questions raisonnables. » (O. Ducrot, ***Dire et ne pas dire***, p. 8).

7. « Importer de la graine de pavot de Flandre au Canada serait un danger. Les Flamands sont fiers de cette fleur, mais au Canada elle ne ferait que grossir la liste déjà longue de nos mauvaises herbes. » (***Hebdo-Aubaines***)

8. - « J'ai échoué, Chuck! Je ne serai pas promue! J'ai échoué! Et c'est toi qui en es responsable, Chuck!

   - Pourquoi moi?!

   - Parce qu'il faut que je blâme quelqu'un! » (Peanuts)

9. « Le travail des femmes, dont personne ne conteste la légitimité ni la légalité, et pour proportionnel qu'il soit pour les femmes, pour enrichissant qu'il soit pour le pays, n'en est pas moins facteur de chômage et de dénatalité. Plutôt que d'envoyer les femmes au travail, mieux vaut les envoyer au lit (Mouvements divers). Car au rythme de la dénatalité, il y a grand risque que les femmes qui travaillent aujourd'hui ne perçoivent pas de retraite demain, faute de cotisants! » (M. Henriet, sénateur du Doubs, ***Le Monde***, 11 décembre 1979)

10. « N'eut été la finition intérieure, tout m'aurait plu dans la Sentra. Le tableau de bord est bien conçu; tout est bien en vue et à la portée de la main. Même la position du cendrier a été pensée pour éviter que le conducteur ait à se déplacer. Les serrures de sécurité aux portières arrières rendent cette voiture plus attrayante pour les familles avec de jeunes enfants. La visibilité est excellente et la vérification de l'angle mort, des plus faciles. L'essuie-glace arrière contribue aussi à cette qualité de la visibilité par mauvais temps. Enfin,

la Sentra est confortable et se manœuvre bien; sa conduite ne réserve que de bonnes surprises. En un mot, elle paraît sécuritaire et agréable à conduire. » (Céline Allard, ***Protégez-vous***, août 1982)

B. ***Cherchez dans la presse (éditoriaux, publicités, etc.) dix exemples de nominalisations; reconstruisez les phrases d'où ces nominalisations sont issues.***

4. LA QUALITÉ DES INFORMATIONS : CLARTÉ ET PRÉCISION

> L'aptitude à saisir simultanément les différents sens d'un même mot [...] et, *a fortiori*, l'aptitude à les manipuler pratiquement [...] est une bonne mesure de l'aptitude typiquement savante à s'arracher à la situation. (P. Bourdieu, ***L'Économie des échanges linguistiques***, cité par C. Hagège, ***L'Homme de paroles***, p. 338)

> Comme les choses sont semblables sous de multiples aspects, gardons-nous de prendre pour règle qu'une chose signifie toujours ce que par analogie elle signifie en quelque endroit. De fait, le Seigneur emploie le mot « levain » dans le sens d'un reproche quand il dit « Méfiez-vous du levain des pharisiens. » (Matth., XVI,II) et dans le sens d'une louange quand il dit : « Le royaume des cieux est semblable à une femme qui a mis du levain dans trois mesures de farine pour faire lever toute la pâte. » (Augustin, ***La Doctrine***, III, XXV, p. 35)

Dans l'interlocution, le rapport entre ce qui est fait et ce qui est dit n'est pas quelconque. Ce que nous faisons dépend, en partie, des mots, des formes et des combinaisons de mots que nous employons pour le faire. Pour faire quelque chose dans le langage, nous devons tenir compte de deux aspects des mots, des formes et des combinaisons de mots.

4.1 L'ambigu

Certains mots, formes et combinaisons de mots sont d'eux-mêmes **indéterminés** :

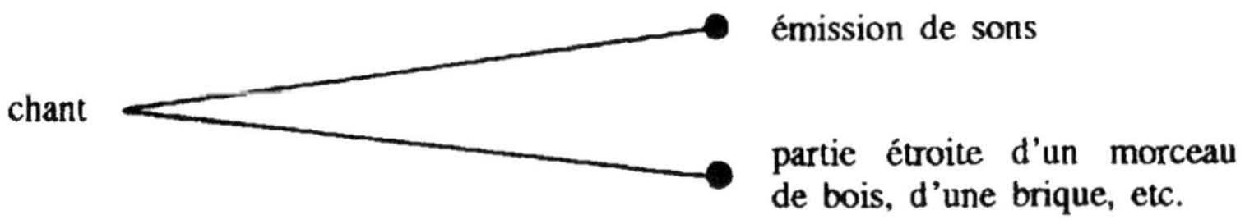

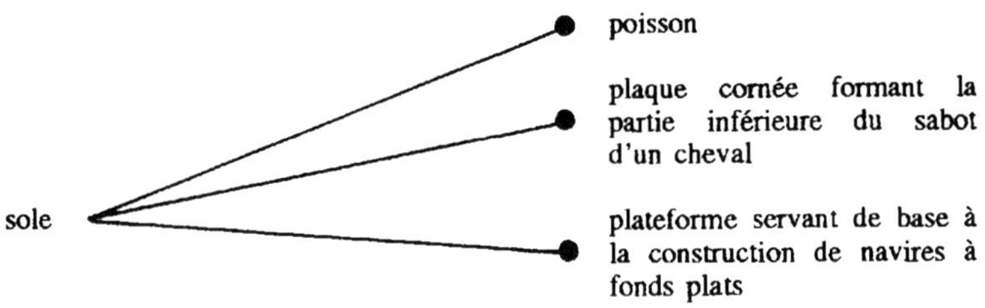

De même, l'acte discursif peut être **indéterminé** ou **ambigu** :

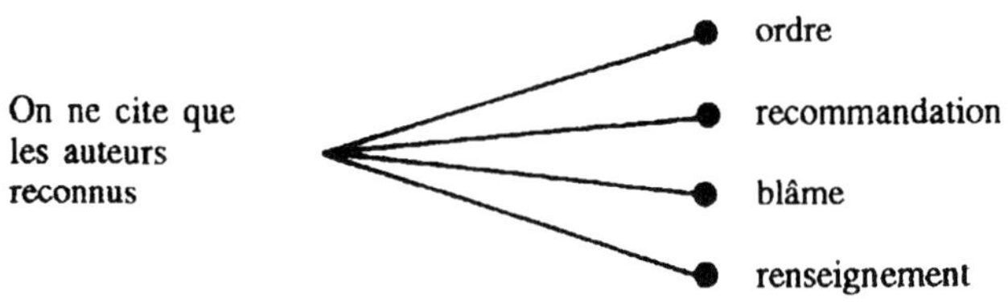

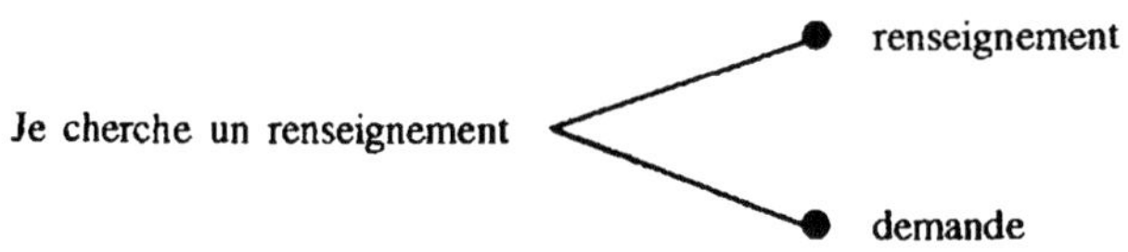

Mais ces mots et actes sont indéterminés seulement en ce qu'ils ont un ensemble d'emplois possibles, mais non pas dans le sens qu'ils servent à faire et à dire n'importe quoi. Il relève de l'initiative du locuteur de les déterminer.

Dans une situation interlocutive, le locuteur actualise ou fixe un des emplois possibles.

Il peut le faire de telle manière que tout autre emploi est exclu ou écarté. L'exclusion se fait par la reconnaissance ou le rappel de la situation interlocutive, du thème et de ses suppositions ou présuppositions. De même qu'il suffit de reconnaître la situation ou le point de vue pour savoir s'il s'agit d'un canard ou d'un lapin, par exemple,

d'un vase ou de deux profils,

de même il suffit de dire qu'il s'agit de **la table** et non pas de **l'étable** pour savoir que **sole** se prend comme **poisson** et non comme **sabot**.

L'addition d'informations complémentaires peut déterminer plus clairement le thème ou le propos et, par le fait même, le mettre en évidence. La **clarté** facilite la transaction et la compréhension; elle rend, jusqu'à un certain point, le malentendu plus difficile :

1. **Solde : 50 % de moins** (par rapport au prix régulier? par rapport au prix suggéré? par rapport au prix des concurrents? etc.);

2. **La poudre à récurer maintenant deux fois plus forte** (que celle des concurrents? qu'elle était il y a deux semaines?);

3. **Claude nous a laissés tomber** (d'une échelle? il n'a pas donné suite à nos projets? il ne s'est pas montré?);

4. **Tous les livres sont vendus à trois dollars** (ensemble? chacun?).

5. « **Il** [Keith Spicer] **a enfin écrit quatre livres sur l'aide au développement, le référendum du Québec et les communications corporatives.** » (***Le Devoir***, 30 juin 1989) (A-t-il écrit douze livres? Quatre sur chacun de ces thèmes. Ou deux livres sur l'un des trois thèmes cités? Ou un livre (le quatrième) sur un thème qui n'est pas cité?)

4.2 Le flou

Certains mots, certaines formes ou combinaisons de mots sont **flous**. Ils n'ont pas une multiplicité d'emplois; ils n'ont qu'un seul emploi, mais cet emploi est **indéfini**. Autrement dit, ces mots, formes ou combinaisons de mots se différencient **clairement** des autres emplois sans cependant **définir** ou **indiquer précisément** leur emploi. Par exemple, « On se voit bientôt. » se dit lorsqu'on désire revoir ou qu'on sait devoir revoir une autre personne à un autre moment. Mais que signifie « bientôt »? Combien de temps doit-il s'écouler avant de pouvoir dire : « Vous ne tenez pas votre parole. » ? une année? un mois? une semaine? un jour? une heure?

Le locuteur doit intervenir pour **préciser.** Pour ce faire, il emploiera des mots ou expressions comme : **par là, j'entends..., c'est-à-dire, précisément, en particulier, seulement**, etc. Ainsi :

1. « Je ne rentrerai pas tard, **c'est-à-dire pas après 22 heures**. »

2. « Je prendrai du poulet, **c'est-à-dire le coq au vin.** »

3. « Il y aura un examen la semaine prochaine, **plus précisément le mardi 25**. »

4. « **Dialogue** est à prendre ici en un sens large, **c'est-à-dire** non pas seulement comme question/réponse, malgré l'importance de cette composante, mais **comme interlocution en général : toute interaction linguistique en face à face définitoire de l'espèce humaine** [...]. » (C. Hagège, ***L'Homme de paroles***, pp. 312 et 313)

5. « Gaétan nous a aidés. **C'est lui qui a posé le plancher.** »

Du point de vue de la référence ou de la représentation, les mots, les formes ou les combinaisons de mots sont flous lorsqu'ils différencient une région ou un univers, les choses ou les êtres, les uns des autres, sans indication, ou sans indication précise, du **contenu**, c'est-à-dire de ce qui fait partie de cette région ou de cet univers.

Par exemple, le mot **honneur** regroupe une constellation d'emplois (ou de sens) : dignité, fierté, estime, respect, gloire, réputation, vénération, appréciation, considération, égard, privilège, etc., qui ne s'excluent pas nécessairement, mais qui ne se complètent pas non plus. Dire : « **honneur** », c'est actualiser cette constellation dans son ensemble. C'est ainsi que ce qui est fait et dit reste **flou**, **creux**, **obscur** tant que le locuteur ne **précise** pas la partie de la constellation qu'il entend actualiser.

Bien entendu, un locuteur peut ne pas vouloir ou ne pas pouvoir préciser ou expliquer davantage. Il se peut qu'il n'ait pas les informations requises ou, s'il les a, qu'en les donnant il puisse gêner l'interlocuteur ou le compromettre, ou se compromettre lui-même, ou encore vouloir produire un certain effet.

Il y a des mots, des formes ou des combinaisons de mots qui servent à cette fin. Ce sont des **passe-partout**, ou des **vacuités,** dont « chose », « truc », « machin », « faire » sont des paroxysmes.

Georges Perec, dans ***La Vie. Mode d'emploi*** (Paris, Hachette, 1978, p. 148), illustre cet emploi :

> Ainsi, tout en ne sachant plus travailler les métaux, les Kubus avaient des fers à leurs lances et des bagues d'argent aux doigts. Quant à leur langue, elle était très proche de celles du littoral et Appenzzell la comprit sans difficultés majeures. Ce qui le frappa surtout, c'est qu'ils utilisaient un vocabulaire extrêmement réduit, ne dépassant pas quelques dizaines de mots, et il se demanda si, à l'instar de leurs lointains voisins les Papouas, les Kubus n'appauvrissaient pas volontairement leur vocabulaire, supprimant des mots chaque fois qu'il y avait un mort dans le village. Une des conséquences de ce fait était qu'un même mot désignait un nombre de plus en plus grand d'objets. Ainsi *Pekee*, le mot malais désignant la chasse, voulait dire indifféremment chasser, marcher, porter, la lance, la gazelle, l'antilope, le cochon noir, le *my'am*, espèce d'épice extrêmement relevée abondamment utilisée dans la préparation des aliments carnés, la forêt, le lendemain, l'aube, etc. De même *Sinuya*, mot qu'Appenzzell rapprocha des mots malais *usi*, la banane et *nuya*, la noix de coco, signifiait manger, repas, soupe, calebasse, spatule, natte, soir, maison, pot, feu, silex (les Kubus faisaient du feu en frottant l'un contre l'autre deux silex), fibule, peigne, cheveux, *hoja'* (teinture pour les cheveux fabriquée à partir du lait de coco mélangé à diverses terres et plantes), etc. Si, de toutes les caractéristiques de la vie de Kubus, ces traits linguistiques sont les mieux connus, c'est qu'Appenzzell les décrivit en détail dans une longue lettre au philologue suédois Hambo Taskerson, qu'il avait connu à Vienne, et qui travaillait alors à Copenhague avec Hjelmslev et Brondal. Au passage, il fit remarquer que ces caractéristiques pourraient parfaitement s'appliquer à un menuisier occidental qui se servant d'instruments aux noms très précis -- trusquin, bouvet, gorget, varlope, bedane, riflard, guillaume, etc. -- les demanderait à son apprenti en lui disant simplement : « passe-moi le machin. »

Cette illustration est très claire, mais très troublante en même temps, car si ce menuisier travaille comme il parle, il utilisera le même instrument pour couper, refendre, biseauter, chanfreiner, dégrossir, et peut-être même pour faire des queues d'aronde.

4.3 Les intentions et les initiatives du locuteur

Le fait que les mots, les formes ou les combinaisons de mots peuvent s'employer de différentes manières -- **définis** ou **indéfinis**, **déterminés** ou **indéterminés** -- est un fait important dans l'interlocution. C'est un fait que les interlocuteurs peuvent exploiter, faire jouer, à la production comme à la réception. On peut tenir un langage **clair** et **précis** lorsqu'il s'agit de faire faire quelque chose; on peut tenir un langage **flou** et **ambigu** lorsqu'on ne veut pas prendre position ou répondre, ou lorsqu'on veut rire ou faire rire.

Le clair et le précis, le flou et l'ambigu (et tout ce qui est connexe : le défini, l'indéfini, l'obscur, le profond, etc.) relèvent toujours, jusqu'à un certain point, des intentions et des initiatives du locuteur. Le clair et le précis, le flou et l'ambigu ne sont pas tant des caractéristiques des mots, des formes ou des combinaisons de mots que de l'interlocution.

Travaux pratiques

A. ***Rendez les informations qui suivent plus précises ou plus claires.***

1. Je l'ai vu avant de mourir.
2. Après avoir mangé les hors-d'œuvre, le garçon nous servit la spécialité de la maison.
3. Pris d'un mal de tête violent, mon nez se mit à saigner à flots.
4. Ce buffet est une belle chose.
5. La docilité est une chose bien utile à l'enfant.
6. Le bureau est un lieu de travail.
7. Surtout, reste à la maison et bois du liquide.
8. N'hésite pas à nous téléphoner si tu as besoin d'aide.
9. Il prend les photos.
10. La tour s'est inclinée peu après qu'on l'eut construite.

B. ***Rendez les informations qui suivent moins précises, moins claires.***

1. Donnez-moi une livre de bœuf haché, s'il vous plaît.

2. Elle a quarante-cinq ans et en avoue trente.

3. Pierre a apporté tous les outils nécessaires à son travail.

4. Il souffre de maux de tête.

5. Ne descends pas les poubelles ce soir, c'est un jour férié demain.

6. Exposez brièvement (maximum de 300 mots) les raisons qui vous motivent à entreprendre le programme de maîtrise en physique.

7. Marie prend l'autobus pour aller voir sa grand-tante.

8. J'ai confiance en lui, c'est un comptable intègre.

9. J'ai rencontré Sophie au Centre Rideau, juste en face du studio de photographie.

10. En tout et pour tout, le rapport de la commission d'enquête comprend cent vingt-deux pages de texte dactylographié.

C. ***Les informations qui suivent peuvent être floues et imprécises. Indiquez le contexte qui empêche cette imprécision ou qui permet de rendre la phrase plus précise.***

Par exemple :

1. Marie est intelligente.

1.1 **Marie est intelligente, elle a correctement identifié les meringues et les croquembouches.**

2. L'inflation est trop forte.

3. Il a gagné avec brio.

4. Ce travail est inacceptable.

5. Paul est entré par inadvertance.

6. N'empruntez jamais inutilement, mais seulement s'il le faut.

7. Même s'il est gentil, Hervé est trop moche pour que je sorte avec lui.

8. Il prépare bien ses cours.

9. Le vol à l'étalage est un crime, songez aux conséquences.

10. La propriété privée, c'est le vol.

D. Construisez un dialogue dans lequel l'ambiguïté ou le flou sont des instruments positifs ou des stratégies utilisés pour produire un effet. Ou bien faites une liste de dix expressions communes -- proverbes, dictons, aphorismes -- qui sont imprécises.

E. Qu'est-ce que l'homophonie? l'homonymie? la synonymie? Faites une liste de procédés qui utilisent ces caractéristiques des mots et de l'interlocution pour produire un effet (consultez **Gradus,** ***par exemple).***

F. Quels sont les procédés employés par Albert Brie dans **Le Dictionnaire du marginal** ***pour faire rire son lecteur?***

Le Dictionnaire du marginal

par Albert Brie

LE MOT DU SILENCIEUX

ENFANT — Jamais trois sans deux.

■

MYSOGINE — Mari qui déteste toutes les femmes avec une préférence pour la sienne.

■

NOYÉ — Preuve matérielle que l'eau tue plus vite et plus sûrement que l'alcool.

■

MILLIARDAIRE — Mille fois plus voleur que le millionnaire.

■

NEWTON — Astronome et physicien anglais qui passait ses journées assis sous un pommier, à regarder tomber les pommes, trop paresseux pour les cueillir dans l'arbre. Un jour une pomme daigna tomber à ses pieds. Il en fit un plat exorbitant qui est arrivé jusqu'à nous, parce qu'il crut avoir inventé l'attraction universelle, ce phénomène naturel qui existait depuis le commencement des temps.

■

SIX — Équilibriste qui se tient sur la tête, ce qui lui vaut trois points de moins que son frère jumeau, Neuf, qui, lui, se tient sur sa queue.

■

COUCOU — Oiseau mécanique qui crie son nom à heures fixes dans une horloge qui porte son nom.

■

ENSEIGNANT — Grosse cruche pleine à ras bord, ne désemplissant jamais, malgré qu'elle remplisse une multitude de petits cruchons. On croit savoir que le contenu que cette grosse cruche verse dans les petits cruchons n'est rien d'autre que du vent, si l'on en juge par les fortes rafales qui soufflent en permanence aux abords des usines de remplissage.

■

IMBÉCILLITÉ — Intelligence de l'automobiliste dans son roulement ordinaire, mais qui atteint son plein aux heures de pointe.

■

PORC — Mutation du cochon quand il a les pieds dans les plats.

■

RHUME — Affection qui frappe l'odorat et qui fait qu'on sent qu'on ne sent rien.

NEIGE — Petit fruit qui naît de la transformation de la pluie sous l'effet du gel. Il tombe du ciel, semblable en cela à la manne des Hébreux. Ce fruit minuscule est ensuite pressé et saupoudré de calcium, de gros sel et de sable fin pour donner une purée ou «sloche». Les propriétés corrosives de cette sloche en font un excellent aliment pour grossir la consommation automobile.

■

NOVEMBRE — Mois de l'année que les bonnes âmes utilisent pour redonner un peu de vie à celles qui sont mortes.

■

VICTIMES DE LA ROUTE — Les «feus» de circulation.

■

PESSIMISTE — 1) Qui voit clair dans le noir. 2) Personne que la naïveté bête de l'optimiste abrutit.

■

PIE — Oiseau ecclésiastique de haut vol. À ce jour, douze souverains pontifes ont emprunté son nom.

■

DEMAIN — De tous les jours ouvrables, celui qui porte une telle charge d'occupations que le seul moyen d'y satisfaire est de les remettre toutes à l'innombrable somme de lendemains qui suivent.

■

PURGATOIRE — Étant donné que ceux qui s'y trouvent provisoirement ne sont pas loin du ciel, on leur dit «Vous brûlez!»

Auto-évaluation

A. **Il est difficile sinon impossible d'interpréter les textes qui suivent parce que le lecteur en est empêché dans la détermination de :**

- **ce qui est fait;**
- **ce dont on parle;**
- **ce qui est dit.**

Ces textes laissent l'interprétation indéterminée (trop ou trop peu de sens), c'est-à-dire que l'unité peut être ininterprétable parce que l'un des deux éléments, l'information ou l'acte discursif, n'est pas *clair*, ou n'est pas *précis*, ou n'est pas *exact*, ou est *impropre* (ou tout cela en même temps).

1. ***Indiquez les empêchements à l'interprétation de ces textes.***

2. ***Indiquez les interprétations possibles (s'il s'agit d'ambiguïté).***

3. ***Faites les précisions ou donnez les éclaircissements nécessaires pour lever l'indétermination.***

4. ***Corrigez les impropriétés.***

Par exemple :

1. **Brian Mulroney a suivi Pierre Trudeau.**

(a) *Le mot* ***suivre*** *n'est pas* ***clair****, il est ambigu, il a plusieurs sens. De plus, le mot* ***suivre*** *est* ***imprécis****, car* ***venir après*** *peut être davantage* ***précisé*** *-- Mulroney vient tout de suite après Trudeau (ce qui est faux, car Turner était premier ministre après Trudeau); il y a des variations allant de* ***tout de suite après*** *ou de* ***suivre en tout point*** *jusqu'à* ***suivre à peu près****.*

(b) ***Suivre*** — *venir après*
Suivre — *se régler sur*

(c) 1. *Trudeau était premier ministre avant que Mulroney ne le devienne.*

2. *Mulroney n'a changé ni les pratiques ni les orientations politiques mises en place par Trudeau au Canada.*

ou :

3. *Mulroney a immédiatement suivi Trudeau.*

4. *Mulroney a lucidement suivi Trudeau.*

2. **En 1986, la valeur monétaire des biens importés a presque doublé.**

   (a) *L'information est assez **claire**, mais elle est **imprécise**. Il s'agit clairement de **biens importés** (différents des biens produits au pays), mais cette information peut être plus précise : quels biens? automobiles? chaussures? vêtements? meubles? Mais une telle précision n'est pas absolument nécessaire par rapport au thème; toutefois, le **flou** de **presque doublé** doit être éliminé en donnant de l'information sur le point de départ ou de comparaison.*

   (b) *Sans objet.*

   (c) *En 1986, la valeur monétaire des biens importés a presque doublé. Les Canadiens ont envoyé 20 millions de dollars à l'extérieur du pays en 1986, alors qu'en 1985 ils ont enrichi les autres pays de seulement 11 millions de dollars.*

3. **Les journaux francophones de Montréal sont très difficiles à lire.**

   (a) *Cette information n'est pas **claire**.*

   (b) 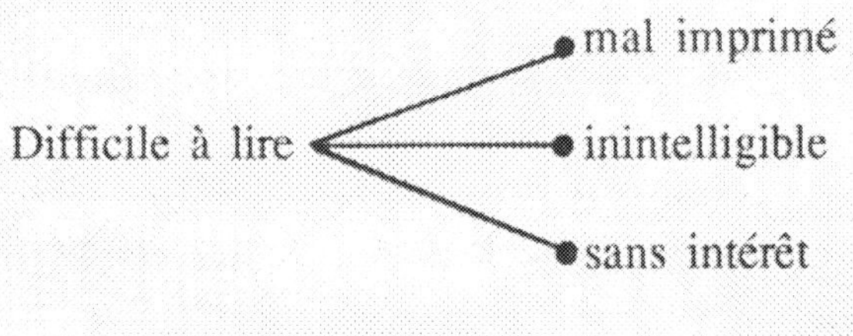

   (c) *« Les journaux francophones de Montréal sont très difficiles à lire. Les phrases sont trop longues, les mots trop complexes et trop peu familiers. (Le lecteur moyen éprouve des difficultés à comprendre une phrase dès qu'il y a plus de 15 mots et plus de quatre syllabes par mot -- la moyenne de mots par phrase dans* ***Le Devoir*** *et* ***Le Journal de Montréal*** *est de 27 et de 28 dans* ***La Presse****). » (****La Presse****, 15 mai 1984)*

(d) *Il y a, de plus, un* ***barbarisme*** *ou* ***impropriété*** *: « francophone » s'applique aux personnes et non aux choses; il s'agit de journaux écrits en français à l'adresse des francophones.*

4. **Il l'avait chargé.**

(a) *Cette information n'est pas* ***claire****; il se peut qu'elle soit inintelligible pour beaucoup de francophones.*

(b) *Chargé*
- *acheter à crédit*
- *mettre un fardeau*
- *exagérer, grossir*
- *mettre des balles dans un fusil*

(c) *Il l'avait chargé. Dans son texte, l'auteur a mis toutes les variantes de chaque mot.*

1. J'embarque.

2. Pierre manque ses amis.

3. Le ministre de la Justice affirme que les enfants ont des droits.

4. Il a dévoré le livre.

5. « La présence des artistes-interprètes francophones sur les ondes radiophoniques laisse à désirer [...]. » (lettre au ***Devoir***, 26 mars 1985)

6. « Les femmes sont quatre fois plus nombreuses dans les 20 professions les mieux rémunérées. » (***Le Devoir***, 29 novembre 1984)

7. « Les femmes ne gagnent toujours que 56 pour cent du salaire des hommes, affirme une économiste, professeure à l'Université de Montréal. » (***Le Devoir***, 27 novembre 1984)

8. « "Tout ce que j'espérais discuter a été couvert dans nos entretiens, et je puis affirmer que ceux-ci ont été utiles pour les résultats obtenus qui, je l'espère, s'avéreront bénéfiques pour nos deux pays", a déclaré M. Trudeau, en s'adressant à la presse en anglais et ensuite en français. » (***Le Droit***)

9. « SOUTHFIELD MICHIGAN (CDJ) -- American Motors Corporation a annoncé hier qu'elle augmente de 54 $ le prix de ses modèles Renault 1986 munis des options les plus courantes, ou de 0,7 %. Le constructeur précise que le prix de ses modèles Jeep et Eagle 1986 augmentera de 324 $ ou de 2,1 %. » (***Le Devoir***, 13 juillet 1985)

10. « Les Hollandais sont les gens les plus heureux de la CEE, contrairement aux Grecs qui sont les plus malheureux selon un sondage officiel rendu public jeudi par la Communauté économique européenne. » (***Le Droit***)

11. L'emploi des engrais chimiques n'endommage pas les aliments en conserve.

12. Placez les solives sur leur côté.

13. « Lorsqu'elles décident de poursuivre leurs études, les filles se cantonnent, la plupart du temps, dans des carrières traditionnelles. » (***Québec français***)

14. « Il n'y a que le météorologiste qui vive bien de l'air du temps. » (A. Brie)

15. « L'organisation des activités économiques permet à l'ensemble des individus d'une société de retirer davantage du système économique qu'ils n'en ont mis effectivement. » (R. Tremblay, ***L'Économique***, p. 4)

16. « La loi fondamentale et universelle de l'économie stipule que les individus et les sociétés vont allouer les ressources disponibles de manière à réaliser tout avantage ou objectif anticipé au coût le plus bas. » (R. Tremblay, ***L'Économique***, p. 5)

B. ***Relevez dans le texte que critique Pierre Nepveu trois empêchements à l'intelligence du texte : un barbarisme (impropriété), une information floue et une information ambiguë.***

TRIBUNE LIBRE
LA PRESSE, MONTRÉAL, MARDI 22 NOVEMBRE 1983

L'écorchement du français au coeur d'un campus universitaire

Je visite souvent avec plaisir la galerie d'art de l'UQAM. Les expositions qui y sont présentées sont presque toujours stimulantes et constituent un apport culturel important sur un campus fréquenté chaque jour par des milliers de personnes. Malheureusement, je dois arrêter ici mes éloges.

La dernière exposition, présentée à la galerie du 19 octobre au 6 novembre dernier, et intitulée «Le nu et l'érotisme dans l'art contemporain canadien» (on devrait d'ailleurs dire: l'art canadien contemporain), a donné lieu à un prospectus dont le texte est une véritable honte pour quiconque a le moindre respect de la langue française et de la pensée tout court, à plus forte raison en plein coeur d'un campus universitaire.

J'ignore quelle est l'origine de ce texte. Vient-il d'un mauvais traducteur d'Ottawa, plusieurs des oeuvres exposées ayant été prêtées par le Conseil des Arts du Canada? Peu importe, puisque la galerie de l'UQAM le prend entièrement à son compte. Voici donc l'essentiel de ce texte, présenté sur papier gaufré, accolé à six reproductions en noir et blanc:

«Les oeuvres furent choisies à la fois comme oeuvre de délectation ou comme oeuvre liée à un imaginaire fantasmatique. Il va sans dire que certaines oeuvres qualifiées d'érotiques résident surtout à une vision intime des choses souvent peu frappantes à prime abord mais dont le glissement vers l'érotisme passe par un vocabulaire de symboles, de formes non érotiques comme tels.

«Tant qu'au nu, il a été considéré par les artistes comme un sujet plastique qui a sa propre justification. (...) Le nu académique traverse le temps de la Renaissance aux écoles des Beaux-Arts de la fin XIXe au début du XXe siècle et sa parfaite réalisation sanctionne la compétence professionnelle de l'artiste. Avec le XXe siècle, le nu quitta sa notion de genre pour devenir des oeuvres de rupture et un élément du vocabulaire plastique contemporain. Les influences conjuguées du cinéma, de la photographie sont véritablement présentes dans l'évolution stylite de l'art du nu et de l'art érotique contemporain, et ce, tant au niveau d'un langage plastique que d'un environnement saturé d'érotisme; il suffit de penser publicité.

«Dans tout cet univers s'inclut toutes les recherches psychanalytiques dont le discours a envahi une certaine élite et aussi s'ajoute la soi-disante révolution sexuelle, leitmotiv de la jeunesse actuelle. L'exposition se veut un témoignage à l'imaginaire par le biais de l'art passant par-dessus les préjugés.»

Je propose que tous les professeurs de français du Québec soumettent ce texte à leurs élèves en leur demandant d'en corriger les fautes et de le réécrire en améliorant le style. Cet écrit lamentable en acquerra au moins une certaine utilité pédagogique. Entre temps, la moindre chose serait que la direction de la galerie de l'UQAM se penche sur sa propre compétence linguistique et, s'il s'agit d'un accident de parcours, qu'elle s'engage à ne pas récidiver.

Pierre NEPVEU
Professeur et écrivain
Montréal

5. LE PARTICULIER, LE GÉNÉRAL, L'ABSTRAIT, LE CONCRET

Poser un acte discursif ou une suite d'actes discursifs, c'est à la fois faire et dire quelque chose. Faire et dire quelque chose, c'est toujours faire et dire **ceci** plutôt que **cela**; c'est interroger plutôt que renseigner, illustrer plutôt qu'expliquer, juxtaposer plutôt qu'enchaîner; c'est parler du temps plutôt que de la politique, du langage plutôt que des fleurs; c'est dire : « il fait beau » plutôt que : « c'est l'objet d'une construction sociale ». Faire et dire quelque chose, c'est faire un **choix** et ce, parmi un ensemble d'actes, de thèmes et de propos possibles. C'est choisir la manière de présenter les informations (clarté et précision) et, en même temps, c'est choisir les informations selon qu'elles sont **particulières**, **générales**, **abstraites** ou **concrètes**, c'est-à-dire selon leur **portée** ou **étendue** et selon leur rapport à la perception ou à la pensée.

5.1 Le particulier

Un mot, une forme de mot ou une combinaison de mots sont **particuliers** lorsqu'ils sont employés pour désigner **une seule chose, un seul être, un seul événement** (l'extension référentielle est limitée à un seul individu) :

Pierre est arrivé à **Aylmer** au **Québec**.

Grand-mère est en retard.

Le **verre** est vide.

Justice sera faite.

5.2 Le général

Un mot, une forme de mot ou une combinaison de mots sont **généraux** lorsqu'ils sont employés pour désigner des choses ou des êtres pris comme **groupe** ou comme **classe**.

Le **groupe** (ou **collectif**) est composé d'éléments auxquels, s'ils sont pris individuellement, le **nom collectif** ne peut s'appliquer, alors que le **nom classificatoire** ou **commun** s'applique individuellement à tous les éléments composant le groupe, ainsi :

> **Foule** désigne un groupe, mais **foule** ne peut s'appliquer aux membres de la foule. Il en est de même pour **armée**, **tas**, **régiment**, etc.
>
> **Métal** désigne une classe et s'applique à tous les membres de la classe : fer, or, argent, zinc, cuivre, etc.

Compris de cette façon, **général** ne s'oppose pas à particulier. « Métal », par exemple, peut être à la fois général et particulier en ce sens qu'il désigne ou nomme une classe particulière de choses. Mais **général** et **particulier** s'opposent lorsqu'ils indiquent la portée ou l'étendue de l'application d'un mot, d'une forme ou d'une combinaison de mots. Ainsi, une **barre de fer** est plus particulière qu'une **barre de métal**; ce **livre de logique** est plus particulier que les **livres de logique**, etc. Les mots, les formes de mots ou les combinaisons de mots peuvent eux-mêmes indiquer la portée de l'application, ou encore celle-ci peut être indiquée par l'emploi des qualificatifs comme **un, ce, quelques, beaucoup, tous**, etc.

5.3 Le concret

Un mot, une forme de mot ou une combinaison de mots sont **concrets** s'ils désignent des choses, des êtres ou des événements directement ou indirectement perceptibles. Ainsi, « un arbre », « une saveur douce », « un froid sibérien »,

« un virus » ou « la rotation de la Terre » sont concrets, c'est-à-dire perceptibles.

5.4 L'abstrait

La **dureté**, l'**égalité**, la **justice**, le **bonheur** ne sont pas des objets de perception; ils sont davantage des objets de la pensée ou des objets conceptuels.

Certes, il y a des choses dures, des personnes justes, etc., qui sont perceptibles, mais les qualités désignées par ces mots ne sont pas perceptibles; elles sont pensées ou conçues.

De plus, les expressions général ou classificatoires sont abstraites en ce sens qu'il n'y a pas d'objets perceptibles correspondants -- « métal » ou « humanité », par exemple, ne correspondent à aucun objet perceptible. Toutefois, il faut remarquer que les mots, les formes de mots ou les combinaisons de mots sont toujours **plus ou moins** particuliers ou généraux, concrets ou abstraits. Ainsi *métal* est abstrait, mais il est moins abstrait que *esprit* (« métal » est donc plus **concret** que « esprit ». De même, *quelques* est plus particulier que *beaucoup* qui, à son tour, est plus particulier (ou moins général) que *tous*.

5.4.1 *L'information abstraite*

De plus, une information est abstraite lorsqu'elle isole un aspect d'une chose, d'un être ou d'un événement, lorsqu'elle ne tient pas compte de l'ensemble sur lequel elle est prélevée. De ce point de vue, la perception est plus abstraite que la pensée. Car la perception découpe et isole alors que la pensée établir des liens.

5.5 Les informations particulières, générales, concrètes ou abstraites

Ce qui vient d'être dit des mots, des formes de mots ou des combinaisons de mots peut être dit des informations données dans une transaction discursive -- le locuteur peut donner une portée ou une extension plus ou moins grande aux informations qu'il présente (l'information est plus ou moins particulière ou plus ou moins générale); il peut donner des informations qui sont plus ou moins près de la perception ou plus ou moins éloignées (l'information est plus ou moins concrète ou plus ou moins abstraite). Évidemment, une information peut être à la fois particulière et abstraite, ou particulière et concrète, ou générale et abstraite. Ainsi, dire :

« Pour vérifier les informations empiriques, il suffit de regarder; pour vérifier les informations conceptuelles, il suffit de penser. »

c'est donner une information **abstraite et générale** -- il s'agit d'une procédure qui s'applique à toutes les informations empiriques ou conceptuelles; « regarder » et « penser » nomment un ensemble d'opérations : toucher, sentir, écouter, mesurer, scruter, etc.; définir, réfléchir, déduire, induire, etc.

ou dire :

« Tartarin est dans les fleurs. »

c'est donner une information **particulière et concrète** mais cette information est floue concernant Tartarin, un épagneul breton, également particulier et concret;

ou encore, dire :

« La grande majorité des citoyens s'oppose aux nouvelles taxes. »

c'est donne une information **particulière et abstraite**.

La relation d'opposition ou l'attitude d'opposition est une relation conceptuelle -- nous reconnaissons l'opposition, mais nous ne pouvons pas la percevoir; de même, « la grande majorité » est une réalité conceptuelle, elle n'est pas quelque chose que nous percevons, mais elle est une réalité conceptuelle particulière.

Travaux pratiques

A. ***Indiquez les mots ou expressions selon qu'ils sont : [1] particuliers, [2] généraux, [3] abstraits ou [4] concrets.***

________	droit	________	armée
________	fenêtre	________	soliveau
________	justice	________	prévention
________	Outaouais	________	opinion publique
________	solstice d'été	________	nuance
________	perception	________	pléonasme
________	nature humaine	________	argumentation

B. ***Relevez dans le texte de Pierre Nepveu les mots ou expressions qui sont (a) abstraits et ceux qui sont (b) concrets.***

C. ***Qu'est-ce qu'un bon cours? Préparez quatre réponses dont la première sera abstraite, la deuxième, concrète, la troisième, générale, et la quatrième, particulière.***

D. ***Qu'est-ce qu'un exemple concret? Est-ce que l'expression « exemple concret » est un pléonasme?***

E. **Une façon de savoir si une information est concrète ou abstraite est de se demander ce que l'on fera (comment on procédera) pour vérifier ou pour contrôler cette information (ou encore, on pourra se demander ce qui comptera comme évidence ou comme appui pour cette information). S'il s'agit d' « aller voir » ou de «manipuler », l'information est plutôt concrète; s'il s'agit de « réfléchir », de « définir » ou de « prendre une décision », l'information est plutôt abstraite. (Mais, Attention! Il ne suffit pas de dire : « C'est un fait. », car il y a des « faits de nature » -- ceux-ci sont plutôt concrets -- et des « faits d'histoire ou de culture » -- ceux-ci sont plutôt abstraits. C'est un fait de nature que les objets sont plus ou moins lourds (ou légers). Dire d'un objet qu'il est lourd ou léger, c'est donner une information concrète. Dire de cet objet qu'il pèse 70 kilos, c'est donner une information plus abstraite parce qu'elle présuppose tout un ensemble de conventions de poids et de mesures; ces conventions sont abstraites, elles dépendent de décisions).**

Que feriez-vous pour vérifier les informations qui suivent? Ou encore, quel genre d'évidence faudrait-il produite pour rendre ces informations acceptables? Est-ce que l'information est concrète ou abstraite, est-elle particulière ou générale?

1. Il y a 25 personnes dans cette salle.

2. Hier, il neigeait à Aylmer, Québec.

3. Il neigeait à Aylmer, Québec, le 4 mars 1873.

4. Le hêtre, le chêne et l'érable sont les meilleurs bois pour le chauffage.

5. Les deux tiers de la population adulte n'utilisent pas le tabac.

6. Margaret Thatcher est la première femme à être premier ministre de l'Angleterre.

7. Voler, c'est prendre ce qui appartient à autrui.

8. Une augmentation dans la productivité des ouvriers entraîne une perte d'emplois.

9. Les mathématiques sont plus sûres mais moins profondes que la littérature.

10. Tout parent est responsable de ses enfants.

11. L'herpès 2 est une maladie transmise sexuellement.

12. La Bible prévoit la fin du monde pour l'an 2000.

13. Il ne faut pas conduire une voiture si l'on a consommé de l'alcool.

14. C'est aux puces qu'on fait les meilleures affaires.

15. Les cotisations obligatoires sont payées par tout le monde.

16. Les femmes enceintes ne doivent pas utiliser des ordinateurs.

17. La touche « F7 » vous permet de sauvegarder votre document.

18. Tout le monde connaît bien la fable de l'hémiptère cicadité et de l'hyménoptère formicidé (*La Cigale et la fourmi*).

19. En 1988, les Québécois ont effectué 45 millions de visites médicales.

20. L'oranger ne pousse pas au Québec.

6. LES MOTS ET LES VALEURS

Les informations qu'un locuteur donne sont toujours porteuses de valeurs ou d'appréciations. Elles présentent les choses, les êtres, les événements d'une manière négative (ou péjorative), neutre ou positive (ou méliorative). Le choix du locuteur s'exerce donc aussi au niveau axiologique, c'est-à-dire selon l'importance qu'il accorde aux choses, aux êtres, aux événements dont il parle. Ainsi :

négatif/ péjoratif	neutre	positif/ mélioratif
un barbouilleur	un peintre	un artiste-peintre
un individu	un homme	un monsieur
un cabotin	un acteur	un artiste dramatique
un char	une voiture	une automobile
un bureaucrate	un employé du gouvernement	un fonctionnaire
des gages	un salaire	une rémunération

6.1 La minoration et la majoration euphémiques

L'emploi axiologique apparaît dans la minoration et la majoration euphémiques, procédés qui modifient la valeur ou l'appréciation des choses, des êtres ou des événements dont il est question. Ce procédé change les choses, les êtres et les événements de place sur l'échelle axiologique sans pour autant changer le fait de la « réalité sociale », c'est-à-dire que la « réalité sociale » est refusée, refoulée ou camouflée sous une appréciation négative, neutre ou positive. Ainsi :

- les **pauvres** s'appellent des **socialement défavorisés**;
- le **contestataire** est un **animateur social**;
- l'**avortement** est une **interruption volontaire d'une grossesse**;
- le **missile MX** s'appelle le ***Peace maker;***
- une **carte de crédit** est devenue un **système de contrôle des dépenses;**
- la **colonisation économique** s'appelle le **libre-échange**;
- la **discrimination** est l'**action positive**;
- les **pays sous-développés** sont des **pays en voie de développement**;
- le **cancer** se nomme cette **longue et pénible maladie**;
- la **vieillesse** n'est que le **troisième âge**;
- l'**aveugle** est un **non-voyant**;
- la **mort** n'est qu'un **départ**, une **disparition**;
- le **chômeur** est un **demandeur d'emploi**.

6.2 L'information faussée : préjugés et partis pris

L'emploi des expressions péjoratives, mélioratives ou neutres de même que l'emploi des expressions euphémiques, peut donner un certain **ton** ou une **force** aux informations que nous présentons dans nos transactions discursives. Ces expressions font que les informations sont neutres ou élogieuses, flatteuses, injurieuses, moqueuses, râleuses, critiques, plaisantes, fastidieuses, blagueuses, taquines, etc.

Outre le ton qu'elles donnent à nos échanges, ces expressions nous permettent de poser certains actes discursifs comme faire un éloge, nous moquer, râler, critiquer, plaisanter, etc.

Ces expressions sont des **jugements de valeur** et des **partis pris**. Cependent les jugements de valeur et les partis pris sont inséparables de notre façon d'expérimenter et de concevoir le monde -- il est impossible pour la plupart d'entre nous de penser, par exemple, « crème glacée » ou « Noël » ou « Louis-Joseph Papineau » sans qu'un jugement positif et qu'un parti pris favorable ne fassent partie de nos idées; de même, il est impossible pour la plupart d'entre nous de penser, par exemple, « pollution » ou « holocauste » ou « Hilter » sans qu'un jugement négatif et un parti pris défavorable ne fassent partie de nos idées (il y a bien sûr des exceptions : pour une diabétique, par example, la « crème glacée » peut ne rien avoir de positif). Autrement dit, la valeur que nous attribuons collectivement ou individuellement à une chose fait partie de notre intelligence de cette chose. Forcément, les jugements de valeur et les partis pris se trouvent dans nos transactions discursives. Ils ne peuvent être exclus que par abstraction.

Toutefois, il y a des situations discursives dans lesquelles la présence de jugements de valeur et de partis pris a pour effet de fausser les informations, c'est-à-dire que dans certaines situations ils compteront comme des **préjugiés**. Outre le fait que collectivement et individuellement nos conceptions changent de temps en temps, il y a des conceptions (et des jugements de valeur) qui sont controversées et il y a de nouveaux faits sur lesquels nous avons à porter des jugements de valeur. Il arrive donc que le but de certaines transactions discursives soit justement d'établir la valeur de quelque chose (un événement, une chose ou un être). Dans une telle situation, donner des informations qui déterminent cette valeur au préalable, c'est donner des informations faussées et c'est rendre, à coup sûr, le processus d'échange inutile. La valeur, au lieu d'être le résultat d'une transaction, en est une donnée (elle est à tout le moins présentée ainsi). Il arrive aussi que nous avons besoin de mettre les questions de valeur entre parenthèses soit pour « laisser parler les faits », soit simplement pour ne pas prendre parti. Dans une telle situation, toute information positive ou négative sera faussée et entravera le processus d'échange. Ce ne sont pas que les faits qui parleront; il y aura un parti pris, il n'y aura pas de décision libre.

Le locuteur peut fausser l'information qu'il veut transmettre par son choix de mots -- expressions mélioratives ou péjoratives, expressions euphémiques -- et ainsi déterminer, ou tout au moins influencer le jugement de valeur que l'interlocuteur portera sur les informations. Par exemple, dire : « Le marasme économique qu'entraînera la TPS de M. Wilson va annuler les bénéfices de l'accord sur le libre-échange. », c'est donner une information négative sur les conséquences de la TPS (*la TPS entraînera un marasme économique*), comme si cette taxes et ne pouvait donc qu'être difficilement remise en question. L'interlocuteur doit composer avec cette appréciation négative. D'une façon plus neutre, on pourrait dire, par exemple : « Les conséquences économiques [...] » ou « Un des effets de la TPS [...] ».

Le locuteur peut fausser l'information en mettant en place des **associations positives** ou **négatives**. C'est une stratégie de valorisation positive fréquemment exploitée par la publicité : la bière est associée à la jeunesse, à la vie active, à la vie sportive, ou encore, pour les plus âgés, aux copains bien installés dans la bonne vie (chalet, pêche, etc.); le jus d'orange est associé à la vitalité, à la santé; la voiture est associée à la réussite, au prestige, à l'astuce de l'acheteur (les performances d'une grande routière sans le prix d'une grande routière).

Le locuteur peut fausser l'information par le **choix de l'information** qu'il présente ou par sa **manière de la présenter**. Par exemple, une citoyenne se plaignant du bruit de l'autoroute qui passait près de sa maison s'est fait répondre que la moyenne du niveau sonore de l'autoroute était dans les normes. Elle a reçu une information faussée en ce sens que la moyenne du niveau sonore peut bien être dans les normes et donc acceptable, mais ce qu'on entend, ce n'est pas la moyenne (dont on ne se plaint pas non plus); on entend les points forts (comme un camion sans silencieux en accélération).

Il est possible de fausser l'information dans les situations discursives où le but avoué ou inavoué du locuteur est d'amener l'interlocuteur à faire des jugements de valeur qui sont identiques aux siens tous en mettant ces jugements à l'abri de la discussion et de la critique. Il est possible aussi de le faire dans les situations discursives où il est question de jugements de fait ou de réalité, là où les faits sont controversés ou incertains (le rapport entre le cholestérol et la cardiopathie, par exemple).

Travaux pratiques

A. ***Faites une liste d'expressions euphémiques. Classez-les selon qu'elles changent la place des choses, des êtres ou des événements sur l'échelle axiologique d'une manière négative, positive ou neutre.***

B. ***Cherchez deux ou trois descriptions d'un même événement, d'un même produit ou d'une même personne. Comparez le ton de ces descriptions***

C. **Un locuteur peut déterminer, jusqu'à un certain point, la réception (favorable, défavorable, indifférente) de son discours par son choix de mots, par les informations qu'il présente, par la manière de les présenter, par les associations qu'il met en place. Ainsi, le bibliothécaire municipal, désireux d'agrandir les locaux de la bibliothèque, présente ces informations au conseil municipal : « Dix mille débits de pizza, quinze mille MacDonalds, trois mille salles de cinéma et seulement deux cent cinquante bibliothèques ont été construits depuis quinze ans. »**

Commentez cette association d'informations. Donnez deux autres exemples de ce procédé.

7. PRÉSUPPOSER ET LAISSER ENTENDRE

Ce qui est dit dans l'interlocution comprend non seulement les informations présentées comme **thème** et **propos**, mais aussi toutes les informations **présupposées** par le thème et le propos de même que toutes celles qui, de quelque façon, en découlent.

Une interlocution est prise en tant que telle et comprise dans la mesure où l'interlocuteur **reconnaît** ce que l'interlocution **fait, dit, présuppose** et **laisse entendre**.

7.1 La présupposition

Une information **présupposée** est une information qui décrit un état d'affaires **antérieures** ou une condition ou un ensemble de conditions **préalables** qui sont nécessaires pour pouvoir donner et comprendre les informations thématiques ou propositionnelles.

7.1.1 Les présuppositions et la langue

Certaines présuppositions sont **linguistiques**; la connaissance de la langue et du lexique suffit pour les repérer. Par exemple, les verbes signifiant le passage d'un état **1** à un état **2** présuppose l'état **1**. Ainsi :

1. « Je me lève. »

présuppose :

J'étais couché, assis, etc.

2. « Il enlève son chapeau. »

présuppose :

Il porte un chapeau.

3. « Il continue sa course. »

présuppose :

Il courait.

4. « Il a cessé toute activité. »

présuppose :

Il était actif.

5. « Dès que la pluie se fut arrêtée, Pierre interrompit son travail et sortit pour aller chercher les salades dans le potager. »

présuppose :

Il pleuvait; Pierre travaillait; Pierre était à l'intérieur.

7.1.2 La présupposition optative

Les mots signifiant un **choix** présupposent l'existence d'un ensemble sur lequel le choix peut s'effectuer. Ainsi :

1. « C'est le pneu à gauche. »

présuppose :

Il y a un pneu à droite.

2. « J'aime mieux le gilet noir. »

présuppose :

Il y a d'autres gilets, ils ne sont pas noirs.

3. « Ce travail est le plus difficile. »

présuppose :

Il y a d'autres travaux; ces travaux étaient difficiles; ces travaux sont faits.

4. « Les petites fraises sont plus parfumées que les grosses. »

présuppose :

Les grosses fraises sont parfumées.

5. « Coca-Cola désaltère le mieux. »

présuppose :

Il y a d'autres boissons désaltérantes.

7.1.3 Les présuppositions et les faits

Certains **faits** ou informations présupposent d'autres **faits** ou informations. Ainsi :

1. « Je suis au troisième étage. »

présuppose :

Il y a un deuxième étage, un premier étage, un rez-de-chaussée.

2. « Pierre a été admis aux études de maîtrise. »

présuppose :

Pierre a réussi ses études de premier cycle (sauf exception).

3. « Claude était toujours à Montréal la semaine dernière. »

présuppose :

Claude était à Montréal avant la semaine dernière.

4. « Claude était déjà à Montréal la semaine dernière. »

présuppose :

Claude est toujours à Montréal.

5. « Pierre a mis le moteur de la voiture en marche. »

présuppose :

Le système d'allumage fonctionnait, les accumulateurs avaient une charge suffisante pour faire tourner le démarreur, il y avait du carburant, etc.

6. « Il a signalé le 800-770-1234. »

présuppose :

Il avait accès à un téléphone; un système téléphonique existe.

7. « La carte-soleil plus précieuse et plus obligatoire que jamais. »

présuppose :

La carte-soleil était précieuse et obligatoire.

7.1.4 La présupposition et les pratiques sociales

Certains faits ou informations présupposent des **pratiques sociales** de même que l'ensemble des règles et des principes qui les gouvernent. Ces pratiques sociales forment une sorte de **cadre** ou **répertoire** qui rend les faits ou informations possibles et intelligibles.

7.1.4.1 Les cadres communs

Il y a des cadres ou répertoires plus ou moins communs. Les cadres ou répertoires du **bon sens** ou du **sens commun** coïncident avec les pratiques sociales définitoires d'un groupe social. Ce groupe social peut être l'ensemble des interlocuteurs ou encore un groupe restreint -- parents, amis, collègues. Ainsi :

1. « Pierre n'avait pas 50 sous, il a dû se passer de café. »

présuppose (au moins) :

le rapport entre la marchandise et l'argent.

2. « Marie a vu un chat noir et est rentrée tout de suite chez elle. »

présuppose (au moins) :

le rapport entre les chats noirs et la malchance.

3. « Marie est entrée dans la pièce. Tous les hommes se sont levés. »

présuppose (au moins) :

la règle ou pratique sociale qui oblige les hommes à se lever lorsqu'une femme entre dans une pièce.

4. « Monsieur Martin a épousé Mademoiselle Durant. » (Searle)

présuppose (au moins) :

l'institution du mariage.

5. « Pierre a volé les billets de banque. »

présuppose (au moins) :

l'institution de la propriété privée et celle d'un système monétaire.

6. « Pierre accusait Marie d'avoir écrit cette lettre. »

présuppose (au moins) :

Il y a quelque chose de blâmable, de condamnable dans la lettre; l'auteure de la lettre peut répondre de ses actes; la société dans laquelle cette lettre a été produite établit un rapport de cause à effet, de responsabilité (louable, blâmable) entre les événements, elle considère que les personnes peuvent agir de manière louable ou blâmable, etc.

7.1.4.2 Les cadres spécialisés

Les cadres ou répertoires peuvent être plus ou moins spécialisés. Par exemple, le cadre ou répertoire des juristes diffère en tant que cadre ou répertoire juridique de celui des médecins en tant que cadre ou répertoire médical, celui des ingénieurs diffère de celui des physiciens et celui des biophysiciens diffère de celui des physiciens nucléaires, celui de l'économiste peut ne pas être celui du producteur ou du consommateur de biens et de services, ainsi de suite.

7.2 « Cela va sans dire »

La présupposition ou l'ensemble des informations préalables qu'il faut reconnaître pour comprendre ce qui est fait et dit dans l'interlocution fait partie de l'interlocution comme un **non-dit**, comme **ce qui va sans dire**. Le locuteur ne donne pas, il ne présente pas ces faits et conditions; il les présuppose. Il les prend en charge, sans les affirmer, par le fait de poser tel ou tel acte discursif, par le fait de dire telle ou telle chose. Le locuteur ne présente pas les présuppositions de son acte, parce qu'il suppose que son interlocuteur peut les reconnaître. Certes, il peut, au besoin, présenter explicitement les présuppositions de son discours.

Travaux pratiques

A. ***Certaines informations qui suivent les textes ci-dessous sont des présuppositions de ces textes. Identifiez les présuppositions.***

1. Je vous promets de venir à Montréal demain.

____ Je ne suis pas à Montréal.
____ Je peux venir à Montréal demain.
____ Je veux venir à Montréal.
____ Je serai à Montréal demain.

2. Odile a empêché Claire de partir.

____ Odile s'est brouillée avec Claire.
____ Claire voulait partir.
____ Claire n'aime plus Odile.
____ Odile voulait partir.

3. Pierre enlève son paletot.

____ Pierre a un paletot.
____ Pierre était dehors.
____ Pierre vient d'entrer.
____ Pierre porte un paletot.

4. Le Québec souhaite modifier la loi 101.

___ Il y a des anglophones au Québec.
___ La loi 101 est problématique.
___ La loi 101 est trop radicale.
___ Il y a une loi 101 au Québec.

5. « Monsieur, je vous demande une petite minute d'attention. » (Devos)

___ Monsieur s'occupe de quelqu'un d'autre.
___ Monsieur est distrait.
___ Monsieur se fout de moi.
___ Monsieur ne s'occupe pas de moi.
___ J'ai droit à une petite minute d'attention.

6. « Je reviendrai dans des articles prochains sur les *aspects* morphologiques, syntaxiques, sémantiques et pragmatiques de l'humour linguistique. » (G. Alvarez)

___ L'humour linguistique dépend seulement des aspects morphologiques, syntaxiques, etc.
___ L'humour linguistique n'a que des dimensions morphologiques, syntaxiques, sémantiques et pragmatiques.
___ L'humour linguistique comporte d'autres aspects que ceux qui sont mentionnés ici.
___ Dans cet article, je discute des aspects morphologiques, sémantiques, etc.

7. « Quelque chose a radicalement changé dans le capitalisme à quoi l'analyse marxiste ne répond plus. » (Baudrillard)

___ L'analyse marxiste répondait à quelque chose dans le capitalisme.
___ Le capitalisme n'est plus ce qu'il était.
___ Le capitalisme est en mesure de s'ajuster à un marché et à un monde en évolution.
___ Dans l'analyse marxiste, il y a des éléments conceptuels qui font défaut ou qui sont absents.

8. Il faut enseigner le sens des responsabilités dans les écoles comme on enseigne le code de la route.

___ On peut enseigner le sens des responsabilités.
___ Le sens des responsabilités et le code de la route sont semblables.
___ Le sens des responsabilités, ça ne s'apprend pas.
___ On enseigne le code de la route dans les écoles.

9. Avec *Finesse* vos cheveux seront toujours doux.

___ Vos cheveux ne sont pas doux.
___ Vos cheveux ne sont pas toujours doux.
___ Vous utilisez *Finesse*.
___ Vos cheveux sont naturellement doux.

10. Il est permis de fumer dans cette salle.

___ Il n'est pas permis de fumer partout.
___ Ici vous pouvez fumer.
___ Ailleurs la cigarette est dangereuse.
___ On respecte les droits des non-fumeurs.

B. ***Dégagez les présuppositions qui se trouvent dans le questionnaire de la Banque de Montréal et dans celui du Parti libéral du Canada.***

Refaites ces questionnaires pour qu'ils soient libres de présuppositions.

C. ***Dégagez les présuppositions qui se trouvent dans le texte : « L'utilisation intelligente des cartes de crédit ».***

«QU'EN PENSEZ-VOUS?»

À tous les clients de la Banque

Votre opinion sur notre service à la clientèle est extrêmement importante pour nous. Vos suggestions nous aident à trouver les améliorations à apporter pour mieux vous servir. Et mieux vous servir, c'est ce que nous voulons dire par notre slogan : «Toujours plus pour vous».
Nous vous demandons donc de prendre quelques minutes pour répondre au questionnaire que voici. Déposez-le ensuite dans la boîte spécialement marquée, à la succursale la plus près, ou renvoyez-le-nous par la poste.

Nous voudrions vous dire merci.

Merci de prendre la peine de répondre à notre questionnaire. En témoignage de notre gratitude, nous allons vous inscrire à notre tirage spécial «QU'EN PENSEZ-VOUS?». Il vous suffit d'indiquer le numéro de votre compte et le numéro de domiciliation de votre succursale aux endroits indiqués et vous deviendrez automatiquement admissible à l'un des prix de $1 000 en argent. (Vous trouverez ces numéros sur votre relevé).

NUMÉRO DE COMPTE   NUMÉRO DE DOMICILIATION

Répondre à ces questions s'il vous plaît.

COMMENT NOUS ÉVALUEZ-VOUS SUR CE QUI SUIT :

		Excellent	Bon	Passable	Mauvais
Service courtois.	1	☐ 1	☐ 2	☐ 3	☐ 4
Traitement rapide et sans erreur de vos opérations bancaires.	2	☐ 1	☐ 2	☐ 3	☐ 4
Connaissance du personnel sur les produits et services.	3	☐ 1	☐ 2	☐ 3	☐ 4
Succursale propre et ordonnée.	4	☐ 1	☐ 2	☐ 3	☐ 4
Disponibilité des brochures et documents d'information sur nos produits et services.	5	☐ 1	☐ 2	☐ 3	☐ 4
Temps d'attente à la caisse.	6	☐ 1	☐ 2	☐ 3	☐ 4
Effort spécial du personnel pendant les périodes très occupées.	7	☐ 1	☐ 2	☐ 3	☐ 4
Capacité du personnel à répondre à vos questions et à résoudre vos problèmes.	8	☐ 1	☐ 2	☐ 3	☐ 4
Comment nous évaluez-vous dans l'ensemble?	9	☐ 1	☐ 2	☐ 3	☐ 4

Au cours des derniers mois, notre service s'est-il

10 ☐ amélioré (1)   ☐ resté à peu près le même (2)   ☐ dégradé ? (3)

NOUVELLES QUESTIONS DU SONDAGE
SUR LE SERVICE À LA CLIENTÈLE

Au cours des douze derniers mois, avez-vous contracté un prêt personnel ou une hypothèque au propriétaire occupant à la Banque de Montréal ?

11

OUI – prêt personnel ☐ 1
– hypothèque ☐ 2
– les deux ☐ 3
NON – ni l'un ni l'autre ☐ 4

Dans l'affirmative, veuillez évaluer le service que nous vous avons donné à cet égard.

		Excellent	Bon	Passable	Mauvais
Disponibilité d'un employé à qui parler d'un prêt ou d'une hypothèque	12	☐ 1	☐ 2	☐ 3	☐ 4
Accueil et efforts du personnel pour vous mettre à l'aise	13	☐ 1	☐ 2	☐ 3	☐ 4
Connaissance des prêts et des hypothèques	14	☐ 1	☐ 2	☐ 3	☐ 4
Aide fournie en vue de choisir l'hypothèque ou le prêt le mieux adapté à vos besoins	15	☐ 1	☐ 2	☐ 3	☐ 4
Dans l'ensemble, quelle cote mérite notre service en matière de crédit ?	16	☐ 1	☐ 2	☐ 3	☐ 4

Merci!

RÈGLEMENTS

1. Pour participer et être admissible, remplissez le questionnaire et écrivez le numéro de votre compte une fois et le numéro de domiciliation de votre succursale deux fois aux endroits indiqués (vous trouverez ces numéros sur votre relevé). Cachetez l'enveloppe et déposez-la à la succursale la plus près ou postez-la, en l'affranchissant suffisamment, tel qu'indiqué au verso de cette formule.
2. Pour être admissibles, les bulletins de participation doivent être reçus au plus tard le 15 septembre 1987, jour de clôture du concours. La Banque de Montréal ne se tient pas responsable des bulletins de participation perdus, détruits ou mal adressés. Les prix seront décernés à chaque gagnant par la Banque de Montréal.
3. En tout, dix prix de $1 000 en argent comptant seront décernés. Les prix doivent être acceptés tels quels et aucun transfert ou substitution ne sera permis.
4. Le tirage au hasard sera effectué à Toronto, en Ontario, le 20 octobre 1987 à 14 h parmi tous les bulletins de participation admissibles reçus. Pour gagner, les participants choisis devront d'abord répondre correctement sans aide, dans un délai donné, à une question de mathématiques mettant leurs connaissances à l'épreuve et qui leur sera posée par téléphone à un moment qui convient à chacune des parties. Les chances de gagner seront fonction du nombre de bulletins de participation reçus. En participant au concours, chaque concurrent convient d'en respecter les règlements ainsi que les décisions de l'organisme indépendant chargé du concours, qui sont finales et sans appel.
5. Peuvent participer et être admissibles à gagner : les clients ayant un compte de banque personnel à la Banque de Montréal dès la date du tirage au hasard, qui sont résidents du Canada et qui ont atteint l'âge de la majorité, à l'exception des employés de la Banque de Montréal, de ses filiales, de ses mandataires, de ses agences de publicité et de promotion, des fournisseurs de prix, de l'organisme chargé de juger le concours et des membres de leur famille immédiate ou domiciliés à la même adresse.
6. Pour les participants domiciliés au Québec, tous litiges ou questions concernant la conduite de ce concours et la sélection des gagnants peuvent être soumis à la Régie des loteries et courses du Québec. Le concours est soumis aux lois et règlements fédéraux, provinciaux, municipaux et locaux applicables.

CACHETER ET POSTER

Questionnaire

Oui	Non	
☐	☐	Selon vous, est-il inacceptable que des Canadiens souffrent de la faim?
☐	☐	Selon vous, est-il inacceptable que des Canadiens soient privés de logement?
☐	☐	Selon vous, est-il fondamental que le gouvernement protège les personnes défavorisées?
☐	☐	Selon vous, faut-il assurer l'égalité à tous les Canadiens?
☐	☐	Selon vous, le moment est-il venu de mettre fin à l'incertitude et de faire passer les personnes en premier?

5044211

Formule de contribution

OUI, je conviens que les personnes doivent de nouveau passer en premier!

J'ai confiance que le Parti libéral du Canada saura maintenir ce principe fondamental. Veuillez donc utiliser ma contribution (ci-jointe) pour rejoindre les Canadiens et renverser les orientations néfastes des Conservateurs.

☐ 40 $ ☐ 75 $ ☐ 100 $ ☐ 250 $ ☐ Autre ________

Veuillez établir votre chèque à l'ordre du **Parti libéral du Canada** et nous l'envoyer dans l'enveloppe-réponse ci-jointe au **102, rue Bank, Ottawa (Ontario) K1P 5N4**

☐ J'aimerais militer comme bénévole au sein du Parti libéral dans ma circonscription. Veuillez m'envoyer de la documentation, sans obligation de ma part.

Préférez-vous recevoir nos envois en ☐ français ☐ anglais

Parti libéral du Canada

Détachez ici et mettez à la poste aujourd'hui même en utilisant l'enveloppe PRÉAFFRANCHIE ci-jointe.

L'utilisation intelligente des cartes de crédit

À titre de titulaire d'une carte MasterCard, vous pouvez bénéficier de l'extraordinaire commodité de cette carte de crédit lorsque vous magasinez. Elle vous donne accès à un crédit à court terme tout en vous permettant de gérer vos dépenses avec plus d'efficacité. Afin de profiter de tous les avantages que procure la carte MasterCard ou toute autre carte de crédit, vous devez cependant faire preuve de prudence et de responsabilité. La Banque de Montréal est d'avis que tous les titulaires **d'une carte de crédit devraient en faire une utilisation intelligente**. À cet égard, elle espère que les quatre principes suivants vous seront utiles :

1. Ne dépensez qu'en fonction de vos moyens.

Vous devez payer les achats effectués au moyen d'une carte de crédit tout comme ceux que vous faites au comptant. La limite de votre carte de crédit constitue le solde maximal autorisé à l'égard de votre carte. Le solde de votre carte ne devrait jamais être supérieur à ce montant. Si vous avez le moindre doute quant à votre capacité de rembourser la dette que pourraient représenter vos cartes de crédit, vous devriez utiliser vos cartes moins souvent et maintenir un solde moins élevé.

2. Remboursez vos dettes aussitôt que possible.

Bien que les cartes de crédit comportent une limite de crédit autorisée, elles ne sont pas conçues pour être une source continue de crédit à la consommation. Si vous vous rendez compte que vous êtes incapable de rembourser rapidement vos dettes, ou si vous avez régulièrement besoin de prêts qui excèdent la limite de votre carte, vous devriez songer à une forme d'emprunt moins coûteuse. Les prêts à la consommation de la Banque de Montréal peuvent être adaptés aux besoins de chacun; ils peuvent être moins coûteux et prévoient des mensualités déterminées.

3. Conservez vos factures et vos relevés.

Afin de contrôler les dépenses que vous faites au moyen de votre carte de crédit, vous devriez conserver vos factures et les comparer aux écritures figurant sur votre relevé mensuel. En passant en revue votre relevé, vous voyez à combien s'élèvent vos dépenses et, par la même occasion, vous vérifiez tous les frais qui ont été imputés à votre compte. Les relevés constituent un registre pratique de tous les achats que vous avez effectués au moyen de votre carte.

4. Utilisez la bonne carte.

Vous devriez vous renseigner sur les conditions et les caractéristiques des diverses cartes et choisir celle qui correspond le mieux à vos habitudes d'achat et de paiement.

La Banque de Montréal croit qu'elle offre des produits et des services entièrement concurrentiels. Elle est heureuse que vous ayez choisi la carte MasterCard.

La Banque de Montréal tient à vous garder comme client; elle continuera donc à faire l'impossible pour vous satisfaire. À titre de titulaire d'une carte MasterCard, **vous avez aussi un rôle important à jouer : pour ce faire, il importe que vous continuiez à utiliser votre carte intelligemment.**

English on reverse

Banque de Montréal

8. LAISSER ENTENDRE ET SOUS-ENTENDRE

Laisser entendre une information, c'est donner une information de façon que l'interlocuteur doive la **construire**. L'information qu'on laisse entendre est une information qui suit ou qui découle des informations données. Ce qui est **sous-entendu** va sans dire; c'est une présupposition, une évidence.

Laisser entendre suppose qu'une suite discursive soit de quelque façon **incomplète** ou **insatisfaisante** (une information que l'interlocuteur attend n'est pas donnée; il y a, d'une certaine façon, transgression d'une règle discursive).

8.1 La suite discursive incomplète

C'est la règle de la cohérence qui fait que l'interlocuteur cherchera à fournir les informations qui ne sont pas données, mais sans lesquelles le discours ne peut être pris comme tel ni compris. Le locuteur peut laisser entendre les informations nécessaires pour la cohérence de son discours à la condition qu'elles s'imposent avec une certaine force ou évidence, qu'elles soient celles qui sont attendues ou demandées. Il faut que l'interlocuteur **voit** ces informations sans qu'elles soient données. Si l'interlocuteur ne peut les voir, le discours risque d'être pris hors propos, ou comme un discours sans rime ni raison. Ainsi, dire :

> « Quelle averse. La pluie va entrer. »

c'est laisser entendre :

> **« Il faut fermer les fenêtres. »**

ou (dans telle situation) :

> **« Fermez donc les fenêtres. »**

et c'est sous-entendu que :

> **Il y a des fenêtres ouvertes.**

L'interlocuteur cherchera l'information que le locuteur laisse entendre parce que la suite est incomplète. De même l'information :

> « L'alcool tue. » (panneau routier)

laisse entendre :

> **« Ne prenez pas le volant si vous consommez de l'alcool. »**

L'interlocuteur construira cette information parce que sans elle la première information paraît gratuite, sans intérêt. Mais le locuteur ne pourrait espérer que ses interlocuteurs **construisent** cette information sans présupposer d'autres informations, par exemple qu'il y a des personnes qui prennent le volant après avoir consommé de l'alcool, que personne ne souhaite mourir ni faire mourir d'autres personnes. Ces informations présupposées sont **sous-entendues.**

8.2 La suite discursive insatisfaisante

On laisse entendre quelque chose lorsqu'on produit une suite discursive insatisfaisante, par exemple en transgressant des règles discursives. Les interlocuteurs supposent qu'il y a connaissance mutuelle des règles et de la situation interlocutives. Ils supposent que la transgression de l'une ou de l'autre de ces règles ne se fera pas sans raison. Ainsi, ce qui est dit ou fait en transgression des règles est dit et fait dans **le but de laisser entendre autre chose** (en tout cas, le discours est compris de cette façon). Dire, par exemple :

> « De son programme électoral, ce gouvernement a retenu le problème des pluies acides. Il fait tout pour régler ce problème. Celui-ci est sa priorité numéro un. »

Cette information est, en tout ou en partie, fausse. Tout le monde (ceux qui lisent les journaux, regardent le téléjournal, écoutent les bulletins de nouvelles) sait que cette information est fausse, en tout ou en partie. Le locuteur sait qu'elle est fausse et il sait que tout le monde le sait; il **laisse entendre** ainsi que ce gouvernement **ne fait rien ou fait peu au sujet des pluies acides**.

Ou dire quelque chose comme :

> « Tout le monde sait que les ichtyophages se nourrissent principalement de poissons. »

alors qu'on sait que seuls quelques érudits le savent, c'est laisser entendre qu'on est érudit et que l'interlocuteur ne l'est pas; c'est faire état de sa propre érudition et de l'inculture de l'interlocuteur.

Ou encore, dire d'un ouvrage manifestement raté :

« Quel beau travail! »

c'est laisser entendre que l'ouvrage est raté.

Les figures de rhétorique comme l'ironie, la litote, l'hyperbole, etc., par lesquelles un locuteur **laisse entendre** plus et moins que ce qu'il dit, ne sont rien d'autre que des transgressions formalisées des règles du discours.

8.3 « Ce n'est pas moi qui le dis »

Laisser entendre, c'est donner une information nouvelle de telle manière que le locuteur peut accepter ou ne pas accepter la responsabilité de l'avoir donnée. Il peut répondre ou ne pas répondre de cette information.

Laisser entendre peut être une stratégie discursive par laquelle nous pouvons dire des choses et faire comme si nous ne les avions pas dites (O. Ducrot, ***Dire et ne pas dire***).

Il y a des choses dont il ne faut pas parler (des thèmes interdits par les règles sociales, religieuses, politiques, etc.); il y a des informations que nous n'avons pas le droit de divulguer (situation professionnelle, sociale, affective, etc.) : telle information peut trahir ou blesser.

Par ailleurs, ce qui n'est pas dit ne peut pas faire l'objet d'échange; le **non-dit** est toujours à l'abri de la remise en question et de la contradiction. En **laissant entendre** quelque chose, le locuteur met une information dans le lieu protégé du non-dit.

Travaux pratiques

A. ***Les textes qui suivent laissent entendre et sous-entendre des informations. Identifiez ces informations.***

1. « Lorsque des personnes sont malades à cause de leur travail ou subissent des accidents, c'est, la plupart du temps, que les lieux de travail sont insalubres ou encore que les conditions de travail sont dangereuses. C'est pourquoi les syndicats et regroupements d'accidentés considèrent que c'est aux employeurs à assumer les coûts des programmes destinés aux malades ou aux accidentés du travail. » (Irène Ellenberger, ***Le Devoir,*** 2 décembre 1984)

2. « Beaucoup de gens découvrent *Égal*, un édulcorant tout nouveau, pauvre en calories! Cependant, vous pouvez parfois manquer d'*Égal*. Vous devez alors vous contenter d'un substitut. Ce qui peut expliquer le regain de popularité temporaire du sucre. » (Publicité, ***Bien manger***, septembre-octobre 1984)

3. « Bien sûr, le goût est l'affaire de chacun! Mais les gens avisés qui emploient la margarine *BECEL* pour tartiner, napper des légumes fumants ou pour la cuisine en apprécient le goût délicat et léger. C'est tout simplement délicieux. » (Publicité, ***Bien manger***, septembre-octobre 1984)

4. Puisque vous vous intéressez à l'actualité politique, ce livre vous intéressera.

5. « Pourquoi un copieur *Canon*? Parce que c'est passablement complexe aujourd'hui d'obtenir le copieur

idéal. Celui-ci doit répondre aux exigences de votre bureau, sur la base des performances, du prix et de l'espace disponible. *Canon* est donc votre choix logique. » (Publicité, ***La Presse***, 12 décembre 1984).

6. « Birks n'est pas un hypermarché des lampes, c'est pourquoi il les choisit avec discernement. » (Publicité)

B. Donnez cinq exemples de transgressions des règles qui permettent au locuteur de laisser entendre quelque chose.

Résumé

1. Ce que nous faisons en parlant -- poser une question, demander quelque chose, promettre, refuser, délibérer, débattre, justifier, renseigner, etc. --, nous le faisons en disant quelque chose, **en donnant des informations.**

2. Dire quelque chose, c'est toujours et nécessairement dire quelque chose **au sujet** de quelque chose d'autre.

3. Ce au sujet de quoi nous disons quelque chose est **le point de départ** de notre acte discursif. C'est ce qui est en question.

4. Les informations que nous donnons ne font pas les mêmes choses. Certaines sont données pour **indiquer** ce qui est en question, le sujet ou le thème de l'action discursive. D'autres sont données pour **apporter du nouveau**, de l'inédit.

5. Ce qui est en question détermine un **univers de discours**, un espace discursif par rapport auquel les informations présentées sont ou **pertinentes** ou **hors sujet.**

6. Pour qu'une transaction discursive puisse avoir lieu -- pour que nous puissions dire quelque chose --, il faut que ce qui est en question soit reconnu, admis ou accordé. En ce sens, ce qui est en question est **supposé**. Toutes les informations données pour indiquer ce qui est en question sont **supposées** et n'ont pas à être discutées.

7. Seules les informations présentées comme des **informations nouvelles** peuvent être discutées, acceptées ou refusées.

8. Les informations que nous donnons, qu'elles soient thématiques ou propositionnelles, peuvent être plus ou moins **claires** et **précises**.

9. Ces informations peuvent être **abstraites** ou **concrètes**, **générales** ou **particulières**.

10. Elles peuvent être données de telle manière qu'elles **valorisent** positivement ou négativement ce dont il est question ou ce que nous en disons.

11. Ce que nous disons comprend toutes les **conditions nécessaires** pour que les informations soient telles que nous les donnons. Par le fait de donner une information, nous donnons aussi toutes les informations que celles-ci **présupposent**.

12. Ce qui est dit comprend tout aussi bien ce qui n'est pas dit, ce qui est **sous-entendu** comme présupposition.

13. Nous donnons aussi toutes les informations que celles-ci **laissent entendre** ou **impliquent**.

Ce que nous savons faire

1. Nous savons reconnaître (et reconstituer) l'**organisation discursive** d'un discours (texte ou conversation). En particulier,

1.1 Nous savons reconnaître ce que le **discours fait** (raconter, rapporter, décrire, présenter, exposer, argumenter, commenter, commander, exhorter, demander, dénoncer, critiquer, analyser, expliquer, promettre, refuser, interroger, etc.).

1.2 Nous savons reconnaître ce que les **éléments du discours font les uns aux autres** (circonstancier, nuancer, restreindre, préciser, éclaircir, commenter, motiver, expliquer, etc.).

Autrement dit,

1.3 Nous savons reconnaître les **éléments nucléaires** et les **éléments satellites** de même que les **rapports** qui les lient ensemble.

1.4 Nous savons faire la **représentation graphique** de l'organisation discursive (EN et ES, et leurs rapports).

2. Nous savons reconnaître l'**organisation informationnelle** d'un discours (texte ou conversation). En particulier,

2.1 Nous savons reconnaître le **thème principal** et le **propos principal**.

2.2 Nous savons reconnaître les **thèmes** et les **propos secondaires**.

2.2.1 Par le fait même, nous savons reconnaître les informations **supposées** (anciennes) et les informations **posées** (nouvelles).

3. Nous savons reconnaître la **qualité** des informations supposées et posées. En particulier,

3.1 Nous pouvons reconnaître les informations qui sont **indéterminées** ou **ambiguës**.

3.2 Nous pouvons reconnaître les informations qui sont **indéfinies** ou **floues**.

3.3 Nous pouvons reconnaître les **stratégies de valorisation**.

3.4 Nous savons reconnaître les informations **particulières**, **générales**, **concrètes** et **abstraites**.

4. Nous savons reconnaître les **présuppositions** d'un discours. En particulier,

4.1 Nous savons reconnaître les **présuppositions linguistiques**.

4.2 Nous savons reconnaître les **présuppositions factuelles**.

4.3 Nous savons reconnaître les **présuppositions situationnelles**.

5. Nous savons reconnaître ce qui est **sous-entendu** et ce que le discours **laisse entendre**.

Auto-évaluation

Pour les questions à choix multiples, choisir la **meilleure** réponse (une seulement).

1. « [1] La compagnie montréalaise Sensormatic Canada a inscrit un bénéfice de 73 904 $ au premier semestre, comparativement à 60 623 $ durant la même période en 1981. [2] Sensormatic fabrique du matériel de surveillance électronique. [3] Ses ventes ont augmenté de 26 %. [4] L'accroissement des vols en cette période de crise favorise tout de même quelques entreprises. » « La vie économique », ***Le Devoir***).

1.1 Ce texte :

____ (a) rapporte un fait ou fait état de certains faits;
____ (b) fait de l'ironie;
____ (c) décrit les opérations de la compagnie Sensormatic;
____ (d) explique l'augmentation des ventes chez Sensormatic;
____ (e) commente l'accroissement des vols en cette période de crise.

1.2 Quelle phrase correspond à l'élément nucléaire?

____ (a) [4]
____ (b) [3]
____ (c) [2]
____ (d) [1]
____ (e) aucune de ces phrases; il n'y a pas d'élément nucléaire dans ce texte.

1.3 Dans ce texte, les phrases [1], [2], [3] et [4] sont ordonnées :

____ (a) selon le schéma conjonctif;
____ (b) d'une manière cohérente;
____ (c) selon le schéma hiérarchique;
____ (d) selon leur importance relative;
____ (e) toutes ces réponses sont bonnes.

1.4 La troisième phrase fait quelque chose à la première, en particulier :

____ (a) [3] commente [1];
____ (b) [3] répète ou reprend en d'autres mots [1];
____ (c) [3] explique (en partie) [1];
____ (d) [3] complète ou donne plus d'informations sur le bénéfice [1];
____ (e) [3] s'oppose à [1].

1.5 La question à laquelle ce texte répond principalement est une question du type :

____ (a) Que fait la compagnie Sensormatic?
____ (b) Quelle est la performance économique de la compagnie Sensormatic?
____ (c) Dans quelle compagnie peut-on placer son argent pour réaliser un bénéfice?
____ (d) Quelles compagnies réalisent un bénéfice (en cette période de crise)?
____ (e) Qu'est-ce que Sensormatic a fait pour augmenter ses bénéfices?

1.6 La quatrième phrase est liée à la première phrase. Le rapport entre [4] et [1] se décrit comme suit :

____ (a) [4] commente [1];
____ (b) [4] explique (en partie) [1];
____ (c) [4] explique [3];
____ (d) [4] complète [1];
____ (e) [4] s'oppose à [1].

2. « Derrière le concept d'un Québec défini comme société distincte, il y a une représentation sociologique, plus ou moins implicite, d'une société homogène. » (P. Painchaud, ***Le Devoir***, 3 décembre 1984)

2.1 L'information « il y a un concept d'un Québec défini comme société distincte » est présentée comme une information :

____ (a) Posée;
____ (b) Supposée;
____ (c) Hors de question;
____ (d) Nouvelle;
____ (e) (b) et (c).

2.2 « plus ou moins implicite »

____ (a) Situe le thème;
____ (b) Détermine le thème;
____ (c) Qualifie le propos;
____ (d) Explicite le propos;
____ (e) Précise l'information supposée.

3. Remplacez le(s) mot(s) souligné(s) par un autre mot ou d'autres mots plus précis.

3.1 Il <u>a fait</u> une lettre de recommandation pour Pierre.

(________________)

3.2 Achetez des pâtes : nos clients <u>auront</u> aujourd'hui un rabais considérable.

(________________)

4. Les informations qui suivent ne sont pas claires. Relevez les différents sens.

4.1 « Comme c'est bon, les rois! » disent les vers de terre. » (V. Hugo)

(a) ________________

(b) ________________

4.2 « Les hommes de l'Occident étaient en marche vers ceux de l'Orient afin de s'entretuer. » (Tolstoi)

(a) ________________

(b) ________________

4.3 « Un jour, par curiosité, je lui demande comment était sa vie à l'usine. Tout en racontant ce qu'il fait, je me mis à sa place et j'imaginais que c'est moi qui travaille. » (Anonyme)

(a) ________________

(b) ________________

4.4 « Je trouve scandaleuse l'exposition de Picasso à Montréal. Ça fait dix ans qu'il est mort, il doit commencer à sentir. » (***Croc***, juin 1985)

(a) ________________

(b) ________________

4.5 « Ce soir, à 18 heures, ça vous regarde. » (Publicité de Radio-Canada)

(a) ________________

(b) ________________

4.6 Les enfants sont prêts à manger.

(a) ________________

(b) ________________

5. Laquelle de ces suites donne à cette phrase **la valeur d'une raison**?

   « Les sociologues et politicologues ayant examiné la question nous assurent qu'entre 1936 et 1960 tous ceux qui préconisaient la formation d'un parti politique favorable à la classe ouvrière étaient divisés par leurs options face à la question nationale. »

____ (a) Mais ils se sont trompés;
____ (b) Parce qu'une telle division est encore au centre des débats;
____ (c) Voilà pourquoi il n'y a pas eu de formation d'un parti ouvrier;
____ (d) Duplessis était nationaliste et antisyndicaliste, les libéraux étaient prosyndicalistes mais peu nationalistes;
____ (e) (b) et (c).

6. « [1] À mesure que l'avènement en France de la deuxième chaîne de télévision approche, [2] les discussions se font plus acerbes sur le monopole d'État et [3] la façon dont on le gère. [4] Qu'il me soit donc permis de tracer le portrait de la télévision canadienne, [5] tel qu'on l'a connu ici, tel qu'il est tous les soirs encore, [6] afin non pas de servir une leçon, [7] mais plutôt pour que les téléspectateurs français puissent avoir des points de référence dans leurs discussions et [8] sachent que la bataille en vue de donner une troisième dimension au petit écran, [9] la dimension adulte, [8] doit se mener sur tous les fronts et [10] dans tous les pays à la fois. » (J. Godbout)

6.1 Dans la partie soulignée du quatrième élément [4], Godbout :

____ (a) Critique la télévision canadienne;
____ (b) Commence à faire l'historique de la télévision canadienne;
____ (c) Informe le lecteur;
____ (d) Fait une demande et indirectement annonce ce qu'il va faire;
____ (e) Situe son thème.

6.2 Ce texte nous parle :

____ (a) De l'avènement en France de la deuxième chaîne de télévision;
____ (b) De l'avis de Jacques Godbout;
____ (c) Du monopole de l'État et de la façon dont on le gère;
____ (d) De ce que Godbout va faire dans ce texte et des raisons pour lesquelles il va le faire;
____ (e) De la bataille pour donner au petit écran une troisième dimension.

6.3 L'élément [7] : « mais plutôt pour que les téléspectateurs français puissent avoir des points de référence dans leurs discussions [...] » fait quelque chose à ce que Godbout propose de faire. En particulier, il :

____ (a) Situe l'action discursive principale;
____ (b) Restreint l'action discursive principale;
____ (c) Précise l'action discursive principale;
____ (d) Donne une raison à l'action discursive principale;
____ (e) Aucune de ces réponses.

6.4 Le texte de Godbout **présuppose**, entre autres choses :

____ (a) Une troisième dimension, la dimension adulte, fait défaut au petit écran;
____ (b) On peut ne pas lui reconnaître le droit de parole;
____ (c) Les téléspectateurs français ne manquent pas de points de référence;
____ (d) Les monopoles d'État ne sont pas désirables;
____ (e) Aucune de ces réponses.

7. « Il est permis de fumer dans cette salle. » **présuppose** :

____ (a) Il y a des endroits où il n'est pas permis de fumer;
____ (b) Ailleurs la cigarette est dangereuse;
____ (c) Le système d'aération a été mis au point seulement dans cette salle;
____ (d) On respecte les droits des non-fumeurs;
____ (e) Aucune de ces réponses.

8. « Mats Naslund a renoué avec la visière. » (***Le Devoir***) **présuppose** :

____ (a) Naslund s'est finalement décidé;
____ (b) Naslund a déjà porté la visière;
____ (c) Il y a un nouveau règlement dans la LNH;
____ (d) La visière gênait le travail de Naslund;
____ (e) Il s'est cassé le nez trop souvent.

9. « C'est le pneu à gauche. » **présuppose** :

____ (a) Il y a un pneu avant;
____ (b) Il y a un pneu arrière;
____ (c) Il y a un pneu à droite;
____ (d) Il y a un pneu dégonflé;
____ (e) Toutes ces réponses.

10. « Michel se plaint de l'odeur de la pipe. » **présuppose** :

____ (a) La fumée des autres est dangereuse;
____ (b) Michel trouve cette odeur désagréable;
____ (c) L'odeur de la pipe est désagréable;
____ (d) Michel a le nez trop fin;
____ (e) Toutes ces réponses.

11. Laquelle de ces remarques **convient**?

____ (a) Le mot « régime » est ambigu;
____ (b) Ce texte nous parle de Mafalda;
____ (c) Mafalda prend la mesure du monde;
____ (d) Mafalda commente l'état du monde;
____ (e) Toutes ces réponses conviennent.

12. Dans cette bande dessinée, le mot « importance » est :

____ (a) Imprécis;
____ (b) Indéterminé ou ambigu;
____ (c) Précis;
____ (d) Clair;
____ (e) Aucune de ces réponses.

13. Dans cette bande dessinée, il s'agit principalement :

____ (a) De l'approche de Noël;
____ (b) De cadeaux;
____ (c) Des rapports entre Manolito et son père;
____ (d) De la colère du père de Manolito;
____ (e) Toutes ces réponses.

14. « Dur de la ceinture » n'est une suite possible que si le lecteur reconnaît que la colère paternelle lui est liée par une présupposition. Cette présupposition est celle de :

____ (a) La pratique sociale qui impose ou permet le châtiment corporel des enfants;
____ (b) La loi du talion;
____ (c) Ce fait : les bretelles font moins mal que la ceinture;
____ (d) Il faut donner des cadeaux;
____ (e) Aucune de ces réponses.

15. Dans l'horoscope présentée ci-après, relevez deux informations qui sont floues.

SCORPION
24 octobre-22 novembre

Cette fois encore, si vous êtes né entre le 4 et le 6 novembre **vous bénéficierez de moments positifs,** heureusement exploitables sur le plan professionnel le 14, sur le plan matériel le 18 – et peut-être aussi sur celui de l'intuition ou de l'évolution personnelle – alors que le 16 vous aurez sans doute à craindre des rapports de force ; si vous cherchez à imposer votre volonté à un être épris de liberté, vous échouerez. **La diplomatie s'impose.**

(a) ____________________

(b) ____________________

Troisième partie

LE DISCOURS ARGUMENTATIF

This page intentionally left blank

OBJECTIFS

Fournir les informations concernant le discours argumentatif et proposer des travaux pratiques qui permettent de vérifier ou d'améliorer les habilités à :

- différencier le discours argumentatif des autres types de discours;
- reconnaître les éléments du discours argumentatif;
- différencier les raisons et les conclusions **principales** des raisons et des conclusions **secondaires**;
- reconnaître les **relations argumentatives** qui lient les raisons aux conclusions (causalité, analogie, généralisation, etc.);
- découvrir les **présuppositions** qui légitiment l'emploi de telle ou telle relation argumentative;
- dégager les parcours ou schémas argumentatifs;
- faire l'**examen critique** d'une argumentation.

LES RÈGLES DU DISCOURS

> Quiconque parle se pose (publiquement) comme respectant les règles du discours. (F. Récanati, ***La Transparence et l'énonciation***, p. 190).

> Tout le monde recherche une certaine ressemblance dans sa façon de signifier, en sorte que les signes eux-mêmes reproduisent, autant que possible, la chose signifiée. Mais comme une chose peut ressembler à une autre de beaucoup de manières, de tels signes ne peuvent avoir, chez les hommes, un sens déterminé que s'il s'y ajoute un assentiment unanime. (Augustin, ***La Doctrine***, II, XXV, p. 38)

L'activité langagière est une forme de comportement social ou d'action interpersonnelle. Parler ou écrire, c'est toujours transformer de quelque manière la situation (cognitive, affective) ou les actions d'une autre personne (présente ou absente, réelle ou fictive), ou encore produire une nouvelle situation chez cette personne.

Cette forme de comportement social et, *a fortiori*, ses effets ne peuvent se réaliser que s'ils sont reconnus comme tels par la personne à qui l'on parle. Il faut que celle-ci reconnaisse **ce qui est fait** et **ce qui est dit**, du moins que quelque chose est fait et que quelque chose est dit.

Cette reconnaissance est possible -- c'est-à-dire que l'interlocuteur peut reconnaître un ordre, un avertissement, une argumentation et, de plus, qu'il s'agit de tel ordre, de tel avertissement, de telle argumentation -- parce que cette forme de comportement se définit par un ensemble de règles partagées et reconnues comme telles par les interlocuteurs.

Ces règles **constituent** l'activité langagière en ce sens qu'elles créent ou instituent la possibilité de ce type de comportement, comme « les règles du football ou du jeu d'échecs, par exemple, [qui] ne disent pas seulement comment on joue aux échecs ou au football, mais [qui] créent pour ainsi dire la possibilité d'y jouer [...]. Les règles constitutives fondent [et régissent également] une activité dont l'existence dépend logiquement de ces règles » (J. Searle, ***Les Actes du langage***, pp. 72 et 73). Sans les règles communes et reconnues comme telles, l'activité langagière ne sera pas possible, comme ne peut l'être l'acte de faire échec et mat sans les règles du jeu d'échecs.

Ces règles font que tout acte posé dans l'espace qu'elles instituent est reconnu, interprété, compris, par rapport à ces règles : il peut être conforme aux règles, les bafouer ou les transgresser.

Les règles qui rendent possible l'activité langagière gouvernent les actions, les manœuvres, les interventions de ceux qui s'y engagent. Ainsi, s'engager dans l'activité langagière, c'est suivre les règles (ou faire comme si). Par le fait même, ceux qui s'engagent dans l'activité langagière partagent et reconnaissent ces règles (ou font comme s'ils les partageaient et les reconnaissaient).

Plus précisément, dès qu'une personne s'engage dans l'activité langagière, ce qu'elle **fait** est posé nécessairement -- les règles du discours l'exigent -- comme étant :

• convenable	eu égard à la situation et aux buts du discours, **ces** actes sont ceux qu'il faut poser;
• adéquat	eu égard à la situation et aux buts du discours, **ces** actes sont suffisants pour réaliser les buts du discours.

Ce qu'elle **dit** est posé nécessairement -- les règles du discours l'exigent aussi -- comme étant :

• suffisant	les informations données ne sont ni trop ni trop peu nombreuses;
• interprétable	les informations données sont assez claires et précises;

- pertinent — les informations sont prélevées dans l'univers du discours actualisé par cette situation, elles y sont liées de quelque façon et elles sont liées entre elles d'une manière ordonnée;

- vrai — les informations sont vraies ou supposées comme telles.

Enfin, les règles du discours sont telles que par le fait de prendre la parole nous nous posons comme **responsables**. C'est-à-dire que, d'une part, rien de ce qui est dit et fait n'est **gratuit**. Nous ne tenons pas des paroles en l'air : elles sont **motivées**, elles répondent à certains besoins, elles visent certaines fins et **nous avons des raisons** pour parler de telle façon et de tenir tel propos. D'autre part, **nous pouvons**, au besoin, **fournir ces raisons, nous pouvons rendre compte** de ce que nous disons et faisons.

Certes, ces règles peuvent être transgressées ou bafouées. En vérité, il nous arrive à tous d'être verbeux, confus, flous, désordonnés, incohérents, hors sujet, etc. Il nous arrive à tous de donner des informations que nous savons fausses ou pour lesquelles nous n'avons aucune preuve, de prendre un renseignement pour une demande, ou encore de poser une question sans que la situation ne la justifie.

Toutefois, ces transgressions ou infractions sont inévitablement prises ou bien comme des **maladresses** ou bien comme des **ruses** ou des tentatives pour faire, par des détours, autre chose, « comme une femme non mariée portant une alliance » (exemple tiré de Max Black, ***Saying and Disbelieving***, cité par François Récanati, ***La Transparence et l'énonciation***, p. 184), ou encore comme Humpty-Dumpty, qui n'emploie pas le langage pour **communiquer**, mais pour **avoir le dessus** (*one-upmanship*) (*cf.* Watzlawick *et al.*, ***Une logique de la communication***, p. 82). Ces transgressions, ces infractions -- l'ambiguïté, l'incohérence, le double jeu, par exemple -- ne peuvent se donner d'autres règles que celles qu'elles violent. Les règles du discours s'imposent à toute activité langagière, y compris celle de les détourner ou de les contourner.

1. LE DISCOURS ARGUMENTATIF

Parmi les règles du discours, celle qui impose au locuteur l'obligation de répondre de ce qu'il dit et fait occupe une place à part dans notre société.

D'une part, cette règle définit une forme spécifique de comportement et de vie sociale. En particulier, elle institue une forme de comportement interindividuel par laquelle un locuteur, en répondant de ce qu'il dit et fait, peut rendre ce qu'il dit et fait **acceptable** pour autrui. Autrement dit, par le fait de **motiver**, d'**expliquer**, de **justifier**, d'**autoriser**, de **légitimer**, de **prouver**, etc., ce qu'il dit et fait, ce qui est dit et fait peut devenir **acceptable**.

Grâce à la **règle de responsabilité**, un locuteur, en donnant des **raisons**, en répondant à la question : « Pourquoi dites-vous cela? » ou à celle-ci : « Pourquoi faites-vous cela? », peut transformer les opinions, les croyances, les actions ou les sentiments d'un interlocuteur (réel ou seulement possible) ou en produire de nouveaux.

Pour s'engager dans cette forme de comportement appelé **argumentatif**, il suffit de **rendre compte**, il suffit de donner les **raisons** de nos actes.

1.1 La priorité du discours argumentatif

Bien sûr, nous avons d'autres moyens pour changer les idées d'autrui, pour inciter les gens à penser comme nous ou à les faire agir comme nous voulons. C'est une évidence que **quelques pièces d'argent** peuvent changer bien des choses, que la **menace** ou encore le **charme** sont souvent très efficaces, que l'**ensorcellement**, quand on en est capable, ou la **fascination** produisent de bons résultats et que la **répétition** finit presque toujours par user.

De plus, il est possible de tenir un propos et de dire ou de faire sentir que c'est à prendre ou à laisser, à croire ou à ne pas croire. Dire, par exemple :

« Voilà ce que j'en pense. »;

« C'est comme ça, voilà tout. »;

« C'est mon opinion. »;

« J'ai ma logique. »;

c'est, dans certaines situations, soustraire nos propos à la discussion, à l'examen, à la critique.

Un propos tenu de cette façon peut toujours être accepté. Mais il le sera dans le cas où l'interlocuteur partage déjà de quelque façon l'opinion du locuteur -- le propos alors n'est pas nouveau et n'a pas besoin d'être discuté --, ou bien quand l'interlocuteur reconnaît au locuteur le droit de penser ce qu'il veut bien penser, ou encore quand il connaît, par ailleurs, le bien-fondé du propos ou ne peut faire autrement que de l'accepter.

Toutefois notre société accorde une priorité de principe au discours argumentatif. Elle tient ce discours qui donne des raisons pour seul légitime. Sans raisons à l'appui, les idées, les demandes, les injonctions, même les cris et les hurlements sont, quels que soient leur intérêt ou leur importance, sans **fondement**. Ils sont **gratuits** et donc **inacceptables** (bien que souvent acceptés).

Au pouvoir des tables tournantes, à celui des mages et des militaires, notre société substitue le principe du discours raisonné. Elle nous apprend à préférer en principe l'échange d'arguments à l'échange de coups (*cf.* Vincent Descombes, « Les mots de la tribu », dans ***Critique*** (456, 1985), pp. 425 et 426). C'est ainsi que la **discussion**, la **délibération**, le **plaidoyer**, l'**explication** sont des formes de vie définitoires de notre société.

1.2 Les éléments du discours argumentatif

Dans le discours argumentatif, quelque chose est dit et fait (affirmation, demande, etc.) et **appuyé** en même temps par autre chose qui est dit et fait (explicitement ou implicitement). En particulier, dans ce genre de discours, certaines informations (état de fait, souhait, règles, principes, lois, etc.) sont présentées comme **devant conduire à d'autres informations** ou comme **devant les appuyer** (affirmation, demande, etc.) et, de cette manière, comme **devant les rendre acceptables**.

Autrement dit, dans le discours argumentatif, une information **X** est présentée pour **motiver, justifier, expliquer, prouver, légitimer, autoriser,** etc., une autre information **Y**. L'information **Y** à laquelle l'information **X** doit conduire et qu'elle doit rendre acceptable est une **conclusion**. L'information **X** qui motive, justifie, explique, prouve, légitime, autorise, etc., est une **raison**. Ainsi :

RAISON ——————————● **CONCLUSION**

Travaux pratiques

A. ***Cherchez dans les textes que vous lisez (manuels, journaux, revues, etc.) ou dans les discours que vous entendez (à la radio, à la télévision, au cinéma, dans la publicité, etc.) cinq illustrations de discours argumentatifs.***

B. **Certains mots ou expressions avertissent l'interlocuteur que ce qui suit est une conclusion.**

***Dressez une liste de mots ou d'expressions qui signalent une* conclusion.**

Par exemple :

Ainsi...

Il s'ensuit que...

De même, certains mots ou expressions avertissent l'interlocuteur que ce qui suit est une raison.

***Dressez une liste de mots ou d'expressions qui signalent une* raison.**

Par exemple :

Car...

Étant donné que...

Certains autres mots ou expressions avertissent l'interlocuteur que ce qui précède est une raison.

***Dressez une liste de mots ou d'expressions qui signalent de cette façon une* raison.**

Par exemple :

Voilà pourquoi ...

Pour la même raison ...

C. ***Parmi les textes qui suivent, indiquez ceux qui sont argumentatifs. Soulignez la conclusion d'un trait rouge, la ou les raisons d'un trait jaune et encerclez en rouge les mots ou expressions ayant la force d'un indicateur logique. Si ces derniers sont implicites, remettez-les dans le texte. (Facultatif : Relevez les mots ou expressions ambigus ou imprécis.)***

1. « C'est avec un objectif d'équité que nous avons décidé de demander des frais pour les appels injustifiés. Pourquoi les abonnés qui consultent leur annuaire paieraient-ils pour ceux qui ne le consultent pas? » (Pierre Marion, Bell Canada)

2. « Je ne crois pas que c'est la prérogative d'un gouvernement de changer le passé. Il ne peut pas récrire l'histoire. » (P. E. Trudeau)

3. « Rassemblez d'abord tout ce dont vous avez besoin pour remplir votre déclaration, c'est-à-dire tous vos feuillets de renseignements ainsi que les reçus à l'appui de vos déductions. » (**Revenu Canada**, 1984)

4. « Un détenu, c'est un gars comme les autres qui a besoin qu'on l'écoute car il a peur, se sent insécure et sait très bien qu'il sera jugé et rejeté. » (Marcel Lahaie, aumônier)

5. « Importer de la graine de pavot de Flandre au Canada serait un danger. Les Flamands sont fiers de cette fleur, mais au Canada elle ne ferait que grossir la liste déjà longue de nos mauvaises herbes. » (***Hebdo-Aubaines***)

6.

7. « Nos rues sont propres mais on tue par télex à partir de Genève et de Zurich. L'argent que tous les Shah de la terre déposent dans nos coffres, sans compter la Mafia, sert à soutenir les dictatures militaires et le régime d'apartheid de l'Afrique du Sud. J'ai honte. J'enrage. » (Jean Zeigler)

8. « L'anesthésie est devenue plus sécuritaire. Il n'y a pas si longtemps, on prenait le soin de « mettre ses affaires en ordre » avant d'aller se faire endormir. Aujourd'hui, le risque est devenu minime. Un décès pour 2 872 anesthésies, selon une étude française récente. Et une complication, généralement sans lendemain, pour 741 anesthésies. » (Yanick Villedieu, *Actualité*, mars 1984)

D. Cherchez parmi les textes que vous étudiez dans les autres cours cinq exemples de discours argumentatifs. Déterminez l'action discursive (expliquer, justifier, prouver, etc.), les raisons et les conclusions.

1.2.1 Les présuppositions dans le discours argumentatif

Une information **X** ne peut d'elle-même conduire à une information **Y**, elle ne peut d'elle-même l'appuyer. Aucun passage de **X** à **Y** ne se fera sans la médiation d'informations d'un autre ordre. Par exemple, il ne suffit pas de dire : [1] « J'ai vu Pierre prendre le billet de banque. » pour prouver que [2] Pierre a volé le billet de banque . Il ne suffit pas non plus d'ajouter d'autres informations : [3] « Ce n'est pas son argent. », [4] « Il est cleptomane. » ou [5] « Claude avait besoin de cet argent. », ainsi de suite, précisément parce que le **passage** de [1] « J'ai vu Pierre prendre le billet de banque. » à [2] Pierre a volé le billet de banque **présuppose** certaines pratiques sociales, certaines règles et certains principes, par exemple ceux de la propriété privée, ceux des droits d'usage et de la jouissance des biens, ceux de l'institution de la monnaie. Ce sont les pratiques sociales, les règles et les principes qui font que l'information **X** peut conduire à l'information **Y** ou que l'une peut appuyer l'autre. Ils font que **X** peut compter comme raison pour **Y**. Ils légitiment ou autorisent le passage de **X** à **Y**. Ils sont toujours **présupposés**. Ils agissent comme des conditions de possibilité, comme des conditions ***sine qua non*** du discours argumentatif.

Ce qui compte comme raison -- et comme motivation, justification, explication, preuve, etc. -- dépend des présuppositions argumentatives. Ces présuppositions sont déterminées par la **situation interlocutive**, ou encore par le **champ** dans lequel la transaction argumentative a lieu. Ainsi, selon la situation interlocutive ou le champ d'argumentation, une information comptera comme **raison** ou comme **autre chose.** Par exemple, le fait qu'une voiture consomme peu de carburant au kilomètre peut être une raison pour un commis voyageur de l'acheter, mais pas pour un pilote de course d'automobile. Ou bien, le fait qu'un tableau rappelle des événements ou des paysages familiers et procure par là un certain plaisir peut motiver un jugement favorable chez le connaisseur d'art, alors que le spécialiste, attentif aux éléments formels, à la logique interne du tableau, n'y verra que des faits divers sans intérêt pour son appréciation professionnelle du tableau. Ou encore, le fait que la construction d'une autoroute à tel endroit entraînera la destruction d'une pinède presque centenaire et aura, par là, des effets négatifs sur la faune sera, pour les amateurs d'hébertisme et les écologistes, une raison pour s'opposer au projet. Par contre, pour les ingénieurs du ministère des Travaux publics, pour les agents d'immeubles, pour les automobilistes, ce fait n'est qu'une des conséquences du projet, c'est le prix qu'il faut payer pour le développement et le progrès (comme le bruit qu'on fait en donnant un coup de marteau : ce n'est pas le bruit qui compte; pour le charpentier, seul le fait d'enfoncer un clou compte).

Autrement dit, les situations interlocutives ou les champs d'argumentation constituent les informations spécifiques -- c'est-à-dire les **faits** -- à partir des pratiques, des règles, des principes définitoires de la situation ou du champ particulier d'argumentation. C'est pourquoi un **fait de droit**, par exemple, n'est pas nécessairement un fait chimique, psychologique, administratif, économique, etc., et qu'une **raison en droit** ne l'est pas nécessairement en chimie, en psychologie, en administration, en économie, etc. (Évidemment, les pratiques, les règles, les principes définitoires des situations et des champs particuliers d'argumentation sont appris. C'est pourquoi l'enseignement dans un champ [droit, chimie, psychologie, administration, économie, etc.] ne consiste pas seulement à communiquer des informations, à en assurer la connaissance, mais à faire connaître les pratiques, les règles, les principes constitutifs des informations spécifiques. Pour la même raison, la compétence dans un champ se définit comme la capacité de reconnaître les **présuppositions constitutives** du champ, de les reproduire et éventuellement d'en produire des nouvelles.)

1.2.2 Les présuppositions fondamentales

Toutefois, les présuppositions spécifiques aux situations interlocutives et aux champs d'argumentation reposent sur des **présuppositions fondamentales**. Ces **présuppositions** sont elles-mêmes constituées en partie par le **langage commun** ou **ordinaire** et l'ensemble de ses règles -- c'est ce qui rend possible la communication entre les champs -- et en partie par une vision du monde qui est plus ou moins partagée par tous à un moment donné.

Ces présuppositions traversent tous les champs d'argumentation et toutes les situations interlocutives. Même si elles s'y manifestent de manière spécifique -- il y a des contenus et des hiérarchies propres à chaque champ et à chaque situation --, elles déterminent partout ce qui compte comme **bon sens** et comme **non-sens**, ce qui compte comme **raison** et donc ce qui peut motiver, justifier, expliquer, rendre compte, prouver.

1.2.3 Une conception de la rationalité

Les présuppositions fondamentales définissent une conception de la **rationalité.** Par le fait même, elles établissent la possibilité d'avoir raison. Pour ce faire, il faut qu'elles soient partagées et reconnues par tous les interlocuteurs, qu'elles s'imposent comme des évidences et des obligations. La conception, largement dominante aujourd'hui, de la rationalité tient pour évidents, comme allant de soi, des « principes » comme :

- Les événements, les choses, les êtres sont **liés** entre eux. Le fait fondamental est le fait de la **relation**.

- Il y a une multiplicité de relations spécifiques possibles. Le fait relationnel est **polymorphe**.

- Les événements, les choses, les êtres forment un **système** dans lequel les événements, les choses, les êtres sont **interactifs.**

- **Comprendre**, c'est reconnaître, trouver ou inventer des **liens**, c'est **prendre avec**, c'est mettre un événement, une chose, un être en **relation** avec d'autres événements, d'autres choses, d'autres êtres; c'est mettre de l'ordre, de la cohérence. Comprendre, c'est le résultat d'un travail collectif, de débats, de discussions, de délibérations.

- Il y a des hiérarchies de sorte qu'un événement, une chose, un être **vaut plus ou moins** qu'un autre événement, qu'une autre chose, qu'un autre être; il est meilleur ou pire, plus important ou moins important. (Il y a de l'obligatoire et du facultatif, il y a une différence entre les **faits** et les **valeurs**, entre dire : « Ceci est juste, ceci est mieux. » et « J'approuve ceci. »; le premier jugement se présente comme devant être accepté par tous alors que le deuxième relève de la conscience individuelle, de la subjectivité, bien qu'il puisse lui aussi être accepté par tous à la condition de s'appuyer sur des raisons, de se présenter comme un objet de débat, de discussion, de délibération.)

- Tout ce qui arrive a une **cause** (tout ce qui arrive est le résultat de quelque chose : une action, un processus, un but, une structure, etc.).

- Toute action produit des **effets** (résultats, conséquences).

- Il y a des **régularités causales** de sorte que le calcul et la prévision des effets sont possibles.
- Ce qui fait partie d'un ensemble possède de quelque façon les attributs ou caractéristiques de l'ensemble.

- Il y a des **signes**, des **annonces**, des **présages**, des **indicateurs**. Un événement, une chose, un être peut annoncer un autre événement, une autre chose ou un autre être sans qu'il en soit la cause (il est un signe, une annonce, un présage, un indicateur).

Travaux pratiques

A. ***Indiquez les présuppositions dans les textes qui suivent. Elles ne sont pas toujours données explicitement; elles peuvent être sous-entendues. Faites une représentation graphique des argumentations conformément au schéma qui suit :***

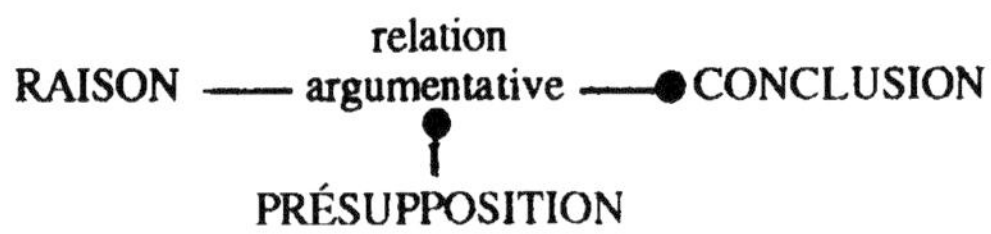

1. Vous êtes enceinte? Alors ne prenez pas d'alcool, ne fumez pas. Selon une étude faite par l'institut [...], l'alcool et le tabac peuvent faire un tort irréparable au fœtus.

2. Selon Pierre, le slogan : « Tout le monde le fait, fais-le donc. » est répressif, parce qu'il impose un style de vie.

3. La courroie de la pompe à eau a cédé, c'est pourquoi le moteur a surchauffé.

4. Pierre n'est pas responsable; il nous a promis de faire cette recherche et il ne l'a pas encore faite.

5. La ville n'a pas raison de chasser les vendeurs qui se sont installés sur les trottoirs du Centre Rideau. Ces gens-là ne cherchent qu'à gagner leur vie.

6. Marie ne peut pas voter le 4 septembre, son nom n'étant pas inscrit sur la liste des électeurs.

7. Il y a des époux qui sont meilleurs cuisiniers que leurs épouses, alors il y a des hommes qui sont meilleurs cuisiniers que les femmes.

8. Le Canada ne peut pas être concurrentiel avec le Japon parce que le salaire de l'ouvrier japonais est inférieur à celui de l'ouvrier canadien.

9. On ne fera pas de mousse au chocolat ce soir, il n'y a plus d'œufs.

10. Elle a lu tous ces livres. Elle aime beaucoup les romans policiers.

B. **Lors de la campagne électorale de 1984, Brian Mulroney disait que les libéraux avaient fait passer le déficit fédéral de quelques millions de dollars à des milliards dollars.**

Quelle présupposition donne à cette affirmation la force d'un reproche? Laquelle lui donne une portée favorable aux libéraux?

C. **Le 15 août 1987, le *Globe and Mail* rendait compte d'une étude des fardeaux fiscaux des contribuables faite par l'OCDE. Selon cette étude, le Canada mérite la médaille de bronze en matière de taxation. Chaque Canadien (homme, femme, enfant) paye 4 844 $ (US) en taxes chaque année. La Norvège mérite la médaille d'or avec une taxe *per capita* de 6 530 $ (US) et la Suède, la médaille d'argent : 5 989 $ (US) *per capita*.**

Quelles présuppositions faut-il faire pour pouvoir dire que le total de ces cotisations obligatoires au Canada est trop grand? Pour dire qu'il est équitable?

D. Le 26 novembre à six heures cinq minutes, Michel Picard, animateur de l'émission radiophonique *Les Matineux*, dit aux auditeurs : [1] « La tempête a laissé vingt-six centimètres de neige au sol. Les axes principaux sont dégagés; tout va bien côté circulation. » S'adressant à un collègue, sans fermer son micro, il ajoute : [2] « Et c'est à peu près certain que trente-cinq pour cent des fonctionnaires ne se présenteront pas au travail aujourd'hui. »

Quelles informations présuppose-t-il pour aller de [1] à [2]?

1.2.4 Les relations argumentatives

Les événements, les choses, les êtres sont liés les uns aux autres par toutes sortes de relations. De même, une information **X** peut être liée à une information **Y** par toutes sortes de relations. Cependant, toutes ces relations ne sont pas des relations argumentatives. Ainsi, des informations qui précisent, illustrent, commentent, répètent, situent, comparent, nuancent, différencient, restreignent ou éclaircissent d'autres informations ne sont pas posées dans une relation argumentative. Elles ne comptent pas comme des raisons. Par contre, selon la conception de la rationalité qui prévaut aujourd'hui, poser une information dans une relation, par exemple :

- de causalité (**X** et **Y** sont liés comme cause et effet)
- de signe ou d'indicateur (**X** et **Y** sont liés comme signe et référent)
- d'appartenance (**X** et **Y** sont liés comme membres d'un ensemble ou d'une famille [généralisation])
- de ressemblance (**X** et **Y** sont liés en fonction de traits partagés, comparables ou correspondants)

c'est poser une **relation argumentative** entre **X** et **Y**.

Les relations mises en jeu dépendent du champ d'argumentation et de la situation interlocutive -- dans tel champ ou dans telle situation, seule la relation de causalité sera mise en jeu, dans tel autre, ce sera la relation d'appartenance ou de généralisation qui prévaudra, dans tel autre, celle du signe sera seule admise.

Pour compter comme raison, il faut que les informations soient posées dans une relation argumentative; mais pour être posées ainsi, il faut qu'elles soient reconnues comme telles dans la situation ou le champ. C'est pourquoi dire quelque chose comme : « Cela ne me tente pas. » **peut** motiver le refus d'aller voir un film avec les copains. Cette information comptera comme raison dans cette situation parce que les pratiques sociales, les règles l'autorisent. Toutefois, dans une autre situation, cette même information **peut ne pas compter** comme raison. Par exemple, si vos parents vous invitent à dîner ou le patron vous convoque à une réunion, dire quelque chose comme : « Cela ne me tente pas. » pour motiver le refus d'une telle invitation ou d'une telle convocation, c'est aller à l'encontre des pratiques sociales, c'est transgresser des règles, ce n'est pas donner une raison.

Toutefois, nonobstant ces différences, les relations argumentatives opèrent de la même façon; elles ont pour fonctions d'établir un lien et de légitimer le passage d'une information à une autre. C'est ainsi que le discours argumentatif comprend quatre éléments : des informations posées comme (1) **raisons**, des informations posées comme (2) **conclusion(s)**, et liées entre elles par des (3) **relations argumentatives** et des (4) **présuppositions** qui les légitiment ou les fondent.

Schématiquement :

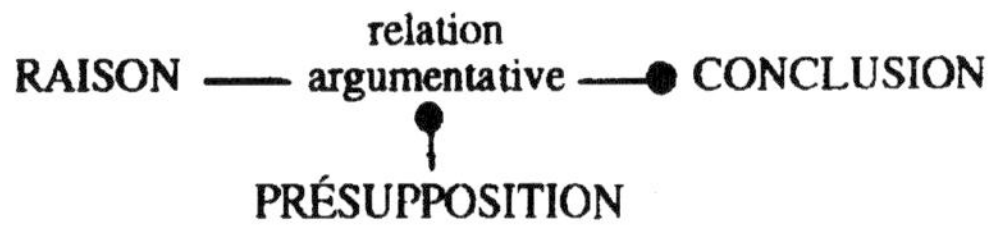

Moins abstraitement, s'il suffit de dire, pour rendre compte de la rentrée précipitée de Pierre, qu'il a vu un chat noir, c'est parce que, règle générale, « rendre compte » d'un comportement consiste à découvrir sa « cause » et que, selon une croyance commune, les chats noirs annoncent des malheurs et que si l'on en voit un, il vaut mieux rentrer, c'est-à-dire que le fait de reconnaître l'annonce d'un malheur suffit pour rendre compte du fait qu'on rentre chez soi (c'est la cause). Sans cette règle générale et cette croyance commune, il n'y aurait pas de relation argumentative dans ce discours.

Schématiquement :

Pierre a vu un chat noir — cause → Pierre est rentré précipitamment

Présuppositions :

1. Les chats noirs annoncent un malheur;

2. Nous cherchons à éviter les malheurs;

3. Chez soi, on est à l'abri des malheurs;

4. Reconnaître l'annonce d'un malheur suffit pour faire rentrer chez soi;

5. Découvrir la cause d'un comportement, c'est rendre compte ou expliquer ce comportement.

Travail pratique

Donnez cinq exemples de situations discursives où une information compte dans l'une comme une raison et dans l'autre d'une autre façon.

1.2.5 Les modalités

Dans une argumentation, une information **X** peut être présentée comme conduisant nécessairement, possiblement ou probablement à une autre information **Y**, sans aucune condition ou réserve, ou seulement dans certaines conditions, ou avec des réserves. Autrement dit, le locuteur peut **qualifier** son argumentation en indiquant la force de la relation argumentative et les circonstances dans lesquelles cette relation est posée. Ainsi :

> « C'est en achetant les actions de la compagnie Avcopie que nous pourrons probablement faire des gains à la Bourse. Selon tous les indices, ces actions sont sous-évaluées et le marché monte depuis deux semaines. Si ces indices sont fiables, si la tendance à la hausse se poursuit et si Avcopie tire profit de cette tendance, nous pourrons probablement faire des gains à la Bourse. »

Schématiquement :

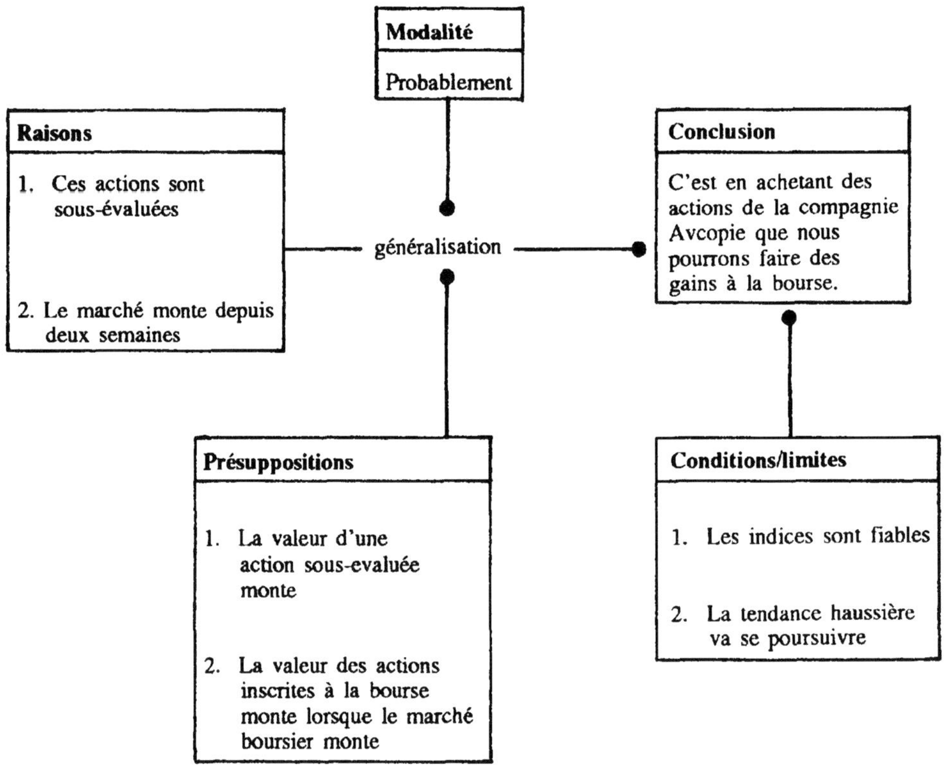

Travail pratique

Décomposez les argumentations qui suivent. Faites le schéma :

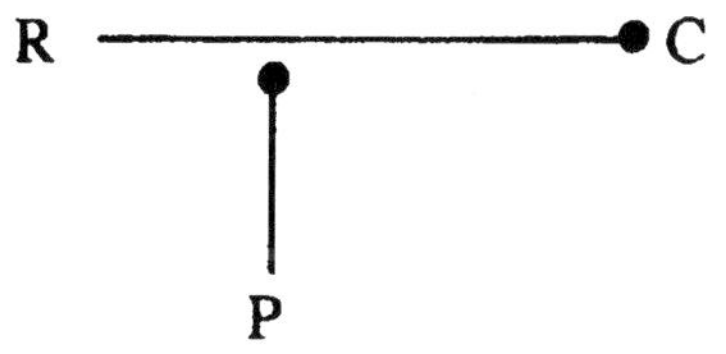

Ajoutez les modalités qui rendent la conclusion plus forte, ensuite celles qui la rendent plus faible.

1. Ma voiture ne démarrait pas parce que les bougies étaient mouillées. Alors, faites sécher vos bougies et votre voiture démarrera.

2. Cette eau de source est bonne. Alors, l'eau de source est bonne.

3. Il est interdit aux syndiqués de franchir les lignes de piquetage. Alors, vous ne pouvez pas passer.

4. Il y a une crise d'énergie. Chaque fois que la science s'est occupée des crises, on a pu s'en sortir. Selon moi, nous allons nous sortir de cette crise d'énergie.

5. Puisque vous fumez des cigarettes, vous abrégez votre vie.

6. Pierre trompe sa femme. Je l'ai vu avec Marie dans un bar.

7. Elle a fait tant de fautes qu'elle pense être la dernière.

8. Il faut un « permis » pour tout : pour construire une maison, pour la démolir, pour conduire une voiture, pour se marier, et tout et tout. Pourquoi alors ne pas demander un permis pour les armes à feu?

9. Selon les expériences faites par le Ministère, les rats auxquels on a donné d'importantes quantités de sucre devenaient hyperactifs. Alors, il faut s'abstenir de prendre de grandes quantités de sucre.

10. Il faut de l'oxygène pour que le bois brûle dans le poêle. Le bois brûle.

2. LE NON-DIT

Une argumentation comprend quatre éléments. Il y a les **raisons** et les **conclusions**, les **présuppositions** et les **relations argumentatives**.

Tous ces éléments peuvent être présentés d'une manière **explicite**. Ainsi :

« Jean-Marie va venir me voir. Il ne vient me voir que s'il a des ennuis. Il suffit qu'il ait des ennuis pour qu'il vienne me voir. Donc, il a sûrement des ennuis. »

[Raison] Jean-Marie va venir me voir.

[Conclusion] Donc, il a sûrement des ennuis.

[Présupposition] Jean-Marie ne vient me voir que s'il a des ennuis.

[Relation] Il suffit qu'il ait des ennuis pour qu'il vienne me voir. Le fait d'avoir des ennuis est la **cause** de la venue de Jean-Marie.

Mais le locuteur peut aussi bien ne pas tout dire. Il peut présenter certains éléments d'une manière implicite, comme **allant sans dire**. Plus précisément, il peut les présenter comme des éléments qui font partie d'un répertoire commun de savoirs ou d'évidences dont le rappel sera inutile ou redondant.

Ce qui va sans dire fait partie du répertoire de savoirs partagés par les interlocuteurs (ou supposés comme tels). Ce répertoire peut être **ordinaire**, commun à tous les locuteurs, ou il peut être **spécialisé**, partagé seulement par certains locuteurs membres d'un groupe social ou professionnel (menuisiers, plombiers, jardiniers, médecins, avocats, physiciens, etc.). En effet, il y a des savoirs et savoir-faire spécialisés qui sont liés à des apprentissages, à des recherches, à des intérêts, ou qui en relèvent, et qui ne sont pas partagés par tout le monde. Ainsi, un menuisier sait ce qu'est une coupe composée et il est capable d'en faire. Mais ce n'est pas tout le monde qui sait ce qu'est une coupe composée et, *a fortiori*, qui peut en faire : tout le monde n'est pas menuisier. Savoir ce qu'est une coupe composée, savoir en faire n'intéresse pas tout le monde. Un autre exemple : tous les biologistes savent que l'individu porteur du même gène sur les deux chromosomes d'une même paire est homozygote, mais tout le monde n'est pas biologiste. Cela peut ne pas intéresser tout le monde.

Toutefois, le répertoire ordinaire comprend des savoirs et savoir-faire fondamentaux à l'égard desquels personne ne saura dire : « Cela ne m'intéresse pas. » sans en même temps s'exclure de la société et se priver des outils nécessaires pour y fonctionner.

Dans tous les cas, ce répertoire de savoirs partagés comprend non seulement des faits, mais aussi des règles, des principes, des procédures, des pratiques, des attitudes, des croyances, etc., définitoires d'une situation et d'un champ argumentatifs. Il comprend toutes les choses qu'il faut savoir pour pouvoir s'engager dans les activités exigées ou autorisées par la situation ou le champ. (C'est pourquoi l'enseignement dans un champ particulier -- qu'il s'agisse de la menuiserie ou de la médecine -- ne consiste pas seulement à communiquer des « faits », à en assurer la connaissance, mais aussi à faire connaître les règles, les principes, les procédures, les pratiques, etc., constitutifs du champ et des faits spécifiques.) Tout ce qui fait partie de ce répertoire de savoirs partagés -- qu'il soit ordinaire ou spécialisé -- est évident, va sans dire et peut rester implicite dans le discours argumentatif. Ainsi, dire :

> « Pierre n'avait pas de monnaie, il n'a pas pu monter dans l'autobus. »

c'est supposer, il va sans dire, qu'il y a un rapport entre [1] **ne pas avoir de monnaie** et [2] **ne pas pouvoir monter dans un autobus** tel qu'il suffit de ne pas avoir de monnaie pour ne pas pouvoir monter dans l'autobus, qu'il y a des institutions ou des règles qui établissent ce rapport entre la monnaie et l'utilisation des autobus et, enfin, qu'il y a une règle qui fait que les bénéficiaires d'un service (le transport) paient les coûts de ce service (au moins en partie). C'est parce que le locuteur suppose que ces informations vont sans dire qu'il peut les laisser implicites dans son argumentation. L'interlocuteur qui ignore cela ne pourra suivre cette argumentation; ce sera pour lui des informations détachées.

La capacité de reconnaître les éléments qui composent l'argumentation -- qu'ils soient posés en toutes lettres ou seulement sous-entendus -- est la condition nécessaire pour pouvoir la suivre, ou pour pouvoir « être conduit » de l'information **X** à l'information **Y**. Ne pas savoir qu'une « cause » peut être une « raison » ou ne pas connaître la place des chats noirs dans notre société, c'est ne pas pouvoir aller de « il a vu un chat noir » à « il est rentré immédiatement chez lui ».

2.1 Le sous-entendu

Toutefois, une information peut être présentée comme allant de soi, de manière implicite, sans qu'elle fasse partie d'un répertoire commun des choses déjà connues et admises. Ce peut être une information nouvelle présentée comme découlant des informations fournies ou s'imposant avec une telle évidence qu'il serait superfétatoire de la dire. Les informations **X** conduisent aux informations **Y** avec tant de force, de rigueur, que le locuteur peut laisser **Y** sous-entendu. Ainsi, l'information :

« Après une journée de travail, la télévision distrait. »

prise comme argumentation incomplète laisse sous-entendre qu'on peut se distraire après une journée de travail en regardant la télévision. Ou encore les informations suivantes, prises comme des argumentations incomplètes :

« Le tabac provoque le cancer des poumons. »

« Le cancer des poumons est souvent mortel. »

« Personne ne veut mourir. »

laissent sous-entendre une conclusion :

« **Ne fumez pas.** »

Une argumentation peut être incomplète en ce sens qu'un ou quelques éléments sont non dits. Ils sont implicites ou sous-entendus selon qu'ils sont des informations anciennes (prélevées dans le répertoire de savoirs communs aux interlocuteurs) ou des informations nouvelles qui découlent des informations présentées de façon si évidente qu'il est inutile de les expliciter. Toutefois, l'interlocuteur, pour suivre l'argumentation, doit pouvoir restituer à l'argumentation tous les éléments implicites ou sous-entendus.

Travaux pratiques

A. ***Complétez les argumentations qui suivent en explicitant ce qui est implicite ou sous-entendu. Au besoin, spécifiez le contexte.***

1. « L'amabilité, c'est la sécurité. » (Panneau routier en Suisse)

2. Jacques Duval a beaucoup aimé la Mercédès 190. Si vous voulez une bonne voiture...

3. La nourriture était surtout bourrative.

4. Tout le monde le fait.

5. « Cela peut ne pas vous paraître important maintenant, mais pensez aux années à venir. Les photographies apportent chez vous un sentiment d'appartenance. N'êtes-vous pas heureux de savoir que votre prévenance marquera le début d'une tradition familiale? » (Publicité)

6. « Depuis une dizaine d'années, l'essentiel de l'immigration vient d'Asie, des Antilles, d'Amérique latine, du Proche-Orient et d'Afrique. Les produits de base de leur alimentation courante (millet, sorgho, ignames, cassaves) sont introuvables ici. Et les nouveaux Québécois doivent improviser. Ils sont quelquefois incapables d'assimiler certains produits, comme le lait. Ils ignorent quels aliments pourraient remplacer ceux auxquels ils sont habitués. S'ajoutent les tabous, les interdits religieux. » (Maurice Roy, ***Le Devoir***)

7. « Il faut fermer l'Alberta. Le Canada essaie encore d'être autosuffisant en énergie. Il lui coûterait moins cher de brûler le pétrole des autres. » (Michel Nadeau, ***L'Actualité***)

8. La destruction d'un airbus iranien par la Marine américaine dans le détroit d'Ormuz ressemble à la destruction de l'avion de la KAL par l'aviation soviétique il y a quelques années. Le Canada a condamné le geste des Soviétiques.

9. « Elle connaît son intérêt; elle fait confiance à *Finesse.* » (publicité)

10. Un bon pneu est un pneu qui roulera sans problèmes pendant 75 000 km. Achetez (marque de pneu).

B. ***Cherchez cinq exemples d'argumentations abrégées dans les annonces publicitaires, dans les bandes dessinées.***

3. RAISONS ET CONCLUSIONS, PRINCIPALES ET SECONDAIRES

Le locuteur peut présenter une raison ou une suite de raisons pour appuyer une conclusion.

Raison ——————● Conclusion

Il peut aussi présenter une raison ou une suite de raisons appuyant une conclusion et donner à cette conclusion la force d'une raison appuyant une nouvelle conclusion.

Raison [1] ——————● [Conclusion [1] / Raison [2]] ——————● Conclusion [2]

La conclusion [2] peut ne pas être posée sur le même plan que la conclusion [1]; elle peut être **principale**. La raison qui l'appuie ou qui y conduit (raison [2]) sera la raison **principale**. La raison [1] sera **secondaire** par rapport à la conclusion [2], car elle appuie une conclusion [1] **secondaire** ou **intermédiaire.** Soit :

> « [1] Je suis à sec. [2] Je ne sortirai pas ce soir. [3] Puisque je ne sortirai pas, [4] je pourrai terminer la lecture du livre de Pierre. »

Schématiquement :

[1] ——————————● [[2] / [3]] ——————————● [4]

La conclusion [4] est la conclusion principale; elle est appuyée directement par [3] ([2]) et indirectement par [1].

Travail pratique

Ordonnez les raisons et les conclusions dans les textes argumentatifs qui suivent selon qu'elles sont principales ou secondaires.

Attention! L'ordre de présentation ne détermine pas nécessairement l'ordre d'importance des éléments argumentatifs.

La grande illusion: l'objectivité des média

À la table d'un restaurant français (Chez Pierre) de la capitale américaine, Eugène Foisy, le directeur des pages internationales du *Washington Post*, ce modèle parfait de la presse américaine objective et sérieuse qui fit s'écrouler un président, pose quelques questions sur la situation québécoise. Puis il conclut « I hope Ryan beats the hell out of Lévesque! » Eugène Foisy, dont les parents canadiens français immigrèrent aux États-Unis il y a trois générations, souhaite férocement que le Chef libéral écrase le Péquiste maudit, ce qui laisse deviner la teinte des titres et des articles que l'on trouvera dans le *Washington Post* à propos du référendum.

Ceci n'est qu'un exemple parmi mille de ce que toute presse, même la plus sérieuse, reste militante. Pourquoi? Parce que le journalisme est un produit culturel comme les autres et qu'il participe de la littérature, de la propagande et de la publicité.

On peut se demander comment il se fait que traîne encore dans nos esprits la notion d'une presse objective. L'idée d'une presse libre, au service du citoyen, dont les journalistes seraient les gardiens (*watch-dogs*) de la démocratie, toujours sur les talons des entrepreneurs et des politiciens, incorruptibles, est une idée victorienne, née en Angleterre en même temps que le *protestant work ethic* et le féminisme. Cette idée du journalisme a par la suite envahi l'Amérique et s'est perfectionnée, si l'on peut dire, dans le bain d'innocence du pays neuf à défricher et d'une société à inventer.

Pendant ce temps, en France, la presse poursuivait sa propre pensée royale. Les journaux français publient encore aujourd'hui des édits. Ils s'adressent au peuple.

Évidemment, surtout en période de conflits politiques ou de débats référendaires, certains préféreraient que le journalisme soit une science. On sait que le président de la Société Radio-Canada, M. Al Johnson, il y a quelques mois, voulait produire une méthodologie du journalisme. L'idée était que ce guide devait assurer que tout journaliste de Radio-Canada ferait objectivement son travail et que toute nouvelle diffusée par Radio-Canada serait inattaquable. C'était confondre une démarche scientifique avec une science. Quand en physique on peut édicter des lois, c'est que la vérification expérimentale peut se répéter à l'infini (et la pomme tombera toujours de haut en bas). Mais l'objet même du journalisme est mouvant.

En attendant, la Société Radio-Canada continuera de présenter les deux côtés de la médaille comme si toute question politique n'avait qu'un côté droit et un côté gauche, rien devant, derrière, dessous ni au-dedans.

De toute manière la presse participe de la littérature, ne serait-ce que par l'utilisation du langage. La langue médiatise, ce que l'on raconte devient des mots, et n'a plus grand-chose à voir avec la réalité.

De même la presse participe de la propagande, ne serait-ce que par la nécessité de transformer en slogans (les gros titres) ou de réduire à trente secondes (au journal télévisé) une pensée nuancée. La propagande est une façon grossière et efficace de présenter une idéologie. Cela définit proprement de nombreuses pages consacrées à la vie politique. À la dimension littéraire et de propagande s'ajoute l'aspect publicitaire de la presse : l'effet de répétition. Un article, un reportage, ne vont pas changer l'univers de la conscience. Mais la répétition jour après jour d'une même vision du monde, d'une même mise en page, d'un même roman avec les mêmes personnages dans des situations apparement nouvelles mais toujours identiques, a des effets semblables à ceux du message publicitaire qui matraque quotidiennement.

Il n'y a pas à s'en indigner. Il n'y a qu'à le savoir. Il n'y a qu'à se rappeller, chaque fois, que la presse est un produit culturel comme les autres et le journaliste un producteur.

La presse, en ce sens, ne peut être un miroir de la société, par plus que la littérature. La presse est un projecteur braqué sur des événements et des hommes, qui laisse tout le reste dans l'ombre. Mais la variété des média, la diversité des journalistes, la quantité phénoménale des entreprises de tout ordre, depuis celles qui vendent des lecteurs aux publicitaires (entre autres ces magazines que l'on reçoit gratuitement à la maison) à celles qui prêchent la vertu aux Carmélites (les feuilles marxistes) nous assurent une vision nuancée de la réalité.

La question du référendum met en cause tout l'homme politique : le journaliste ne peut en parler que dans les termes qu'il emploirait pour parler de sa mère. Et ceux qui prétendent n'avoir aucune émotion à ce sujet non seulement mentent, mais devraient se faire soigner. C'est pourquoi, dans le théâtre de l'information cette année, on ne va plus lire ou entendre les journalistes, on va plutôt leur faire des procès d'intentions.

L'Actualité, janvier 1980

Empire du verbe et de l'image

La fusion Time-Warner illustre la mondialisation de l'économie

UN GÉANT du verbe et de l'image : la naissance de la nouvelle société *Time-Warner* bouleverse le monde des communications et de la culture non seulement aux États-Unis, mais un peu partout sur cette planète. La fusion des deux groupes américains laisse déjà prévoir un réalignement des alliances au sein de l'industrie des médias en Occident. Outre les problèmes de concentration posés sous un angle inédit, l'apparition de ce conglomérat illustre de façon spectaculaire la « mondialisation » des fusion d'entreprises. La multiplication de pareils mariages d'affaires sur ce continent et outre-Atlantique oblige à s'interroger sur les chances des économies canadienne et québécoise à tirer leur épingle du jeu dans ce mouvement international.

Les chiffres laissent songeurs et confirment la disparition de la règle à calcul au profit de l'ordinateur. *Time-Warner* aura un chiffre d'affaires de quelque $ 12 milliards ; sa valeur au livre dépassera les $ 18 milliards. Jamais des mots et des images n'auront représenté autant de sous ! La fusion de ces sociétés répond à deux objectifs précis.

La crainte d'être victimes d'une prise de contrôle par un autre baron de la presse ou par tout autre investisseur avait inspiré aux dirigeants de *Time* une première tentative de rapprochement avec la plus grande société américaine de production de films et de séries télévisées.

Et puis, la montée des géants en Europe et au Japon, notamment, a vraisemblablement inspiré la seconde ronde de négociations qui devait mener en fin de semaine à cette fusion totale. Les Américains n'avaient guère apprécié l'irruption dans leurs plates-bandes du groupe français Hachette. De même, le groupe ouest-allemand Bertelsmann avait déjà ravi aux Américains la première place, à l'échelon mondial, en ce qui concerne l'industrie des communications.

La fusion des deux mastodontes qu'étaient *Time* et *Warner* entraîne une intégration inouïe au chapitre de l'audiovisuel et de l'écrit. Déjà, *Time* possédait maisons d'édition et sociétés de publications, à commencer par le fleuron du groupe, l'hebdomadaire lancé par Henry Luce. *Time* contrôlait aussi le canal de télédistribution le plus rentable des États-Unis (*Home Box Office*). *Warner* apporte à la nouvelle union le plus vaste réseau de production d'émissions de télévision et de films qu'ait pu imaginer Hollywood au temps de sa splendeur. À cet égard, de la gestation d'un projet d'émissions à sa diffusion, *Time-Warner* exercera désormais un contrôle d'une ampleur qui défie l'imagination ou presque.

Concentration de la presse ou cheminement vers une forme de monopole ? La fusion *Time-Warner* fait naître des inquiétudes dans l'un et l'autre domaines. Il est paradoxal de voir apparaître ce nouvel empire, dix ans après le démantèlement de géants comme *American Telephone and Telegraph*. Cet empire restreindra-t-il le domaine où peut s'exercer une presse authentiquement libre ? Ces questions, également à la mode il y a peu de temps, retrouvent désormais une pertinence nouvelle.

Ce n'est plus à l'échelle d'une ville ou d'une région que se posera maintenant la problème de la concentration des moyens de production. C'est à la dimension de tout un pays que se dessine cette interrogation où la liberté d'expression est le fondement ultime. De plus, la pénétration internationale du nouveau géant des communications interpelle directement les pouvoirs publics dans de nombreux pays. La naissance de cet empire signifie nécessairement le rétrécissement de l'offfre sur un marché qui s'écrit en milliards.

À l'appui de leur transaction, les dirigeants de *Time-Warner* ont invoqué l'avènement du marché unique en Europe, en 1993. Il y a là double leçon à dégager rapidement de ce côté-ci de la frontière. Il est temps, il est urgent de se pencher sur la signification et les conséquences vraisemblables de la mise en oeuvre de l'Acte unique qui achèvera de faire de la Communauté européenne le plus important marché au monde. C'est une réflexion qui est à peine engagée. Elle s'impose au moment où l'on vit les débuts du libre-échange avec les États-Unis.

Mais cette transaction astronomique illustre aussi la nécessité pour le Québec et le Canada de voir se constituer ici quelques géants pour préserver une certaine marge d'action. Réduire cette préoccupation aux seuls enjeux du libre-échange, c'est afficher une myopie affligeante. L'heure n'est plus aux méga-projets, mais bien aux super-groupes. Autour de quelques axes, il n'est pas utopique d'imaginer voir se constituer ici des géants. Il serait triste et tragique de se résigner à jouer dans les lignes mineures.

— PAUL-ANDRÉ COMEAU

Le Devoir, mardi 7 mars 1989

4. LES PARCOURS ARGUMENTATIFS

Un locuteur peut aménager un parcours argumentatif en donnant plus ou moins d'importance aux raisons et aux conclusions qu'il présente. Il peut le faire tout aussi bien et en même temps en liant de différentes manières les raisons les unes aux autres et celles-ci à une conclusion.

Il peut le faire de manière très simple : une raison conduit à une conclusion (ou l'appuie). Par exemple :

1. « [1] Nous recyclons les déchets : papier, verre, métaux, plastiques. [2] Alors nous créons des emplois.»

Schématiquement :

[1] Raison ———————● [2] Conclusion

2. « [1] Méfiez-vous des piscines dans lesquelles l'eau n'a pas la couleur du chlore. [2] L'eau claire peut être dangereuse. »

Schématiquement :

[2] Raison ———————● [1] Conclusion

Le locuteur peut présenter une multiplicité de raisons et les lier les unes aux autres de telle manière que c'est dans cette **liaison** que la conclusion trouve son appui, c'est-à-dire qu'aucune des raisons prises isolément ne peut appuyer la conclusion, mais prises ensemble, additionnées les unes aux autres, elles appuient la conclusion, elles y conduisent. Par exemple :

1. « [1] On l'a hospitalisé parce que [2] il s'est blessé et que [3] la blessure semblait grave. »

Schématiquement :

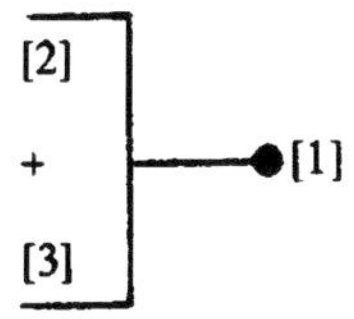

2. « [1] Daniel et Pierre ont suivi le même cours de cuisine. [2] Puisque Daniel est un excellent cuisinier, [3] Pierre doit l'être aussi. »

Schématiquement :

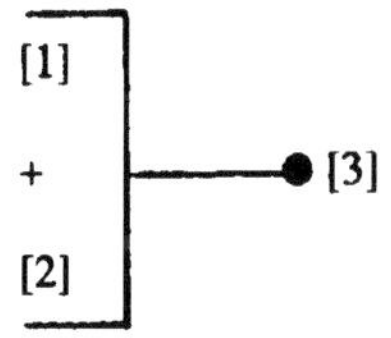

Le locuteur peut construire une **chaîne** en faisant découler une conclusion d'une autre conclusion et puis une autre de celle-là et une autre et une autre. Par exemple :

1. « [1] Nous augmenterons les taxes. [2] Donc nous pourrons réduire le déficit. [3] Et alors nous ferons plaisir aux grands argentiers. [4] Donc ils vont investir davantage au Canada. [5] Ainsi l'économie se portera mieux. [6] Nous serons donc plus populaires. [7] Et alors nous serons réélus. »

Schématiquement :

[1] —● [2] —● [3] —● [4] —● [5] —● [6] —● [7]

Le locuteur peut présenter une multiplicité de raisons qui, chacune à sa façon, **appuie indépendamment** une seule et même conclusion. Par exemple :

1. « [1] Je ne sortirai pas ce soir. [2] Je suis à sec. [3] J'ai un important devoir à remettre demain. »

Schématiquement :

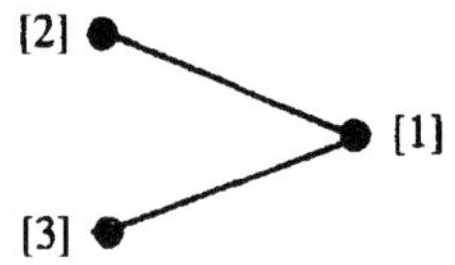

Il peut appuyer plusieurs conclusions sur **une seule** raison. Par exemple :

1. « [1] La voiture est très belle. [2] Elle doit être confortable et [3] économique. »

Schématiquement :

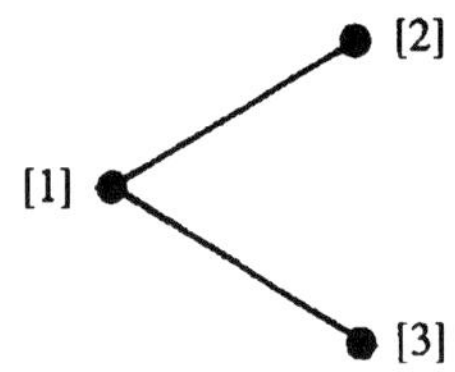

2. « [1] Nous recyclons les déchets -- papier, verre, plastiques, métaux. [2] Ainsi nous créons des emplois dans l'industrie de recyclage. [3] Et nous créons des chômeurs dans les industries minières, forestières et pétrolières. »

Schématiquement :

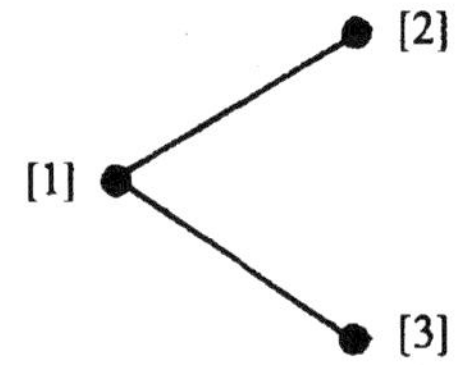

Une seule et même raison peut conduire à **plusieurs** conclusions qui sont soit indépendantes, soit complémentaires, soit conflictuelles.

Le locuteur peut aménager un parcours argumentatif en

suivant **un seul** schéma ou **plusieurs**. Par exemple :

1. « [1] Daniel et Pierre ont suivi le même cours de fine cuisine. [2] Comme Daniel est un excellent cuisinier, [3] je dîne chez lui tous les mardis, [4] c'est une fête du palais. [5] Pierre doit, lui aussi, être un excellent cuisinier. »

Schématiquement :

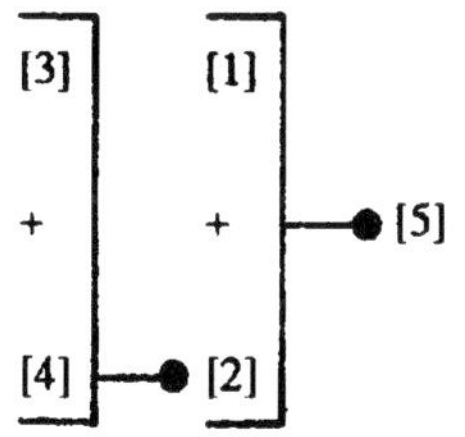

2. « [1] Mon potager fait 10 mètres sur deux côtés et [2] 15 mètres sur les deux autres. [3] Il me faut donc 50 mètres de clôture. [4] Il y a 20 mètres dans chaque rouleau de clôture. [5] Il me faut donc 3 rouleaux. [6] Il m'en restera 10 mètres. [7] Mon chat ne jouera plus dans mes semis. »

Schématiquement :

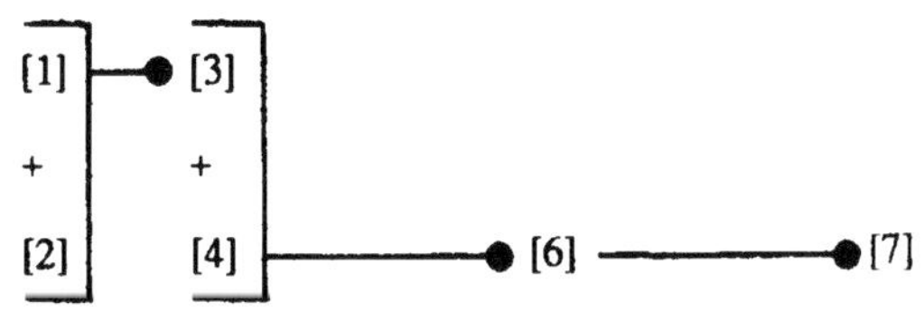

3. « [1] Monsicur, je n'ai pas pu vous remettre mon travail. [2] Vous comprenez, j'étais malade et donc [3] absent du cours. [4] En plus, vous savez, il y avait cette tempête et [5] je ne pouvais me rendre au cours de toute façon. »

Schématiquement :

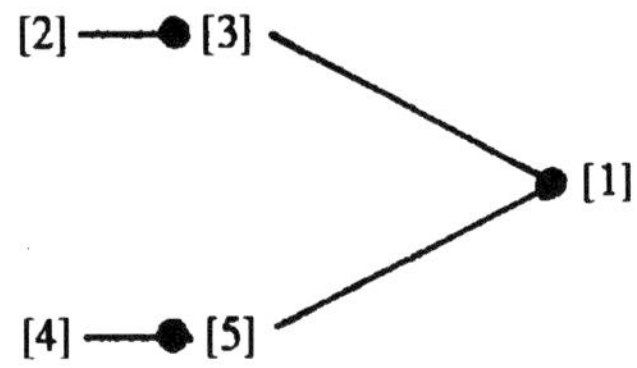

Travaux pratiques

A. ***Complétez les analyses des argumentations présentées comme exemples en mentionnant les présuppositions et les sous-entendus.***

B. ***Les argumentations présentées pour illustrer les différentes manières d'aménager un parcours argumentatif sont très simples. Cherchez des argumentations plus complexes pour illustrer ces procédés.***

Auto-évaluation

Précisez l'action discursive ou le type de texte (descriptif, argumentatif, narratif, injonctif, etc.). S'il s'agit d'un texte argumentatif, indiquez les raisons et la conclusion.

TEXTES I

1. « J'ai parlé parfois d'abolir la peine. Je veux dire la peine telle que la conçoit et l'applique le système pénal, c'est-à-dire une organisation étatique investie du pouvoir de produire un mal en dehors de tout accord des personnes intéressées.» (Louk Hulsman, ***Peine perdue***)

Action discursive ______________________________

____

Raisons ______________________________________

____

Conclusion ____________________________________

____

2. « Ce que nous avons dit jusqu'ici permet déjà de définir l'objet d'étude de la sociologie : c'est l'action sociale, c'est-à-dire l'action humaine dans différents milieux sociaux. » (Guy Rocher, ***L'Action sociale***)

Action discursive ______________________________

____

Raisons ______________________________________

____

Conclusion ____________________________________

____

3. « Quelqu'un qui se passionne pour la vie des mots ne peut pas être tout à fait désolé ni ennuyeux. Savoir que la langue ne rime à rien console de toutes les désillusions. » (Bertrand Poirot-Delpech, ***Le Monde des livres***, 25 septembre 1987, p. 15)

Action discursive ______________________________

____

Raisons ______________________________

____

Conclusion ______________________________

____

4. ■ ***Urgent***

IL EST absolument urgent que le service de la police de la Communauté urbaine de Montréal remplace les revolvers de service de ses agents. Ceux dont on se sert présentement ont une fâcheuse tendance à partir tout seuls. La prochaine fois, ça pourrait être vous, un membre de votre famille, votre gérant de Caisse populaire...

— PAUL BERNARD

Montréal, le 2 mars.

Action discursive ______________________________

____

Raisons ______________________________

____

Conclusion ______________________________

____

5.

Action discursive ______________________________

____

Raisons ____

____

Conclusion _____________________________________

____

6. Si vous avez étudié attentivement ce que nous avons dit à propos de cette commande, vous vous posez certainement la question de savoir comment il se fait que pour une disquette souple, le formatage réalisé est physique, alors qu'ici il est purement logique ; et cela au travers d'une même et unique commande.

Cela vient du fait que la commande FORMAT se comporte de manière différente suivant qu'elle est mise en présence d'une disquette ou d'un disque dur. Pour ce qui est d'un disque dur, nous vous l'avons dit, le formatage physique est effectué à l'aide d'un programme bien particulier. La commande FORMAT, en présence d'un disque dur, n'effectue qu'un formatage logique, mais cela n'apparaît pas, vu de l'extérieur, et les messages sont du même type que pour l'autre sorte de formatage.

R. Conrad, *MS-DOS. Mode d'emploi*, Paris, Sybex, 1988, p. 152

Action discursive ______________________________

____

Raisons ____

____

Conclusion _____________________________________

____

7. (Aéteas, roi des Scythes au peuple de Byzance) « Ne gênez pas la levée des contributions, sinon mes cavales iront boire l'eau de vos fleuves. » (Cité par Clément d'Alexandrie, ***Stromates***, V, 31, 3.)

Action discursive______________________________

____

Raisons ____

____

Conclusion _____________________________________

8. STENOGRAPHIE (notae). Comme nous, les Romains abrégeaient souvent les mots ou les expressions, lorsqu'il n'y avait aucun risque d'erreur d'interprétation (R P = Respublica, S P Q R = Senatus Populusque Romanus, etc.) : ils usaient surtout d'abréviations qu'ils gravaient sur les monuments.

De plus, ils ont connu une sorte de sténographie, les « notes tironiennes », qui doivent leur nom à Tiron, l'affranchi de Cicéron, à qui l'on fait honneur d'avoir inventé ce système, mais qui, peut-être, s'est contenté d'adapter au latin un système en usage chez les Grecs.

Action discursive ______________________________

____

Raisons ______________________________

____

Conclusion ______________________________

____

9. **Dans un jugement déclaratoire rendu récemment, le juge Claude Rioux de la Cour supérieure a signalé que le courtier était le mandataire de l'assuré et que, comme tel, il devait transmettre le plus rapidement possible à ce dernier les avis de modifications d'assurances, sans pour cela être soumis au respect de délais précis.**

Action discursive ______________________________

____

Raisons ______________________________

____

Conclusion ______________________________

____

10. « Les mourants qui parlent dans leurs testaments, peuvent s'attendre à être écoutés comme des oracles : chacun les tire de son côté et les interprète à sa

manière, je veux dire selon ses désirs ou ses intérêts. » (La Bruyère, ***Caractères***)

Action discursive ______________________________

____

Raisons ______________________________

____

Conclusion ______________________________

____

1\. # La seule solution

LIBRE OPINION

JACQUES LAUZON

Porte-parole de la CRC-Q, l'auteur s'adresse à M. Robert Bourassa

VOTRE gouvernement déposait en janvier dernier sa Réglementation sur la sécurité du revenu. Le Comité de Justice sociale de la Conférence religieuse canadienne (CRC-Q) ne peut que s'objecter à son adoption en raison de son caractère discriminatoire, injuste et inéquitable pour l'immense majorité des personnes assistées sociales du Québec.

La réglementation rejette sur les personnes les plus démunies de notre société la responsabilité de leurs conditions, masquant ainsi d'une façon commode l'absence d'une politique gouvernementale de plein emploi, seule véritable solution à leur situation d'exclus du monde du travail.

Dans la même visée que la loi 37, elle ne reconnaît pas qu'étant donné les inégalités sociales engendrées par notre système économique, toute personne démunie a droit à l'aide sociale quelle que soit la cause de son besoin. Il s'agit là d'un net recul par rapport à la philosophie qu'on retrouvait dans la loi précédente.

Conçue dans un langage d'initiés, sans notes explicatives, ni sous-titres, ni chapitres, au point qu'un de vos députés fut dans l'obligation en commission parlementaire de demander des explications à des experts pour la comprendre, elle place la personne assistée sociale dans l'impossibilité de connaître et défendre ses droits.

La réglementation proposée accorde un « préjugé favorable », non plus aux bénéficiaires mais à l'Administration; si celle-ci voulait contester le droit à l'aide sociale, une fois celui-ci reconnu, le fardeau de la preuve lui incombait; cette obligation explicite est retirée.

Jusqu'ici l'Administration ne pouvait réclamer un montant versé en trop lorsque c'était le fait d'une erreur de sa part. Désormais la notion d'erreur administrative reste non définie; on pourrait réclamer des sommes considérables versées en trop.

Le droit du bénéficiaire de refuser un emploi proposé jugé non convenable, dangereux pour la santé ou incompatible avec un programme de formation, n'est plus reconnu.

Une vraie réforme de l'aide sociale demande une énergique et véritable politique de plein emploi. Il y va du respect et de la dignité des personnes concernées.

Le Devoir, 17 mars 1989

Action discursive ____

____

Raisons ____

____

Conclusion(s) ____

____

2.

Action discursive ____

____

Raisons ____

____

Conclusion(s) ____

____

3. ## Rien d'artistique

Lettre au Musée des beaux-arts du Canada

DERNIÈREMENT, j'ai eu le grand plaisir de visiter le Musée des beaux-arts du Canada, monument d'une grande beauté, lumineux, élégant, raffiné. J'y ai vu des oeuvres remarquables, sensibles, des oeuvres d'art venant de tous les milieux et de toutes les époques. J'étais ravie.

Malheureusement, le charme s'est rompu quand j'ai mis les pieds dans les salles d'exposition d'art contemporain (vous devez savoir que je suis une artiste, sculpteure porcelaine et céramiste).

J'ai été profondément blessée par ce que j'y ai vu. Il y avait, en exposition d'art, des objets d'utilité courante, en très mauvais état, brisés, cassés, des objets qui, à mon avis, auraient dû être mis au rancart.

Croyez-moi, je ne vois rien d'artistique dans une vieille sécheuse cassée, entourée de vieux fauteuils tout brisés, dans un traîneau surmonté d'une lampe de poche mastictapée, dans un paquet de coupures de feutre empilées, dans un urinoir arroché au cadrage de porte, dans un chiffre éclairé par une lumière (quand on sait ce que réalise le cinéma, tridimensionnel), dans des petits objets qui me font penser à des crottes éparpillées ça et là. Et je pourrais continuer longtemps ainsi mais cette réalité m'attriste terriblement.

À mon avis, la seule réalité de ces arrangements est de dire quelque chose mais en aucun cas ce n'est dit d'une façon artistique, car il n'y a pas de maîtrise dans l'exécution de leur expression, pas de raffinement, pas de profondeur, pas de noblesse et je n'y vois aucun signe d'habileté. En mon âme et conscience, il y manque tout ce qui est le propre de l'artiste.

— **FRANCINE DESROSIERS**
sculpteure porcelainière
et céramiste, muraliste
Outremont, le 12 août.

Le Devoir, 24 août 1988

Action discursive ______________________________

____

Raisons ______________________________

____

Conclusion(s) ______________________________

____

4. Vous trouverez à la page suivante un texte tiré de l'introduction du livre de R. Tremblay, ***L'Économique**. Analyse microéconomique* (Montréal, Les Éditions HRW Ltée, 1975, p. 17). Ce sont les quatre paragraphes de la conclusion qui font l'objet de l'analyse.

Action discursive ______________________________

____

Raisons ______________________________

____

Conclusion(s) ______________________________

____

Définition formelle de l'Économique

Maintenant, il est possible d'énoncer une définition plus formelle de l'Économique: L'Économique *est la science qui traite des problèmes d'utilisation des ressources rares afin d'obtenir la plus grande satisfaction des besoins illimités des individus formant une société.*

Il est important de remarquer l'aspect essentiellement social qui se dégage de cette définition. L'Économique étudie le comportement des individus, mais dans un contexte social et non pas individuel.

CONCLUSION

[1] Il est possible que dans quelques siècles, le PROBLÈME ÉCONOMIQUE ne soit plus le problème primordial et permanent de l'humanité. Depuis que l'homme s'est avisé de marcher sur deux jambes plutôt que sur quatre pattes, la lutte pour la subsistance s'est toujours retrouvée, par la force des choses, au centre de sa vie.

[2] Le texte nous indique la condition principale pour que le problème de la rareté devienne d'importance secondaire pour l'homme: Il faudra que l'appareil productif satisfasse les besoins économiques de l'homme moyen tout en lui laissant de longues périodes de loisir pour la poursuite d'objectifs non-économiques.

[3] Si le système économique devait satisfaire uniquement les besoins humains en aliments, logement et vêtements, il est clair que l'affluence de nos économies modernes et celles de l'avenir suffirait à assurer la satisfaction de ces besoins primaires, pourvu que les hommes ne se lancent pas par ennui, dans les folies meurtrières que sont les guerres, et pourvu qu'ils substituent aux vieilles idéologies et croyances périmées des préoccupations scientifiques.

[4] Malheureusement, les besoins que l'on pourrait appeler « absolus » sont très peu nombreux par rapport aux besoins « relatifs ». Ces besoins relatifs constituent des besoins essentiellement humains car ils ne sont vraiment satisfaits qu'à la condition que leur satisfaction élève le consommateur au-dessus de ses semblables. Plus la prospérité générale s'accroît, plus ces besoins relatifs prennent de l'importance, de sorte que leur insatiabilité est pratiquement assurée. Considérez le comportement des épouses des hommes très riches à l'égard de leurs garde-robes et vous comprendrez la nature de ces besoins. Par conséquent, si le comportement de la fraction la plus opulente de la population, c'est-à-dire celle qui « aurait » déjà effectivement résolu pour elle-même le problème de la rareté, peut nous servir de point de repère, force nous est de conclure que la pleine satisfaction des besoins relatifs de l'ensemble des populations du globe n'est pas pour demain.

Auto-évaluation complémentaire

N.B. *Les textes qui suivent, sauf quelques exceptions, ont été choisis parmi ceux qui ont été présentés par les étudiants du cours PHI 1601 au mois de janvier 1989 comme illustrations de textes argumentatifs. (Les informations bibliographiques ne sont pas toujours complètes.)*

I. ***Faites le schéma de l'organisation discursive du texte (élément nucléaire et élément(s) satellite(s)). Déterminez les rapports qui les lient ensemble.***

II. ***Si le texte est argumentatif, en indiquez les raisons et la conclusion. S'il y a plusieurs conclusions, relevez les unités argumentatives ([R] et [C]) et regroupez-les selon leur importance : conclusion principale, raison(s) principale(s); conclusion(s) secondaire(s), raison(s) secondaire(s).***

III. ***Dégagez les relations et les présuppositions argumentatives.***

IV. ***Faites une représentation graphique du schéma logique.***

V. ***Si le texte n'est pas argumentatif, dites pourquoi il ne l'est pas (grammaire, règles discursives, règles de l'argumentation, contexte, etc.).***

1. « La grossesse des filles célibataires de moins de 20 ans constitue l'aspect le plus troublant de l'augmentation de l'activité sexuelle chez les adolescents. La fréquence de grossesse des mères célibataires âgées de moins de 18 ans s'est accrue rapidement aux États-Unis depuis 1960. Des études situent à environ 31 à 39 % la proportion des filles qui deviendront enceintes avant l'âge de 20 ans, si les taux actuels se maintiennent. » (Senderowitz et Paxman, 1985)

2. « Le seul domaine où les différences que l'on observe entre les sexes sont conformes aux croyances populaires est celui de l'agressivité. Les garçons sont vraiment plus agressifs que les filles à partir de l'âge d'environ 2 ou 3 ans. Même s'il ne semble pas y avoir de différences dans le niveau d'activité, les garçons sont beaucoup plus portés que les filles à s'adonner à des jeux de bousculade -- poussant, tirant, frappant, se pourchassant et se prenant au corps à corps. » (Depietro, 1981)

3. « Les études menées auprès des individus normaux ont tendance à confirmer le fait qu'il existe des spécialisations différentes dans les deux hémisphères. Par exemple, on peut identifier plus rapidement et avec plus de précision l'information verbale quand elle est présentée brièvement, sous la forme de flashes, à l'hémisphère gauche que si elle est présentée à l'hémisphère droit. Par contre, l'identification des visages, de l'expression faciale, des émotions, des pentes de lignes ou de la localisation de points se fait plus rapidement si le flash est dirigé vers l'hémisphère droit. »

4. « Il est peu probable que les défauts de repêchage soient la seule cause de l'oubli. Le fait qu'une partie de l'oubli serait attribuable à des défectuosités de repêchage ne signifie pas qu'il en est de même pour tout l'oubli. Il semble des plus invraisemblables que tout ce que nous ayons jamais appris se trouve encore là en mémoire, n'attendant que le bon indice de repê-

chage. Il est presque certain qu'il y a une certaine perte d'information au niveau de l'entreposage. »

5. « Étant donné que l'apprentissage envahit ainsi notre vie, il n'y a pas à se surprendre que nous en ayons déjà abordé plusieurs aspects. » (***Introduction à la psychologie***, p. 231)

6. « Cette salivation est une réponse inconditionnée (RI), car il n'y a aucun apprentissage en jeu; pour la même raison, la poudre de viande est un stimulus inconditionnel (SI). » (***Introduction à la psychologie***, p. 233)

7. « Ensuite, pour vérifier si le chien a appris à associer la lumière à la nourriture, l'expérimentateur allume la lampe sans donner de poudre de viande. » (***Introduction à la psychologie***, p. 233)

8. « Le Kitsch est lié à l'art d'une façon indissoluble de la même façon que l'inauthentique est lié à l'authentique. Il y a une goutte de Kitsch dans tout art, dit Broch, puisque dans tout art il y a un minimum de conventionnalisme, d'acceptation du faire-plaisir au client et qu'aucun Maître ne s'en est exempté. »

9. « L'homme lutte contre les forces élémentaires de la nature pour obtenir la nourriture, l'habitation, les vêtements qui sont indispensables à son existence. Il organise une vie sociale, conforme à ses moyens de lutte. Le régime social est déterminé par le mode de production et d'échange. Le processus économique est le résultat de l'action du travail humain sur la nature, en vue de la continuation et du développement de la vie. C'est pourquoi l'économie est le fondement de la vie sociale. »

10. « Les mots *crime, criminel, criminaliste, politique criminel,* etc., appartiennent au dialecte pénal. Ils reflètent à priori le système punitif étatique. »

11. LES AVENTURIERS DU TIMBRE PERDU

« Dans la populaire série des « Contes pour tous » du producteur Rock Demers, ce dernier film de Michael Rubbo est encore une fois une combinaison gagnante. Tous les ingrédients sont réunis : une bande de jeunes délurés, des voyages, des kangourous, un peu de magie, des rêves, des timbres, etc. Aux cinémas Astre, Berri, Carrefour Laval, Paradis et Place Longueuil. »

12. « La faiblesse de l'étendue, c'est qu'elle ne tient compte que des deux extrêmes, et qu'elle ignore complètement ce qui se passe entre les deux. Et souvent, les extrêmes sont justement des exceptions. Par exemple, dans une classe, il y a souvent un petit génie (99 %) et une « super cruche » (5 %). L'étendue juge de la dispersion avec les deux seuls individus, et ignore si les étudiants normaux sont tous autour de 70 % ou s'il s'étendent de 40 % à 80 %. C'est pourquoi il faut une mesure, plus sérieuse, qui tienne compte de chacune des données : tel est le cas de l'écart-type. » (Morgan, ***Introduction à la psychologie***)

13. « Ce que nous avons dit jusqu'ici permet déjà de définir l'objet d'étude de la sociologie : c'est l'action sociale, c'est-à-dire l'action humaine dans les différents milieux sociaux. » (Guy Rocher, ***L'Action sociale***)

14. « Le comportement instinctif s'accompagne très sûrement de réflexes et de tropismes; les réflexes sont des éléments de comportements, tandis que les tropismes sont des comportements globaux de l'organisme. »

15. « Pour évaluer ces variantes, il nous faut prendre note de certains aspects critiques de l'expérience du conditionnement. » (***Introduction à la psychologie***, p. 233)

16. « Les lois morales et légales nous empêchent de croiser les êtres humains. Cependant, les psychologues peuvent étudier les différences causées par l'hérédité et le milieu au sein de familles et se demander comment l'intelligence varie en fonction de ces différences. Pour ce faire, ils utilisent comme méthode de mesure le coefficient de corrélation, que nous avons décrit dans le chapitre I. »

17. « Le courage. C'est l'aptitude à prendre des risques, en innovant, en exposant des facettes vulnérables de son être, et à progresser et à expérimenter lorsqu'il s'agit de faire face et de réagir à certains aspects inconnus de lui-même. »

18. « Il existe, on dirait, une règle minimaliste qui détermine l'intimité avec les choses. Elle consisterait à recevoir avec toute l'ouverture dont nous sommes capables ce qui se présente à nos sens comme des perceptions en bas de gamme. Le lien intime fait que nous sommes touchés profondément par le presque rien. Il s'agit en réalité d'une manière d'être au monde qui rend accessibles à la conscience des aspects autrement insaisissables. »

19. « Si vous voulez quitter Wordperfect, appuyez sur la touche « F7 ». »

20. « Pour que les enfants privilégiés deviennent capables d'assumer le rôle d'administrateurs et gardiens de grandes richesses, il leur faut accepter l'inévitabilité des classes et de l'égalité. »

21. « Les médecins, après avoir soutenu que l'hôpital était une solution de remplacement indispensable de la famille, se mettent à penser qu'il serait préférable pour les malades, de les laisser mourir chez eux. »

22. « La raison évidente en est que l'État, et non les parents, paie pour les services de ces professionnels,

directement ou indirectement bien qu'en fin de compte, ce soit toujours le citoyen, comme contribuable. Si les parents s'organisaient et faisaient appel à leurs propres experts, les choses pourraient aller différemment. »

23. « Une nouvelle classe dirigeante est apparue composée d'administrateurs, de bureaucrates, de techniciens, et d'experts; elle n'a conservé qu'un si petit nombre des attributs jadis associés aux hommes en place que son existence, en tant que classe, n'est pas souvent remarquée. »

24. « Il s'étonne de ce qu'il ne soit pas venu. » (Acad.)

25. « Le tribunal a décidé que les raisons motivant le geste étaient fallacieuses, et que, dès lors, la donation était nulle. »

26. « Le père mort, les fils vous retournent le champ. » (La Fontaine)

27. « Aussi étouffant qu'il fasse dans le parc, nous y respirons mieux. » (Fr. Mauriac)

28. « Si ces pierres nous parlaient, elles pourraient nous instruire. »

29. « Si tu admets cette opinion, tu as tort. »

30. « Cette affaire est trop complexe pour qu'elle vous intéresse. »

31. « Si je deviens riche, je te récompenserai. »

32. « Faire un don de sang, ça ne fait pas bien mal. Et ça fait tellement de bien. »

5. LA PENSÉE CRITIQUE

L'argumentation est une sorte de transaction entre un locuteur et un interlocuteur (réel ou seulement possible). Par le fait de présenter une information **X** comme conduisant à une autre information, **Y**, le locuteur engage son interlocuteur à accepter **Y**. Il institue un rapport interindividuel tel que si **X** conduit à **Y**, ou l'appuie, l'interlocuteur se trouve dans l'obligation d'accepter **Y**, c'est-à-dire de changer son comportement : penser ou croire **Y**, faire **Y**, sentir **Y**, etc.

Mais ce changement ne se produit que si **X** conduit à **Y**, ou l'appuie, selon les règles du discours argumentatif. Ainsi, la part de l'interlocuteur dans cette transaction n'est pas seulement de reconnaître les informations et les relations posées entre elles (dites et non dites), mais il a à déterminer si **X** conduit à **Y** selon les règles du discours argumentatif. Autrement dit, l'argumentation est incomplète ou inachevée tant que l'interlocuteur n'a pas déterminé son acceptabilité.

Il n'y a pas de transaction avant que l'interlocuteur ne porte un **jugement** sur l'argumentation :

« Ça marche.»

« C'est raisonnable. »

« Il s'ensuit que [...]. »

« C'est bien fondé. »

« C'est une bonne raison. »

Ou encore, un **jugement de refus** :

« Ça ne marche pas. »

« Ce n'est pas raisonnable. »

« Il ne s'ensuit pas que [...]. »

« Ce n'est pas fondé. »

« Ce n'est pas une bonne raison. »

Ou encore un **jugement** exprimant des **réserves** :

« Ça marche, mais [...]. »

« C'est raisonnable à la condition que [...]. »

« Ici et maintenant, il s'ensuit que [...]. »

« C'est bien fondé, compte tenu de [...]. »

Dans une argumentation, l'acceptabilité d'une conclusion et, éventuellement, la force ou la faiblesse de l'argumentation dépendent des informations présentées, des relations et des présuppositions argumentatives posées pour y conduire et du parcours aménagé entre les raisons et la conclusion. C'est pourquoi l'interlocuteur ne peut accepter **Y** comme **résultant** d'une argumentation qu'à la suite de l'examen critique des éléments qui composent la transaction argumentative. Il ne peut accepter une argumentation que si l'examen critique montre que les éléments employés sont effectivement ceux qui conviennent dans cette situation.

Cet examen consiste à déterminer en tout premier lieu **ce qui est en question** (ce dont on parle et le lieu, la situation ou le champ d'où l'on parle), **ce qui en est dit** et **le but dans lequel c'est dit** (persuader, expliquer, prouver, justifier, etc.).

Ensuite l'examen critique porte sur les informations présentées comme appuis. L'examen critique consiste, ici, à demander, compte tenu de la situation ou du champ et du but du locuteur, si les informations (ou « faits ») présentées comme appuis sont **admises, claires, précises, exactes, suffisamment nombreuses** et **pertinentes**.

Ainsi, l'enseignant qui dit aux parents de Pierre, pour les rassurer quant à l'avenir de leur fils :

« Pierre va réussir parce qu'il travaille très fort. »

suppose que Pierre travaille très fort. Mais si Pierre ne travaille pas très fort, ce « fait » ne sera pas admis et ne pourra pas compter comme une raison. De même, dans cette situation interlocutive, les informations « Pierre va réussir » et « Pierre travaille très fort » sont supposées être assez claires et précises pour éviter des méprises (il est toujours possible de demander des précisions et des éclaircissements : ce que veut dire « réussir », « travailler », « travailler très fort »).

L'examen critique consiste aussi à demander si les relations posées (causalité, analogie, généralisation, signe) et les présuppositions qui les légitiment sont bien celles qu'il faut pour conduire de **X** à **Y** ou pour appuyer **X** dans cette situation interlocutive. De plus, l'emploi de telle ou telle relation pour conduire d'une information à une autre dépend non seulement de la situation ou du champ, mais aussi du fait que chaque relation argumentative (causalité, analogie, généralisation, signe) a des règles propres qui la définissent en tant que telle. En même temps, ces règles déterminent les conditions d'emploi de cette relation. C'est pourquoi, en faisant l'examen critique d'une argumentation, l'interlocuteur se demandera si l'emploi de cette relation argumentative est conforme aux règles.

Ainsi, pour l'argumentation : « Pierre va réussir parce qu'il travaille très fort. », il faut se demander s'il y a une relation causale entre le fait de travailler très fort et celui de réussir, et si cette relation suffit pour justifier la prédiction que Pierre va réussir. En d'autres mots, est-ce que cette relation peut faire compter l'information « Pierre travaille très fort » comme une raison dans cette situation?

De même, il faut se demander sur quoi cette relation est fondée dans cette situation. Par exemple, y a-t-il des études qui démontrent que le travail et la réussite vont de pair? Ou s'agit-il seulement de l'expérience de l'enseignant qui lui permet d'affirmer que les étudiants qui réussissent travaillent très fort? Ou est-ce le fait que tout le monde sait que la réussite suppose le travail? Ou est-ce que notre société est un genre de « méritocratie » où le travail est récompensé par la réussite, etc.?

L'examen critique de l'argumentation porte sur :

- ce qui est en question;
- ce qui en est dit;
- la clarté, la précision, l'exactitude, la pertinence et la suffisance des informations données;
- la convenance et la suffisance des relations argumentatives et les présuppositions qui les fondent;
- la conformité de l'argumentation aux règles propres des relations employées.

L'examen critique porte sur l'ensemble des éléments qui composent l'argumentation, mais il doit accorder une attention particulière aux relations argumentatives et aux présuppositions qui les fondent ou légitiment leur emploi. Car une argumentation est raisonnable, et donc acceptable, seulement dans la mesure où les présuppositions qu'un locuteur fait ou doit faire sont admises dans la situation ou le champ en cause et par les règles spécifiques de la relation argumentative employée. Autrement dit, **X** ne peut être une raison pour **Y** que si les présuppositions qu'il faut faire pour le prendre de cette manière sont admises par la situation ou le champ et conformes aux règles spécifiques de la relation argumentative posée.

Les règles de l'argumentation font que les présuppositions qu'un locuteur fait ou doit faire ne sont jamais quelconques; elles ne peuvent être que celles qui sont admises dans la situation ou le champ en cause et par la relation argumentative employée. Une présupposition non admise ou non conforme suffit pour rendre cette argumentation inacceptable.

La mise en évidence des relations argumentatives et des présuppositions qui les fondent ou les légitiment dans cette transaction permet de repérer les **maladresses**, les **erreurs** ou les **transgressions** qui s'y retrouvent. De cette manière, elle fournit les motifs ou les appuis du **refus** de la transaction, ou les réserves que l'interlocuteur peut avoir à son égard. En même temps, cette mise en évidence constitue l'amorce d'une **réplique raisonnée**. Autrement dit, l'examen critique détermine l'acceptabilité (avec ses variations de plus ou moins) de la transaction argumentative. Sans examen critique, il n'y a pas de discussion, de délibération, de plaidoyer, de justification, d'explication; à leur place, il y a l'expression d'une opinion, d'une idée, d'un désir, il y a injonction ou séduction, mais il n'y a pas d'argumentation : les tables tournantes, les mages et les militaires se substituent à la raison.

L'importance de l'examen critique et de l'attention particulière accordée aux relations argumentatives et aux présuppositions qui les légitiment peut être illustrée par l'examen de quelques argumentations trouvées dans les débats, discussions ou délibérations de tous les jours. Il sera possible ainsi de mettre en lumière les règles spécifiques de quelques-unes des relations argumentatives les plus communes et, en même temps, de montrer comment entreprendre un examen critique.

5.1 Illustrations

5.1.1. Statistiquement

Le 28 juin 1988, Simon Durivage, un des animateurs de l'émission « Le Point », a interviewé cinq ex-détenus. Il leur a présenté cette information :

> « Statistiquement parlant, quatre ex-détenus sur cinq retournent en prison. »

Il ajoute :

> « Vous êtes cinq. Alors quatre d'entre vous vont retourner en prison. »

Durivage a fait une argumentation. Mais cette argumentation est **inacceptable** parce que la présupposition qu'il doit faire pour lier les informations :

[1] « Statistiquement parlant, quatre ex-détenus sur cinq retournent en prison. »

et

[2] « Vous êtes cinq. »

à la conclusion

[3] « Quatre d'entre vous vont retourner en prison. »

n'est pas acceptable.

En effet, Durivage doit présupposer au moins que :

1. Ce groupe d'ex-détenus ressemble à l'ensemble des ex-détenus;

2. Ce groupe est représentatif de l'ensemble;

3. Ce qui peut être dit d'un ensemble ou d'un groupe peut être dit aussi des sous-ensembles ou des sous-groupes.

Cependant, ces présuppositions ne sont pas autorisées et elles ne peuvent établir de liens entre les informations : « statistiquement parlant, quatre ex-détenus sur cinq retournent en prison » et « de **ces** cinq ex-détenus, quatre vont retourner en prison », car ce qui est vrai d'un ensemble n'est pas **nécessairement** vrai des sous-ensembles (ou encore, ce qui est vrai d'un tout n'est pas nécessairement vrai des parties qui le composent). Par exemple, le sel ordinaire, le chlorure de sodium, sert à l'assaisonnement et à la conservation des aliments, mais ni le chlorure ni le sodium ne servent à ces fins; ils sont, à leur état pur, toxiques. Autre exemple : selon les statistiques, les revenus des citoyens de la ville d'Aylmer sont les plus élevés dans l'Ouest québécois. Pierre est citoyen de la ville d'Aylmer. Mais il n'a pas nécessairement un revenu plus élevé que les citoyens de Hull et de Gatineau.

Les ex-détenus ont rejeté l'argumentation de M. Durivage. Ils ont dit, chacun à sa façon, qu'ils faisaient exception, qu'ils étaient différents et non représentatifs à cet égard de l'ensemble des ex-détenus.

Cette **contre-argumentation** est acceptable parce qu'elle est fondée sur la règle :

> Ce qui peut être dit d'un tout ne peut pas nécessairement être dit des parties de ce tout.

L'argumentation de Durivage aurait pu être acceptable, sans rien perdre de son effet provocateur, s'il avait dit, par exemple :

> « Certains d'entre vous vont se retrouver en prison. »

L'argumentation de Durivage et la contre-argumentation des ex-détenus peuvent être représentées comme suit :

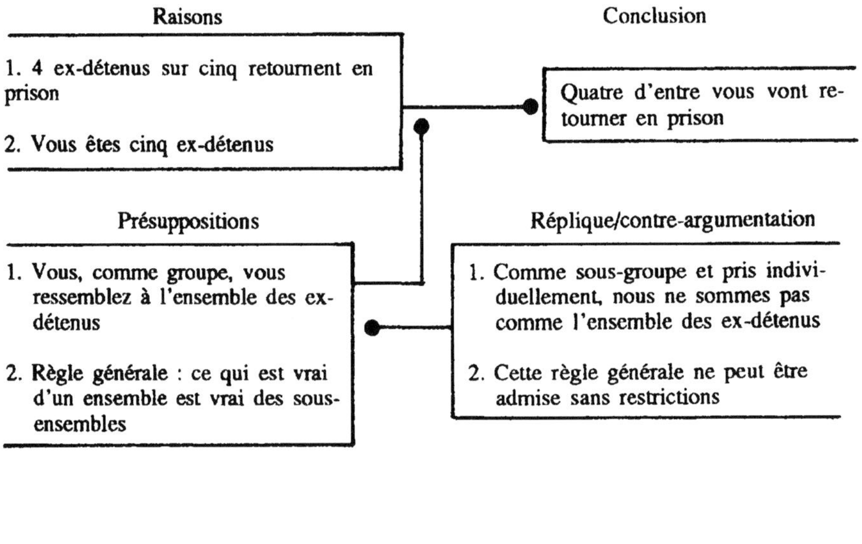

5.1.2 Généralement ou précipitamment

En 1662, Antoine Artaud et Pierre Nicole ont dit que, pour beaucoup d'hommes, « il ne leur faut que trois ou quatre exemples pour en former une maxime & un lien commun, & pour s'en servir ensuite de principe pour décider toutes choses ». Ils ont présenté quelques argumentations, dont celles-ci, qui illustrent clairement cette pratique :

> « Il y a beaucoup de maladies cachées aux plus habiles Médecins, & souvent les remèdes ne réussissent pas : des esprits excessifs en concluent, que la Médecine est absolument inutile, & que c'est un métier de charlatans. »
>
> « Il y a des choses obscures & cachées, & l'on se trompe quelque fois grossièrement : toutes choses sont obscures & incertaines, disent les anciens & les nouveaux Pyrrhoniens, & nous ne pouvons connaître la vérité d'aucune chose avec certitude. » (***La Logique ou l'art de penser***, pp. 343 et 344).

Ces argumentations présentent les informations données sur les maladies, les incapacités de diagnostic des médecins et l'inefficacité des remèdes, d'une part, et, d'autre part, sur les choses et nos jugements des choses comme des informations **représentatives** ou **typiques**. C'est le caractère représentatif ou typique de ces informations qui permet de les généraliser, de les appliquer à la médecine, aux médecins et à nos pouvoirs cognitifs en général. Cette permission de généralisation se fonde sur la règle : ce qui est représentatif ou typique d'une population -- un trait, un comportement, une croyance -- se retrouve chez tous les membres de cette population.

La représentativité, ou le caractère typique, des informations présentées dans ces argumentations est établie par le nombre (**beaucoup, il y a**) et la fréquence (**souvent, quelquefois**) des exemples. En effet, selon les règles de cette relation argumentative, la représentativité est établie par le nombre des exemples et la fréquence d'occurrences d'un trait, d'un comportement, d'une croyance. Mais selon les règles, les exemples ne sont jamais quelconques; ils sont jugés typiques ou représentatifs à la suite de l'examen d'un nombre **suffisant** d'exemples à l'intérieur de limites clairement et précisément indiquées. **Beaucoup**, **souvent**, **quelquefois** sont trop peu précis : s'agit-il de deux maladies ou de vingt ou de vingt mille? s'agit-il de deux fois, vingt fois ou vingt mille fois?

La généralisation est une forme de projection ou de prévision dont l'acceptabilité est fonction du nombre d'exemples, du caractère des exemples, de la fréquence et du caractère des occurrences. Une argumentation qui donne trop peu d'exemples, des exemples non typiques ou atypiques, ou qui cite une occurrence rare ou exceptionnelle, ne peut conduire à une conclusion. Si elle le fait, ce ne peut être qu'à l'intérieur de limites et dans des conditions clairement et précisément indiquées.

5.1.3 C'est la même chose

Un membre de l'opposition parlementaire disait que la destruction de l'airbus iranien par les militaires américains le 3 juillet 1988 ressemblait à la destruction du transporteur KAL par les militaires soviétiques en 1983. Puisque le gouvernement canadien a réprouvé l'acte des Soviétiques, il doit aussi réprouver celui des Américains.

Il s'agit ici d'une argumentation par **analogie**. La conclusion « il faut réprouver l'acte des Américains » est liée aux faits suivants :

- la destruction de l'airbus iranien par les militaires américains;
- la destruction du transporteur KAL par les militaires soviétiques;
- la réprobation de l'U.R.S.S. par le gouvernement canadien;

par la présupposition ou la règle de la relation analogique : lorsque deux événements **A** et **B** se ressemblent, il convient d'agir à l'égard de **B** de la même manière qu'on a agi à l'égard de **A**. Cette règle est fondée sur une autre règle qui impose la **cohérence**, ou encore qui tient la cohérence comme plus raisonnable que l'incohérence.

M. John Crosby, porte-parole du gouvernement, a fait valoir les différences entre ces deux événements. Il a prétendu que ces différences étaient si importantes qu'on ne pouvait ni confondre les deux événements ni même les comparer. Il s'agissait, selon lui, de deux événements distincts. Ce faisant, il a rappelé, négativement, la règle de la relation analogique, à savoir : l'emploi de la relation analogique suppose que les différences, s'il y en a, n'annulent pas les ressemblances ou n'empêchent pas d'affirmer qu'il s'agit de la même chose ou du même événement.

Certains commentateurs ont affirmé qu'il ne suffisait pas de dire que, dans un cas comme dans l'autre, les militaires ont détruit un avion d'une ligne aérienne commerciale transportant des civils pour **établir** un parallèle entre les deux cas parce que, dans un cas, l'avion de la KAL s'était égaré dans l'espace aérien de l'U.R.S.S. et, dans l'autre, l'avion survolait une zone militaire où une action militaire était engagée. Selon eux, cette différence annule les ressemblances.

5.1.4 La causalité

> Il y a ce « vieux monsieur qui, dans le train entre Vannes et Angers, ouvrait la fenêtre toutes les dix minutes pour jeter un peu d'une poudre mystérieuse qu'il tirait d'une manière de tabatière d'ivoire. « Qu'est-ce que c'est que cette poudre? » finit par s'enquérir un voyageur intrigué par ce manège. « C'est une poudre anti-éléphants de mon invention », répond le vieil homme. « Mais, voyons, il n'y a pas d'éléphants entre Vannes et Angers! » « Eh! pardi, rétorque le vieillard, c'est que ma poudre est efficace! » (P. Watzlawick, ***Faites vous-même votre malheur***, pp. 49 et 50)

Entre le 15 avril et le 27 mai, Pierre a arrosé son jardin d'insecticide, d'herbicide et de fongicide tous les cinq jours. Tous les six jours, il a plu. Entre le 28 mai et le 28 juin, Pierre n'a pas arrosé son jardin. Il n'a pas plu. Pierre a arrosé le 29 juin, il a plu le 30; il a arrosé de nouveau le 3 juillet, il a plu le 4, et ainsi de suite pendant tout l'été. Pierre pense avoir de bonnes raisons de croire qu'il y a une relation causale entre le fait d'arroser le jardin d'insecticide, d'herbicide et de fongicide et le fait de pleuvoir. Chaque fois qu'il arrose, il pleut; s'il n'arrose pas, il ne pleut pas. Pour présenter le fait d'arroser le jardin comme **cause** de la pluie, Pierre présuppose que la relation causale est une **relation de succession** -- **B** suit **A**, **B** arrive après **A**. Il présuppose qu'il suffit que **B** suive **A** ou que **B** arrive après **A** pour que **A** soit la cause de **B**. Ce faisant, il confond ce qui peut compter comme **évidence** ou comme **signe** de la relation causale (la succession) avec la relation elle-même. Cette confusion met en lumière, négativement, deux règles de la relation causale : la relation causale n'est pas une relation de succession, bien que la succession, ou plus précisément la régularité de succession, puisse être un signe de la relation causale.

Mais ni le fait de succession ni la régularité de succession de **A** et de **B** ne compteront comme des évidences ou comme des signes d'une relation causale que si **A** et **B** font partie d'un même champ ou système. Autrement dit, si **A** fait partie d'un champ ou système et **B** fait partie d'un autre champ ou système, **A** ne peut être une cause de **B**, **A** ne peut produire un changement dans **B**. C'est parce que l'arrosage du jardin avec un insecticide, un herbicide et un fongicide ne fait pas partie du système des phénomènes météorologiques, mais du système horticole que l'arrosage ne comptera pas comme cause des changements météorologiques.

Selon les règles de la relation causale, **X** sera reconnu comme une cause de **Y** si :

1. **X** fait partie des éléments, des circonstances, des événements des actes définitoires de **Y** de sorte que l'absence ou la défaillance de **X** empêchera la production de **Y** ou l'empêchera d'être ce qu'il est. Dans ce sens, **X** est nécessaire à **Y**. Par exemple, si l'oxygène et une matière combustible sont nécessaires pour avoir du feu, l'oxygène et une matière combustible sont, dans ce sens, des **causes** du feu. « Pourquoi ce bois ne brûle-t-il pas? » « Parce qu'il n'y a pas d'oxygène. » Un autre exemple de cette règle sera : « Le moteur ne démarre pas parce qu'il n'y a pas de carburant. »

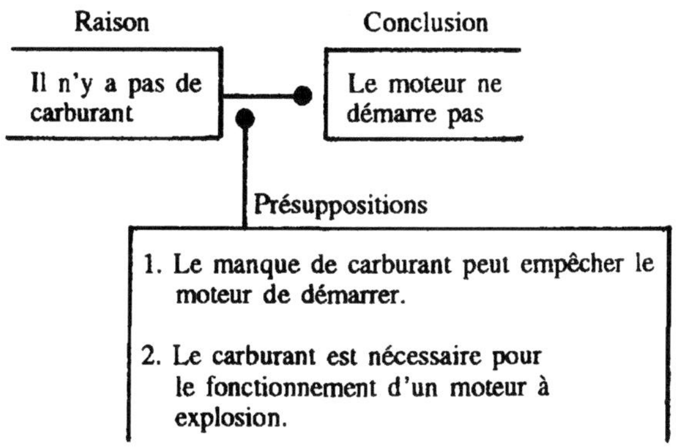

2. **X** est un élément, une circonstance, un événement ou un acte qui, lorsqu'il survient, **produit, provoque** ou **déclenche**, par le fait même, **Y**. Ainsi :

Cause		Effet	Pourvu
la foudre; un mégot de cigarette; une étincelle; un feu de camp; etc.	suffit pour provoquer	un feu de forêt	que la forêt soit sèche; qu'il y ait de l'oxygène; etc.

X peut correspondre à l'ensemble des conditions **nécessaires** pour produire **Y**. Il peut cependant ne pas être **suffisant** pour produire **Y**; il lui faut un acte, un événement « déclencheur ». C'est le deuxième sens de cause. Mais **X** comme cause suffisante ne peut produire **Y** que si toutes les **conditions nécessaires** sont présentes : carburant, système d'allumage, démarreur, etc., et en état de fonctionnement.

Présenté comme **cause suffisante**, **X** peut ne pas être un seul acte ou événement, mais une suite ou un ensemble d'actes. Il ne suffit pas de mettre la clef de contact pour faire démarrer le moteur d'une voiture, il faut la tourner en braquant le volant, etc.

X et **Y** peuvent être interactifs, c'est-à-dire que **X** peut être une cause de **Y** et **Y**, une cause de **X**. Par exemple, la peur de l'inflation fait monter le taux du loyer de l'argent et cette augmentation alimente l'inflation.

5.1.5 Le signe ou l'indicateur

Dire : « Marie rougit parce qu'elle est gêné. », c'est lier les informations par un rapport de signe : **rougir** est un signe de **gêne**.

La présupposition ici est que les événements, phénomènes ou processus sont associés les uns aux autres de telle façon que si l'un se produit, l'autre se produit ou se produira sans que le premier soit une cause et le deuxième, un effet. Ainsi, la fuite est prise comme signe de faute, l'épargne comme signe de frugalité, les perce-neige comme signe du printemps, la fumée comme signe du feu, l'habillement comme signe de la personnalité, etc. Mais ce rapport n'est pas toujours univoque. L'automobiliste qui met les clignotants de sa voiture en marche peut le faire pour signaler un danger ou indiquer que la voiture est en panne ou qu'il est parti pour quelques minutes (chercher son billet de 6/49).

Travaux pratiques

A. ***Dressez une liste de mots ou d'expressions qui signalent les relations d'analogie, de cause, de signe et de généralisation.***

Par exemple :

1. pour la **relation causale** :

   « Donc, comme résultat [...]. »;

   « Il se produit alors [...]. »;

2. pour la **relation de signe** :

   « C'est un indice [...]. »;

   « La marque de [...]. »;

3. pour la **relation analogique** :

   « De même [...]. »;

   « Comme [...]. »;

4. pour la **relation de généralisation** :

   « Selon la vaste majorité [...]. »;

B. ***Cherchez des exemples des différentes relations argumentatives dans les textes que vous utilisez dans vos cours.***

C. ***John Stuart Mill, philosophe et logicien, a proposé une méthode pour déterminer la relation causale. Résumez et illustrez cette méthode.***

D. ***1. Quelles sont les relations argumentatives employées dans les argumentations qui suivent?***

2. Quelles présuppositions autorisent ou légitiment l'emploi de ces relations?

3. Est-ce que ces argumentations sont acceptables?

1. Il est interdit de fumer dans cette salle parce que c'est le règlement.

2. « Ce mardi il fera 25 à Montréal, il fera plus chaud à Ottawa parce que le maximum prévu est de 28. » (Bulletin météorologique, le 19 juillet, CBOF, 1250, Ottawa)

3. L'homme est immortel. Il faut le croire parce que, sinon, vous allez en enfer.

4. Il est un bon professeur parce qu'il réussit à intéresser les étudiants.

5. Il y a un impôt minimum parce que la politique du gouvernement est de chercher ses fonds dans toutes les poches.

6. Ma voiture ne démarrait pas parce que les bougies étaient mouillées, alors faites sécher vos bougies et votre voiture démarrera.

7. Cette eau de source est bonne, alors l'eau de source est bonne.

8. Il est interdit aux syndiqués de franchir les lignes de piquetage. Alors, vous ne pouvez pas passer.

9. Il y a une crise d'énergie. Chaque fois que la science s'est occupée des crises, on a pu s'en sortir. Selon moi, nous allons nous sortir de cette crise d'énergie.

10. Puisque vous fumez des cigarettes, vous abrégez votre vie.

11. Pierre trompe sa femme. Je l'ai vu avec Marie dans un bar.

12. Elle a fait tant de fautes qu'elle pense être la dernière.

13. Il faut un permis pour tout : pour construire une maison, pour la démolir, pour conduire une voiture, pour se marier et tout et tout. Pourquoi alors ne pas demander un permis pour les armes à feu?

14. Selon les expériences faites par le Ministère, les rats auxquels on a donné d'importantes quantités de sucre devenaient hyperactifs. Il faut donc s'abstenir de consommer du sucre en grande quantité.

15. Il faut de l'oxygène pour que le bois brûle dans le poêle. Si le bois brûle, il y a de l'oxygène.

16. La violence est une chose nécessaire; la preuve, il y en a toujours eu.

17. Je suis d'accord pour limiter l'universalité des programmes sociaux, car le ministre du Bien-être et de la Santé dit que c'est nécessaire.

18. On se trompera en limitant les bénéfices, car ce serait une erreur.

19. Le socialisme, c'est l'idéologie des socialistes; c'est pourquoi le socialisme est idéologique.

20. Les étudiants ne veulent pas de changement. Ceux à qui j'en ai parlé sont contre.

21. Le communisme remplacera le capitalisme parce que la propriété privée des moyens de production sera une chose du passé.

22. Le fédéralisme canadien a toujours été égalitaire. Il ne faut pas donner une primauté à Ottawa.

23. Toute société est plus ou moins répressive; Freud nous a fait voir que l'homme est naturellement répressif.

24. Il n'y aura pas d'élections au printemps parce que le Premier ministre en a décidé ainsi.

25. La musique classique a des vertus soporifiques; au concert d'hier soir, j'ai entendu des ronflements.

E. Voici quelques questions théoriques :

1. Quelle est la différence entre un « fait » et une « raison »?

2. Quelle est la différence entre un « fait » et un « principe »? Entre un « fait » et une « règle »?

3. Qu'est-ce qui fait qu'une raison est plus forte qu'une autre?

4. Qu'est-ce que « l'évidence »?

F. L'examen critique des éléments argumentatifs met en lumière les maladresses ou les empêchements à la réussite de la transaction proposée. Ces maladresses

ou empêchements s'appellent aussi des raisonnements fallacieux, des paralogismes, ou encore des sophismes.

Faites-en une liste ou un catalogue (en vous aidant d'un texte classique de logique ou du* Gradus*). Relevez les sophismes qui se trouvent dans les argumentations présentées en B.

G. ***Examinez un des débats d'actualité : le travail, l'écologie, le déficit, le désarmement, la violence à la télévision, l'avortement, la pornographie, le chômage, la retraite obligatoire, la langue d'affichage au Québec, la dénatalité, etc. Faites ressortir les raisons de refus de l'argumentation par les uns et par les autres.***

H. ***Faites l'examen critique des textes argumentatifs qui suivent. Faites la représentation graphique de l'argumentation (son plan logique). Si le texte n'est pas argumentatif, dites pourquoi.***

Pour mémoire, l'examen critique d'une argumentation consiste à déterminer :

- ce qui est en question (le problème, le champ, etc.);
- ce qui est dit;
- la clarté, la précision, l'exactitude, la pertinence et la suffisance des informations données;
- la convenance et la suffisance des relations argumentatives et des présuppositions posées en toutes lettres ou sous-entendues;
- la conformité de l'argumentation aux règles propres des relations employées;
- la force de l'argumentation.

Un comme ça, un comme ça, pis un comme ça...

MOT à MOT

PAR PIERRE BOURGAULT

ANDRÉ CORNELLIER

Tout n'est pas qu'affaire de vocabulaire, je le conçois bien. Mais il y a *aussi* le vocabulaire et, à trop l'ignorer, on finit par parler une langue imprécise, à la limite incompréhensible.

Je trouve que les jeunes Québécois utilisent un vocabulaire plus étendu que celui dont nous usions à leur âge. Mais nous avons encore, collectivement, un immense fossé à combler si nous voulons ne serait-ce que nommer correctement les objets les plus familiers et les réalités les plus quotidiennes.

La «chose» et «l'affaire» sont nos mots passe-partout. Nous les utilisons à l'envi pour nommer tout et n'importe quoi au lieu de chercher le mot juste. Résultat: nous n'en finissons plus de nous expliquer au lieu de nous comprendre.

J'ai été témoin dernièrement d'une petite scène parfaitement québécoise qui illustre bien mon propos.

J'attends au comptoir d'une quincaillerie quand une femme d'origine européenne s'approche pour demander un renseignement. «Avez-vous, dit-elle, du papier-peint autocollant?» Le commis, déjà excédé par l'accent de la dame et du haut de son ignorance arrogante lui lance: «Quoi?» La pauvre femme se répète timidement.

Et le commis de répondre: «Vous voulez dire d'la tapisserie contaque? Est là!»

La femme s'en fut sans demander son reste. Et pourtant c'est elle qui avait raison.

Tout Québécois bien né me répondra: «Tout le monde dit de la tapisserie contaque, qu'est-ce que t'as à chiâler?»

Je «chiâle» pour une raison très simple: c'est que cette tapisserie n'est pas de la tapisserie et que ce «contact» est un anglicisme qui ne veut rien dire en français quand on l'applique au papier-peint.

Je veux bien qu'on ne parle pas français mais encore faut-il le savoir, et surtout ne pas avoir la prétention de faire la leçon à ceux qui s'expriment correctement.

Un autre exemple (et là je plaide ignorance comme tout le monde), la pâtisserie. Nous entrons dans une pâtisserie et nous retrouvons bouche bée devant le comptoir. Les mots nous manquent. Alors: «Une comme ça, une comme ça, une comme ça, non pas ça . . . çà, non . . . ça, pis une comme ça.»

Et pourtant toutes ces pâtisseries ont un nom précis que tous les enfants francophones du monde connaissent, tous sauf ceux du Québec.

Un pithiviers, un savarin, un mille-feuilles, un vacherin, une meringue, etc. Il y en a vraiment pour tous les goûts et ça rend la compréhension tellement plus facile.

Bien sûr, on ne peut pas tout apprendre à l'école et on n'est pas pour passer sa vie dans les dictionnaires. Mais pourquoi ne pas utiliser un truc? En France, chez tous les pâtissiers, les noms de toutes les pâtisseries sont affichés sur le plateau qui les présente. C'est donc dès son plus jeune âge que l'enfant apprend à les nommer. Il pourra dès lors les identifier facilement toute sa vie durant.

On pourrait faire la même chose dans les magasins de tissus, chez le boucher, chez le fleuriste ou chez le fromager. Ne mangeons-nous pas pendant des années le même fromage sans jamais en savoir le nom? Savons-nous de quel tissu notre costume est fabriqué? Bien sûr que non.

Toutes les plantes ne sont pas «c'te plante-là».

Toutes les viandes ne sont pas «c'te morceau-là».

Tous les ustensiles de cuisine ne sont pas «c't'affaire là».

Toutes les choses ne sont pas des choses.

La «ceinture en arrière de ton manteau» est tout simplement une martingale.

La «plante que tu sais qui fait des fleurs rouges qui ressemblent à des boules» est probablement un géranium.

La «patente qui sert à faire d'la crème fouttée à la main» est, sans aucun doute, un fouet.

«L'affaire qu'on s'sert pour baisser et monter les lumières automatiquement» est très certainement un variateur.

Le «morceau d'viande, t'sais là, qu'est faite comme ça pis qui r'semble à une affaire comme ça» ne serait-il pas, par hasard, un aloyau?

Pas surprenant qu'on trouve que la phrase française est plus longue que la phrase anglaise! A force de circonlocutions, de répétitions, d'imprécisions, on l'allonge indéfiniment.

Il y a de la vanité dans notre refus de parler correctement («On est pas pour parler le français de France») mais il y a aussi une sorte de masochisme. Comment expliquer autrement le plaisir et l'acharnement que nous mettons à nous plonger dans les pires difficultés linguistiques, sous les plus fallacieux prétextes, au risque des pires incompréhensions, plutôt que de nous donner un instrument de communication simple et clair?

Nous sommes comme ce menuisier qui ne trouverait tout son plaisir que dans une scie mal affutée. «Ma scie scie mal pis ça m'prend trois fois plus d'temps mais j'aime çà comme çà moé.»

Le plaisir de la langue c'est de pouvoir la parler sans effort. Or, quand on se refuse au départ l'effort de l'apprendre on se condamne à faire la parler avec effort toute sa vie.

Le mécanicien ou le plombier qui ne veut travailler qu'avec les meilleurs instruments est-il snob et prétentieux?

Il ne s'agit pas de se complaire dans la pratique de l'art pour l'art. La correction du langage est d'abord et avant tout affaire d'utilité. ■

Pour vous, c'est plus pratique.
Et c'est mieux pour l'environnement.

Ce tout nouveau carton à bouteilles, non-consigné, est conçu pour ne servir qu'une seule fois. Et ceci, nous le faisons pour deux bonnes raisons.*

Tout d'abord, pour votre commodité. Plus petit et plus compact, ce nouveau carton prendra moins d'espace de rangement. Parce qu'il ne sert qu'une fois, vous pourrez toujours apporter chez vous votre bière Labatt préférée dans un carton impeccable, de qualité à l'image de son contenu.

La deuxième raison en est une d'écologie, une question qui nous touche tous de plus en plus. Après chaque usage, ce carton sera recyclé pour en fabriquer de tous nouveaux.

Voilà une autre initiative qui démontre que nous, chez Labatt, nous nous efforçons de maintenir la qualité de vie.

Labatt

* *Le dépôt sur les bouteilles est encore requis.*

Lysiane Gagnon

La loi 15 et les universités

C'est dans le secteur universitaire que la loi 15, qui permet à toute personne de conserver son emploi après 65 ans, risque d'avoir les effets les plus négatifs.

Les universités sont bien le domaine par excellence où l'entrée de nouvelles compétences est capitale. Privée de sang neuf et de l'apport de nouvelles générations de chercheurs, une université se sclérose et la recherche se tarit. L'âge est un facteur particulièrement capital dans le domaine des sciences expérimentales et des sciences de la santé, à cause de l'évolution extrêmement rapide du savoir et des techniques, mais le renouvellement du corps professoral est nécessaire partout: aucun recyclage, même le plus poussé, ne remplace les énergies nouvelles et l'intuition créatrice des jeunes chercheurs, l'idéal étant évidemment qu'un milieu de travail bénéficie de l'apport de plusieurs générations alliant la tradition et l'innovation, l'expérience et la jeunesse.

Or, les restrictions budgétaires, conjuguées au plafonnement de la clientèle étudiante, ont déjà réduit au minimum l'embauche de nouveaux professeurs.

Pendant que les professeurs en place vieillissent lentement mais sûrement — à l'Université de Montréal, la moyenne d'âge du corps enseignant est de 47 ans et à ce rythme, nous dit-on au bureau du personnel, elle atteindra 60 ans d'ici 20 ans —, les universités n'ouvrent pratiquement plus de nouveaux postes permanents, utilisant la main d'oeuvre à bon marché des «chargés de cours» dont le contrat est renouvelé ou non à chaque session, et qui, parce qu'ils sont payés à la pièce, ne peuvent guère participer à la vie interne des départements, ni assumer les fonctions de recherche qui font partie de la tâche normale d'un universitaire.

A l'Université de Montréal, il ne s'ouvre à peu près plus de nouveaux postes. A l'Université McGill, le rythme de remplacement, ces dernières années, a été de cinq pour dix. (Cinq nouvelles arrivées pour dix départs). A Laval, les effectifs sont «gelés» et personne n'a été embauché depuis un an. A l'Université du Québec à Montréal, où la clientèle croît plus vite, on ne crée que dix nouveaux postes par année (quatre fois moins qu'il y a dix ans.)

Dans un contexte où les ouvertures sont rares, il va de soi qu'une loi empêchant toute entreprise, tant publique que privée, de renouveler librement ses effectifs à partir notamment des départs pour la retraite, allait être inacceptable aux universités. (Elle l'est d'ailleurs pour toute entreprise dont la production repose sur du travail intellectuel ou à forte composante technologique, mais dans le cas des universités et des centres de recherche, c'est encore plus flagrant.)

La loi 15, pilotée par le ministre Denis Lazure (alors ministre d'Etat au développement social), est passée à la vapeur en fin de session et pratiquement sans débat public. La Conférence des recteurs a vainement tenté d'obtenir une exception pour les universités, mais ce fut peine perdue.

Au gouvernement, tout le monde semblait convaincu que la retraite obligatoire, qui avait pourtant été la règle depuis des générations, sous l'impulsion notamment des syndicats, constituait une mesure discriminatoire pour les plus de 65 ans. (Que des centaines de jeunes diplômés talentueux, pour la formation desquels toute la société a investi des milliards, soient exclus du marché du travail, voilà qui semblait toutefois moins préoccuper les législateurs.)

Même si les universitaires bénéficient d'excellents régimes de retraite, infiniment supérieurs à ce qu'on trouve dans le secteur privé — et qui peuvent représenter autour de $40,000 par année —, il faut prévoir que nombre d'entre eux se prévaudront de la nouvelle loi, comme ce fut le cas au Manitoba où 70 p.cent des professeurs d'université arrivés à 65 ans ont décidé de rester au travail en vertu d'une nouvelle charte des droits provinciale.

Dans ces mêmes universités, les cols bleus qui font partie du personnel de soutien auront bien moins le choix, eux, parce que leur travail est physiquement plus dur et moins valorisant. Mais un universitaire fournit peu d'efforts physiques, et une fois gravis les échelons menant à un poste de titulaire, il n'est sujet à aucune évaluation.

• • •

Il va de soi que certains universitaires particulierement motivés et compétents peuvent continuer très longtemps à donner leur plein rendement, et que leur présence, même à un âge très avancé, constitue un extraordinaire atout pour leur université, notamment parce qu'ils attirent des subventions de recherche et qu'ils sont les mieux placés pour animer des équipes. Le professeur Selye, par exemple, est resté attaché à l'Université de Montréal jusqu'à près de 75 ans. A l'UQAM, des professeurs comme l'historien Stanley Ryerson sont restés liés à l'institution longtemps après avoir dépassé l'âge de la retraite. Mais — distinction capitale — ce privilège était accordé en fonction de la contribution particulière d'un chercheur exceptionnel et ne constituait pas une règle générale.

Aujourd'hui, tous les professeurs pourront continuer d'occuper un poste au sein de leur département — et retarder d'autant l'entrée du sang neuf — même s'ils se contentent depuis des années de répéter les mêmes cours et même s'ils ne font plus de recherche. Le gouvernement vient ainsi d'introduire dans le système un autre élément de rigidité qui s'ajoute aux autres facteurs — la sécurité d'emploi et la règle sacrée de l'ancienneté — qui, en période de stagnation économique et de restrictions budgétaires, avaient déjà pour effet d'écarter les jeunes des emplois les plus intéressants.

• • •

On verra mieux les effets de la loi d'ici deux ou trois ans, mais déjà le mouvement se dessine. A Laval, où l'âge de la retraite pour les professeurs était déjà plus élevé de deux ans, trois professeurs de plus de 67 ont décidé de rester au travail, de même qu'un professionnel sur cinq et quatre employés de soutien sur 15. Depuis deux ans, la loi a forcé Concordia à garder six professeurs de plus de 65 ans, de même que 25 membres du personnel non-enseignant.

La Presse, 22 novembre 1983

Refus d'héritage

S'IL FAUT EN CROIRE Lise Payette et le *Faire-part* du 22 août dernier de Mme R. Allard-Lacerte, l'héritier potentiel de Félix Leclerc ne devrait pas refuser l'héritage. La belle affaire ! Et que nous offre-t-on en héritage ? Des maisons chaudes comme des pains de ménage ? des pieds nus dans l'aube ? un fou dans l'île ? des souliers ? Tout pour faire un p'tit bonheur, quoi !

Le billet de Mme Allard-Lacerte ressemble à ces pieuses exhortations d'une vieille tante à des neveux venus aux funérailles et qui, puisue c'est l'occasion, leur cause gentiment de ces valeurs sûres dont a été fait tout son cher passé. « On est en danger, mais faites comme hier et tout ira bien. Tiens, regarde comme le veston du mort te va à merveille » !

Bien sûr, si le neveu accepte la grossière guenille qui sent le renfermé, la tante y trouvera son compte : c'est l'assurance que fondamentalement, le monde continuera à tourner comme avant, comme elle l'a toujours connu : un peuple en danger et sa langue menacée, tout continuera, immuablement, comme avant, « au rythme de la balançoire et du tictac de l'horloge », grand-père, comme il se doit. Surtout, mon neveu, que rien ne change... Et pour la suite du monde, n'oublie pas, mon neveu, de « tailler aussi un costume pour ton fils ».

Le neveu peut être tenté d'accepter, incertain qu'il est, Lise Payette étant, n'est-ce pas, « plus convaincante que jamais », que son ouverture sur le monde pourrait n'être « au fond, qu'un douloureux repli mal déguisé ».

Eh bien non ! On ne sera jamais plus mal déguisé qu'avec les vêtements d'un mort. La guenille est pleine de mythes (sic) et sera jetée au feu. Mais on ne le dira pas à la vieille tante, pour ne pas lui faire de peine. Félix Leclerc est mort ? Qu'il repose en paix et, surtout, qu'il ne fasse plus de poussière, de lui-même ou par personne interposée. Le pays ? Mais il se bâtit déjà. Il n'y a jamais de « trop tard » pour les peuples, uniquement pour les vieilles tantes.

— **BRUNO CORRIVEAU**
Montréal, le 24 août

Le Devoir, 27 août 1988

La tyrannie des sondages?

1) Un miroir déformant?

La publication du sondage IQOP sur le bilan, fort mitigé, du gouvernement Lévesque, et sur la «rentabilité» électorale des candidats à la succession du président du Parti québécois, soulève une fois de plus de nombreuses questions sur la pertinence et l'influence de semblables coups de sonde.

Mais il ne sert à rien de se plaindre de ce qui est devenu un lieu commun. Les sondages sont un outil d'information parmi d'autres, plus ou moins raffiné selon les commanditaires et les médias qui en usent souvent, en abusent parfois. Il n'est pas une grande entreprise, une centrale syndicale, un groupe de promotion ou de protection qui, un jour ou l'autre, ne ressent le besoin impérieux de sonder l'humeur populaire pour vérifier l'attrait d'un nouveau produit, contester un projet de loi, faire pression en faveur d'une cause. Les principaux médias sont entrés dans la ronde de ce qui, pour eux, n'est souvent qu'un outil de mise en marché, surtout dans les périodes creuses. Juillet en est le modèle parfait.

En cela, ils ne sont pas en reste du marketing mis au point par les partis politiques et les gouvernements. Ainsi, il y a une dizaine d'années déjà que le PQ s'est donné les moyens de sonder l'opinion publique rapidement et systématiquement. Moins fortuné que ses concurrents, il a pu compter sur des universitaires et chercheurs amis qui, eux, avaient des ressources importantes en termes d'analyse et d'interprétation. Le PQ en est ainsi venu à se doter d'outils souples et raffinés, qui font l'envie des autres partis. Dès son arrivée au pouvoir, il y a près de neuf ans, il avait tout ce qu'il fallait pour gouverner par sondages interposés. Et il ne s'en est pas privé, surtout pour cet événement central et charnière que fut le référendum de mai 1980.

Elu avec à peine 40% des suffrages exprimés, le PQ savait fort bien qu'il lui faudrait du temps et de la patience avant d'espérer un OUI référendaire. Voulant mettre toutes les chances de son côté, il montra patte de velours pendant trois ans et demi, raffinant sa stratégie, testant LA question, lançant le débat et la campagne au moment qu'il croyait le plus opportun. En dépit de toutes les ruses et astuces, le résultat référendaire fut pourtant le même qu'en novembre 1976 pour le PQ. A peine 40% de OUI à une question qui se voulait rassurante et moulée à l'humeur populaire, mais qui était fort longue et tarabiscotée à l'extrême. Comme si les Québécois savaient lire entre les lignes...

Tant de palabres, de discussions, de batailles et de déchirements pour en arriver à un résultat prévisible dix ans plus tôt. Dès 1970, en effet, des sondages démontraient déjà que seulement deux Québécois sur cinq étaient favorables à une question portant sur l'indépendance avec une association économique établie au préalable. Au début du mandat péquiste, des questions privilégiant le référendum semblaient indiquer que les Québécois seraient favorables à un mandat visant à négocier la souveraineté-association. A partir de ce moment, le PQ s'est plu à espérer un quelconque miracle et à fignoler, dans les officines ministérielles, la question sur le fameux mandat.

Mais la suite démontra que l'opinion publique évolue très lentement et que, derrière le piège des mots, les Québécois gardent leur méfiance naturelle et leur roublardise normande. Comme s'ils soupçonnaient le gouvernement de vouloir les berner. L'un après l'autre, les sondages les plus sérieux démontrent, avec des variantes, que seul le fédéralisme renouvelé recueille la faveur de la majorité. Peu importe le libellé de la question, on votera sur le fond du problème. Les sondages à répétition ont influencé les politiciens et leur appareil, mais non les citoyens, ou si peu, pris comme un ensemble.

C'est le gouvernement qui a cédé à ses propres illusions. Il faut relire à cet égard les quelques pages, fort éloquentes, que Mme Lise Payette consacre dans son livre *Le pouvoir? Connais pas!* à la fameuse séance de formulation-manipulation de LA question, en décembre 1979, juste à la veille de sa divulgation par le premier ministre.

Durant toute cette période névralgique, le gouvernement s'est appuyé sur les sondages - surtout ceux du PQ, les plus fiables, selon M. Lévesque - non pas seulement pour prendre le pouls populaire et obtenir de l'information, mais pour définir sa stratégie et modeler son action. C'était un outil subtil d'apprivoisement, d'encerclement, de séduction. Les mois et les années passant, le gouvernement avait en quelque sorte, l'oeil rivé sur les sondages, banalisé sa démarche fondamentale. Ballottée de ruses en atermoiements, la population a eu peur de se faire coincer, et elle s'en est tirée du mieux quelle pouvait. Et foin des sondages!

Les Québécois n'étaient pas alors, et ils ne le sont pas plus aujourd'hui, confus et ambigus qu'on le prétend en certains milieux. Si le référendum avait eu lieu au début de 1977, il aurait donné exactement le même résultat qu'en mai 1980. En dépit des grandes manoeuvres séductrices et des tours de passe-passe. L'opinion publique évolue lentement et ce n'est pas un sondage, aussi raffiné soit-il que celui du gouvernement en juin 1979, qui lui fait prendre un virage brusque.

Cinq ans après, les allégations de contradiction et de volatilité des Québécois paraissent d'ailleurs bien futiles. C'est plutôt de stabilité et de constantes dont il s'agit, à moyen terme. D'autant qu'il peut y avoir a une marge énorme entre une question insidieuse à laquelle on répond à froid, la plupart du temps au téléphone, et un vote exprimé au terme d'une campagne. Les politiciens et les stratèges sont beaucoup plus vulnérables que les électeurs aux coups de sonde. L'effet d'entraînement des sondages est moins déterminant et redoutable chez les électeurs que l'encouragement ou le découragement qu'ils suscitent chez les militants et les bailleurs de fonds.

Ainsi, le sondage IQOP, avec toutes les nuances qu'il faut apporter à ces hypothèses et ces nombreux «si», peut être un puissant stimulant pour Mme Pauline Marois et tous CEux qui, autour d'elle, la pressent de se porter candidate à la succession de M. Lévesque. De même, il peut rassurer les partisans de M. Pierre-Marc Johnson: il a toujours le vent dans les voiles et serait fort rentable face à M. Robert Bourassa. A l'inverse, ce coup de sonde peut démoraliser les amis de M. Bernard Landry. A tous, il peut donner une photographie, partielle et floue, de l'humeur populaire au début de ce mois. Mais il n'est un miroir déformant que pour ceux qui voient un sondage comme une prévision ou une prédiction de l'issue de la course péquiste et des élections qui suivront.

— GILLES LESAGE

Le Devoir, le 18 juillet 1985

La tyrannie des sondages?

2) La minorité silencieuse

Ce qui est rassurant en quelque sorte dans les sondages politiques - et celui d'IQOP ne fait surtout pas exception - c'est la part d'impondérable et d'imprévu qu'ils laissent à la dynamique de l'action et des débats, à la réalité mouvante des discrets et des indécis.

Ainsi que l'a déjà noté le politicologue Benoit Gauthier, les sondages ne mentent pas; c'est leur traitement, en particulier journalistique, qui est souvent déficient. L'on en tire des conclusions et des généralisations, voire des prédictions précises, alors qu'ils sont, dans la plupart des cas, le miroir d'une opinion à un moment donné. «On ne peut donc pas dire que les sondages se trompent, opine le professeur. Ils reflètent l'opinion avec une bonne précision et ils déterminent les tendances assez longtemps en avance. Ce qui est dommage, c'est que, souvent, le traitement journalistique de ces recherches leur fait perdre beaucoup de valeur dans l'opinion. Tant que les médias traiteront les distributions d'intentions comme des prédictions, et qu'ils répartiront les discrets comme Pierre Larousse sème, les sondages seront suspects auprès de la population.»

Un autre politicologue estime aussi que les distorsions découlent du traitement qui est fait des discrets, dont la répartition est une opération délicate. «Face à cette difficulté, écrit M. André Blais, deux stratégies sont possibles. La première, très empirique, consiste à faire un estimé approximatif de la répartition la plus probable, à partir des données socio-économiques des discrets, et en se fondant sur l'expérience déjà acquise. C'est l'approche qu'ont adoptée avec beaucoup de succès Maurice Pinard et Richard Hamilton. La deuxième stratégie, plus prudente, se refuse à risquer quelque répartition que ce soit.» Dans cette foulée, d'autres spécialistes estiment que la plupart des personnes discrètes ou indécises se retrouvent parmi les abstentionnistes, le jour du scrutin.

Quels que soient les raccourcis, les failles et carences du traitement journalistique - commandé par l'actualité, la signification et l'intérêt de la nouvelle - ils sont moins graves et dangereux que la disette ou la censure que certains souhaitent encore. Si fragiles et perfectibles soient-ils, les sondages constituent un élément d'information qui ne peut être réservé aux commanditaires et aux «happy few» des cénacles universitaires. Ils sont, dans une panoplie, un outil de savoir, donc de pouvoir à partager avec le plus grand nombre.

Certes, ils sont aussi un instrument de marketing, commode, facile, finalement peu coûteux. Leur petit côté spectaculaire en fait une denrée de consommation rapide et fugace. Aux médias, ils donnent de la bonne copie, surtout en période creuse, en juillet, par exemple. De plus, ils permettent aux citoyens de prendre contact entre eux et, protégés par l'anonymat collectif, d'assouvir leur curiosité sans voyeurisme.

Mais il faut désacraliser et démystifier les sondages. Ce n'est pas de la magie. Dans ce domaine, en fait, nous n'en sommes qu'au stade de l'identification des problèmes, notait M. Jean-Pierre Beaud en 1981, au terme d'une esquisse sur vingt ans de sondages d'opinion politique au Québec. Ils sont là pour rester, avec leur heureuse et imprévisible part d'impondérable et d'imprévu, telle l'émergence soudaine de Mme Pauline Marois aux côtés de M. Pierre-Marc Johnson. Ce qui laisse large place à l'interprétation, à l'analyse, à l'erreur.

De M. Robert Bourassa à M. Lévesque, l'entreprise d'auscultation populaire s'est raffinée, ainsi que l'a démontré le confrère Marc Laurendeau dans un numéro récent du *Gouvernement parlementaire*. Le gouvernement par consensus est déjà là, avec ses incessantes prises de pouls et de température. Au point où, selon le mot de Jean Paré, le Québec est un vaste hôpital où l'on se borne à prendre la température des malades...

Mais le phénomène n'est pas particulier au Québec. Tous les partis et les gouvernements surveillent la girouette. Même le prude Nouveau Parti démocratique exerce la radiographie des cerveaux, pour mieux formuler ses politiques et les adapter à la mode du jour. Il n'y a rien à redire à cela, tant qu'il s'agit d'ajuster l'emballage et la présentation des politiques, de mieux cerner le contexte, tant que les sondages demeurent un moyen parmi d'autres et non une fin en soi.

Outils d'information pour les médias, les sondages ne créent pas le phénomène, mais ils peuvent l'amplifier, comme ce fut le cas avec la «rébellion» contre M. Lévesque. Mais ce dernier savait déjà, par les sondages internes au PQ, que la désaffection à son égard allait croissant et n'était pas le fait d'un journal ou d'un média électronique.

Le danger vient de ce que les sondages peuvent orienter les débats et les enjeux sur des voies secondaires, sinon des voies d'évitement, au lieu d'obliger à s'en tenir à l'essentiel. Leur matraquage accéléré, selon l'expression de Laurendeau, peut porter atteinte à la qualité du débat démocratique. Mais cette qualité était-elle plus vive et acérée avant l'intrusion des coups de sonde dits scientifiques? Comme l'a noté un expert, M. Soucy-D. Gagné, les sondages peuvent forcer les débats, les mettre à jour, amplifier des thèmes, amener gouvernements et partis à s'ajuster aux doléances, revendications et attentes des citoyens.

Si les médias ne sont pas exempts de faiblesses, que dire des partis? Quelqu'un qui s'y connaît en la matière, M. André Larocque, secrétaire général associé (Réforme électorale) au gouvernement du Québec, a déjà dit que les sondages servent davantage à la stratégie partisane et donnent aux partis un sens de la direction qu'ils retrouveraient difficilement dans leur propre démarche. «Les sondages alimentent la crise des institutions politiques plutôt que de contribuer à la résoudre. Cette situation est d'autant plus déplorable que cet instrument privilégié d'information qu'est le sondage pourrait au contraire retrouver une place vitale dans la réorientation du processus gouvernemental...Les sondages contribuent largement à permettre aux partis de flairer les dangers, d'éviter les écueils et d'éviter à prendre clairement, explicitement et tout de suite les décisions qu'ils ont réclamé la responsabilité de prendre...»

Témoignez aux sondages de l'intérêt, non de l'idolâtrie, recommandait M. Harold Wilson, ancien premier ministre britannique. Considérez-les comme des tentatives honnêtes de rapporter l'état de l'opinion publique, ou comme une évaluation de ce phénomène insaisissable qu'est l'humeur du public. «Scrutez attentivement la formulation de la question et le détail de la réponse, ajoutait-il. Insistez pour que la publication des résultats soit franche et équitable, pour qu'elle ne soit pas influencée - soit par sélection, omission ou biais - en fonction des préjugés des propriétaires ou des éditeurs qui contrôlent la publication, car les sondages d'opinion publique constituent un service public.»

Et tant qu'il y aura des discrets et des indécis, la minorité silencieuse continuera, fort heureusement, de se moquer des augures et des oracles.

— GILLES LESAGE

Le Devoir, 19 juillet 1985

L'Etat créateur d'emplois

PIERRE LEMIEUX

Conseiller économique et écrivain

LIBRE OPINION

LE GOUVERNEMENT peut-il créer des emplois ? Si oui, comment se fait-il que le taux de chômage ait atteint 15 % alors que l'État disposait déjà de *la moitié de la production nationale* au Québec ?

Tel est peut-être le problème. Les ressources nécessaires pour les programmes gouvernementaux de création d'emplois ont d'abord dû être prélevées dans l'économie privée, soit par l'impôt, soit par l'emprunt, soit par l'inflation. Or, ces prélèvements détruisent des emplois.

La théorie keynésienne répondait qu'en période de récession, l'État peut stimuler la demande déficiente avec des ressources autrement inutilisées. Mais reste la question essentielle : pourquoi y avait-il du chômage en premier lieu ? Comment expliquer le chômage involontaire ? Comment expliquer qu'un ouvrier de la General Motors prêt à travailler au salaire courant n'ait plus de travail, alors qu'un boulanger de chez Steinberg voudrait bien échanger sa production contre une automobile mais vient d'être mis à pied.

Dans une économie libre, ce n'est pas le plein emploi qui est difficile à concevoir, c'est le chômage. Car ou bien le chômeur ne produisait pas ce que demandent les consommateurs, et son chômage ne durera alors que le temps de changer de secteur. Ou bien le chômage vient de salaires trop élevés pour ce que les consommateurs sont prêts à payer, dans lequel cas le chômeur n'a qu'à offrir ses services à moins cher pour trouver un emploi — méthode hérétique pour les apparatchiks mais bien connue de ceux qui sont à leur compte.

Comme les prix s'ajustent naturellement pour équilibrer les marchés, les économistes (y compris, dans une certaine mesure, Keynes lui-même) ont réalisé que seuls des prix ou des salaires rigides à la baisse pouvaient finalement expliquer la persistance du chômage involontaire.

Pourquoi y a-t-il des salaires et des prix rigides ? Une première voie d'explication de la crise et du chômage part du fait que ces rigidités économiques sont essentiellement des produits de l'intervention étatique : 1) les prix et les salaires fixés par réglementation — salaire minimum, décrets de convention collective, prix du transport ou des produits agricoles, taux d'intérêt sur les cartes de crédit, etc. ; 2) les prix et les salaires déterminés par les monopoles syndicaux ou les autres cartels protégés de la concurrence par des privilèges légaux; et 3) tous les permis de travail exigés par l'État dans quelque 200 métiers et professions au Québec.

On se demande s'il est plus étonnant qu'il y ait 15 % de chômeurs ou plutôt 85 % d'occupés. Considérez le fait qu'en janvier 1983, alors que 439,000 personnes étaient officiellement chômeurs, plus d'un demi-million de Québécois devaient détenir quelque forme de permis de travail obligatoire pour gagner leur vie — dans la construction, les professions, l'enseignement, l'agriculture, le transport... Heureusement que des marchés noirs se développent où un individu peut encore créer son emploi.

Quand les prix et les marchés ne peuvent plus s'ajuster, ce sont les quantités réelles qui subissent la contraction. Des économistes comme Mancur Olson et Phillip Cagan ont ainsi observé, à mesure que progresse le domaine de l'État, une rigidité croissante des prix accompagnée de récessions de plus en plus dures.

Prenez les grandes dépressions. Les États-Unis en connurent une au 19e siècle, en 1839-43. On estime que le niveau général des prix chuta alors de 42 %, comparativement à seulement 31 % en 1929-33. Exacerbée par le protectionnisme et des contrôles gouvernementaux des prix, la grande dépression du 20e siècle fut la première à provoquer un chômage généralisé. Et alors qu'en 1839-43, la consommation en termes réelles avait *augmenté* de 21 %, elle *diminua* de 19 % en 1929-33. La grande dépression de 1929-33 apparaît bien davantage comme une conséquence de l'intervention gouvernementale que comme un effet de la liberté.

Un phénomène similaire se produit à l'échelle des cycles économiques de plus faible amplitude. Selon des chiffres compilés par la Banque Nationale du Canada et la Chambre de commerce du Québec, les cinq récessions qu'a connues le Canada depuis la guerre (1953-54, 1957-58, 1974-75, 1979-80 et 1981-82) ont été marquées par une rigidité accrue des prix (qui ont diminué de 1.8 % en 53-54 puis, par la suite, augmenté de 2.6 %, 9.9 %, 10.7 % et 9.4 %), et par un impact de plus en plus défavorable sur la consommation réelle (progression de 3.2 %, 3.1 % et 2.0 %, puis déclin de 0.4 % et 3.6 %). Au cours de cette période, le poids de l'État au Canada est passé de 22 % à 43 % du PNB.

Une deuxième approche des économistes contemporains pour expliquer la crise et le chômage est la théorie monétariste. La politique monétaire déstabilise l'économie et transforme en crises ce qui serait autrement des ajustements conjoncturels mineurs.

Une troisième voie d'explication se trouve dans les théories hayekiennes et « autrichiennes » du cycle économique. L'inflation créée par le déficit et la politique monétaire de l'État débouche sur une déflation d'autant plus brutale que l'inflation a été importante et a créé des distorsions sérieuses dans l'économie.

Bref, dans la théorie économique contemporaine, l'intervention de l'État apparaît comme la cause plutôt que la solution des crises économiques. Il est donc illusoire et dangereux de prétendre, comme nos gouvernements, combattre le chômage accroissant le contrôle étatique. Autant vouloir prévenir le feu en donnant des allumettes à la GRC.

Le Devoir, 17 août 1982

La morale de la peur

ON REGARDE de travers les jeunes punks, le cheveu en fer de lance, l'oreille transpercée, les clous de pacotille semés dans le cuir noir d'un vague à l'âme qui se donne des airs de raz-de-marée. On trouve qu'ils respirent la violence, l'agression, que leur mode fait peur aux vieilles dames, au détour des rues sombres, pour rien, pour la morbidité érigée en objet de consommation. On déplore.

Mais la mode est la mode. Elle finit toujours par devenir contagieuse, par passer des marginaux aux profiteurs. Nous avons donc assisté, dimanche soir, à la consécration de la morbidité offerte à la consommation du plus grand nombre. Les dirigeants du réseau américain ABC, dont il est utile de savoir que leur seule obsession, depuis toujours, est de déclasser CBS au royaume si payant des cotes d'écoute, doivent jubiler. Cent millions de téléspectateurs, et une résonance mondiale. *The Day After*, ce téléfilm aussi inexact, sirupeux que bâclé, a joué sur le bon nerf et va se vendre merveilleusement sur les marchés mondiaux, peu importe que les commanditaires aient manqué, ce soir-là, pour l'entrelarder de savons ou de bière. Cette semaine, les commanditaires reviendront en force, autour d'émissions connexes portant sur les techniques de survie. On va nous vendre des conserves anti-atomiques, bientôt, et sans doute le « kit ready-made » du bricoleur d'abris. La vie n'est pas désespérante pour tout le monde, sous la menace des mégatonnes.

La répulsion devant cette opération strictement financière et si transparente, c'est le prix à payer pour éveiller la conscience générale aux enjeux du nucléaire, disent certains pacifistes qui obtiennent enfin un meilleur accès aux ondes, grâce à ce « media hype ». Ils feraient bien de se méfier. Car ce qui pend au bout de ce procédé à court terme utile pour peupler des manifestations, ce n'est pas la volonté de paix, mais une exacerbation de la méfiance qui mène aux guerres. M. Reagan l'a bien compris, qui s'est empressé de rassurer les Américains inquiets de l'avenir de Lawrence, Texas. Vous ne serez pas ainsi immolés, dit l'administration américaine, si nous continuons à bien vous protéger.

Il y a là un talon d'Achille pour le mouvement pacifiste, s'il cherche à s'élargir grâce à de telles alliances. Car son moyen, c'est de jouer sur la peur. La peur individuelle de sa propre mort. Le procédé est vieux comme le monde. Le jour du jugement, l'apocalypse, n'importe lequel prêcheur de retraite fermée savait s'en servir pour vous envoyer au confessionnal, prendre une assurance de survie dans l'au-delà. Plus prosaïque, les apeurés d'aujourd'hui vont chercher plutôt une assurance de survie sous terre. Et la paix? Elle n'a rien à voir.

Tous les soirs, tous les réseaux de télévision nous offrent en direct une mort réelle, un déchiquetage vrai, sanglant, d'hommes, de femmes, d'enfants. Beyrouth, Tripoli, Grenade aujourd'hui, et demain la suite ailleurs. La conscience de l'horreur de la guerre monte-t-elle? Au contraire. La France tue en représailles, on applaudit. Les USA tuent à Grenade, on applaudit. Ou on supporte en maugréant. Tout plutôt qu'une hécatombe mondiale, dont nous serions partie. La mort des autres n'a rien de commun avec la possibilité de sa mort à soi, au Texas, c'est-à-dire ici. Et si « la bombe » tombait demain sur l'Afghanistan, le reportage de l'horreur aurait de la difficulté à obtenir les mêmes cotes d'écoute que la fiction. Le poids des existences varie selon leur location sur terre.

Si on démantelait tous les arsenaux nucléaires, demain, et que les populations des grands pays industrialisés apprenaient qu'aucun missile, dans un camp ou dans l'autre, n'est pointé vers leur coin de planète, le pacifisme de masse, tel qu'il est en voie de s'organiser, s'effondrerait. Avec la terreur personnelle, il se nourrit ces jours-ci de ce qu'il reproche aux fabricants de bombe. Cette terreur disparue, il rentrerait chez soi, tandis que les armes conventionnelles, classiques, continueraient de massacrer dans des pays qui ne sont, vus de notre angle, que des créations de téléjournal.

The Day After marque, malgré tout, un tournant. Celui de l'objection de conscience massivement récupérée. Et la conscience, justement, prend un coup de morbidité. Pas étonnant que cet événement semble engendrer le repli sur soi et la dépression, plutôt que le courage de faire face à son angoisse.

— **LISE BISSONNETTE**

Le Devoir, 23 novembre 1983

Le Devoir, mardi 7 mars 1989 ■ 7

Auto-censure

Michel
VASTEL

▲ Lettre d'Ottawa

LA PEUR est sournoise, mais réelle. À Londres, des journalistes du *Times* n'osent plus signer leurs articles, la BBC annule des tables rondes, et les éditeurs cachent leurs listes de personnel.

Comme si une Loi des mesures de guerre s'était soudain abattue sur la Cité, l'affaire des *Versets sataniques* a jeté sur les médias britanniques une chape d'autocensure. Même les tabloïds londoniens, qui ne respectent même plus la famille royale, se surveillent piteusement : une alerte à la bombe a plus d'effet dans les salles de rédaction qu'un téléphone de protestation de Buckingham Palace. Sacré Ayatollah !

Il faut dire que la Dame de fer, à qui rien ne résiste pourtant, commence à se défendre avec la consistance d'une lame de fer blanc : vendredi soir, à la BBC, elle se prononçait gravement sur un livre « très, très offensant pour les fidèles de l'Islam.

En Grande-Bretagne, cependant, Salman Rushdie n'était rien de plus qu'un de ces écrivains qui dépassent rarement la notoriété d'un petit cercle de connaisseurs, remportent des prix littéraires sans doute, mais ne se retrouvent jamais sur la liste des bestsellers. Les *Versets* auraient donc dû rester ce qu'ils sont, une oeuvre pour initiés.

L'anathème de l'iman Khomeiny a cependant plongé l'Occident dans une réflexion qui n'ose même plus porter son nom. En Grande-Bretagne par exemple, la spontanéité avec laquelle les communautés musulmanes ont répondu à l'ordre de mission du leader religieux en a inquiété plusieurs. Tant que les Arabes — comprendre souvent des musulmans — s'installaient dans la City avec des pétro-dollars, la très prude société londonienne passait volontiers l'éponge sur des coutumes qui heurtaient les traditions britanniques. Mais les manifestations dans les rues de Londres ont violemment lancé à la face des Britanniques l'image de communautés qui ne partagent pas leurs propres valeurs et, pire encore, sont prêtes à prendre les armes aux ordres d'un vieillard dont on souhaite ouvertement la destitution.

En France, la réaction du gouvernement a encore été plus brutale : menacé sur sa droite par un mouvement qui brandit le spectre d'une France islamique, le très laïc Michel Rocard est prêt à envoyer en prison tous les fidèles ouvertement déclarés de l'iman. Les sociétés libérales se sentent ainsi menacées par un fanatisme religieux prêt à défendre la foi à coups de bâtons de dynamite... Comme si on avait oublié les expéditions sanglantes des Templiers.

Le débat sur la liberté d'expression, les prises de position des sociétés d'auteurs et de groupements professionnels de journalistes, escamotent malheureusement un problème de fond : celui de la tolérance institutionnelle. Et de ses dangers.

Au Canada, l'affaire Rushdie a mis à jour la dangereuse faiblesse de lois qui s'appuient trop facilement sur la dénonciation. La « révision administrative », à laquelle les Douanes canadiennes se sont livrées il y a deux semaines, a mis à jour une pratique selon laquelle n'importe quel groupe peut lancer une chasse aux sorcières en se prétendant victime de « racisme », de « propos haineux » ou « offensants ». La rapidité avec laquelle les services canadiens ont réagi aux plaintes est maladroite, sinon suspecte. Elle confirme à tout le moins que le ministère fédéral du Revenu réagit avec une célérité remarquable à la délation : en est-il de même avec les dossiers des contribuables ? En particulier s'il s'agit de journalistes ou de politiciens hostiles au régime ? La question mériterait d'être posée à Otto Jelinek.

D'un autre côté, la ferveur avec laquelle les associations canadiennes d'écrivains ou de journalistes ont embouché les trompettes de la liberté d'expression est tout autant maladroite, sinon suspecte elle aussi. L'affaire Keegstra, de triste mémoire en Alberta, n'en rappelle pas moins qu'un crime contre l'Histoire (la négation de l'Holocauste), embarrasse davantage qu'un crime contre la foi (des croyants de l'Islam).

Mais il y a plus encore. Le hasard a voulu que, pendant mon absence en Grande-Bretagne, arrive au bureau du DEVOIR à Ottawa un article d'une certaine Yolanda Cossette-East, publié par la revue *Humanist in Canada* (ISSN 0018-7402). Mme Cossette-East accuse par exemple la Société Saint-Jean-Baptiste d'être un mouvement d'extrême-droite représentant les intérêts de l'Église catholique, qui maintient les masses dans l'ignorance et menace les Québécoises de l'enfer « si elles ne se reproduisent à la vitesse des lapins ». La dame en question s'en prend en outre aux politiques natalistes du gouvernement Bourassa, dénonçant « l'alliance de l'Église et de l'État qui risque de plonger le pauvre peuple du Québec dans l'ignorance et la pauvreté ». Et ainsi de suite...

En montant aux barricades pour défendre les droits inaliénables de Salman Rushdie, il faut bien convenir qu'on se prononce aussi sur le droit des Yolanda Cossette-East de nourrir délibérément les préjugés, sinon la haine, de certains milieux anglophones à l'égard du Québec.

Les erreurs de raisonnement en économique

Il est difficile pour la plupart d'entre nous d'aborder l'étude de l'Économique en faisant abstraction des préjugés et des conceptions erronées que nous entretenons à l'endroit du fonctionnement de l'économie. A vrai dire, nous sommes tous portés à nous considérer comme des « experts » lorsque vient le temps de discuter des choses économiques. Cette difficulté est d'autant plus grande que la vie quotidienne est truffée d'exemples où des personnes ou des dirigeants de groupes présentent de faux raisonnements pour défendre des intérêts particuliers.

L'erreur la plus courante est sans doute celle qui repose sur « l'erreur de composition »; elle consiste à supposer que ce qui est vrai pour une partie l'est nécessairement pour l'ensemble. C'est, en effet, un truc dialectique élémentaire que de généraliser pour tous les niveaux d'analyse ce qui a été établi comme valide dans une situation. Un tel exercice permet souvent d'arriver à des conclusions erronées en les dissimulant derrière un écran de fausses prémisses.

Prenez l'exemple suivant: supposons qu'un fermier ait la bonne fortune d'avoir une récolte de blé tout à fait exceptionnelle. On peut alors prédire que ce fermier aura un revenu réel plus élevé. C'est là une conclusion légitime. Cependant, qu'arrivera-t-il si *tous* les producteurs de blé ont des récoltes exceptionnelles? Pourra-t-on encore affirmer avec certitude que leurs revenus réels vont s'élever? Rien n'est moins certain, car une si grande production risque d'engorger les marchés et de provoquer une baisse substantielle dans le prix du blé et une réduction plutôt qu'une augmentation dans les revenus. Pourquoi une récolte exceptionnelle peut-elle être si bénéfique pour un fermier isolé et prendre les proportions d'un désastre quand l'ensemble des producteurs de blé connaissent une récolte abondante? La réponse tient évidemment à ce que les variations dans la production d'un seul fermier n'affectent pratiquement pas le prix du blé alors qu'il en est tout autrement pour l'ensemble des producteurs.

Il est peut-être vrai qu'une telle « erreur de composition » puisse confondre l'homme de la rue, mais il est douteux qu'il en soit ainsi pour les commissaires de la Commission du blé, pour les courtiers de la Bourse des Grains de Winnipeg ou celle de Chicago.

Par conséquent, l'évidence simple ou le sens commun ne sont pas toujours des guides sûrs lorsque l'on aborde les problèmes économiques et il convient d'être constamment conscient du niveau d'analyse auquel nous évoluons. C'est la raison pour laquelle nous distinguons deux grands niveaux d'analyse en Économique afin de distinguer les problèmes économiques des composantes de ceux de l'ensemble de l'économie: le premier niveau est celui de la *microéconomique* ou de l'équilibre partiel; le deuxième est celui de la *macroéconomique* ou de l'équilibre général.

En dernier lieu, le lecteur doit être mis en garde contre un autre mode de raisonnement qui, s'il est parfois utile dans la vie de tous les jours, peut avoir des conséquences désastreuses en Économique. Ce mode de raisonnement est l'*analogie*. En comparant des choses qui ont une certaine similitude mais qui sont fondamentalement différentes, il est facile de raisonner à partir de faux syllogismes.

Considérons l'exemple suivant:

— L'homme descend du singe;
— Le singe descend de l'arbre;
— Donc, l'homme descend de l'arbre.

La logique de ce raisonnement semble à prime abord valide, mais la conclusion qu'on en tire démontre éloquemment que le recours à des analogies ne saurait servir de substitut à une analyse soignée. Par conséquent, nous n'accepterons pas en Économique une conclusion seulement parce qu'elle a les apparences de la vérité. Nous utiliserons plutôt les outils de l'analyse économique pour préciser les conditions qui valident une théorie quelconque et nous soumettrons ultimement cette théorie au test de l'évidence empirique. Ce sera le seul moyen à notre disposition pour séparer les réalités scientifiques des assertions erronées.

(R. Tremblay, ***L'Économique***, p. 15)

12 LeDroit OTTAWA-HULL, MERCREDI 28 SEPTEMBRE 1988

ÉDITORIA

Trop de vendeurs

Dans le monde olympien des dieux du stade, un héros est tombé. Hélas aura-t-il fallu que le sort désigne le plus fameux de nos sportifs présents à Séoul, Ben Johnson.

Car c'est bien de sort qu'il s'agit: parmi tant d'adeptes des drogues destinées à améliorer les performances, Johnson a eu le malheur de s'être fait prendre. Les spécialistes du sport amateur affirment en effet que l'usage de stéroïdes anabolisants ou autres trucs pharmaceutiques est commun, universel.

Le sport olympique canadien en est touché durement. Nos fédérations iront en retraite fermée après Séoul pour réfléchir à leur faible autorité qui ne s'étend pas à 50 pour cent des athlètes. Ces derniers sont devenus des machines à sous manipulées par des agents d'affaire, comme dans le monde professionnel.

Quelle désillusion pour les Canadiens! Les jeunes ont frémi à voir un Ben Johnson gagner le cent mètres vendredi dernier. Des adultes mi-naïfs ont consacré plus d'heures en une semaine à bouffer de l'olympisme qu'ils n'en mettent en quatre ans à regarder évoluer les Canadiens et les Nordiques, les Expos et les Blue Jays, ces instruments franchement commerciaux, eux.

Le Canada serait pourtant à l'avant-garde de la surveillance, affirme le ministre Charest, ce qu'a salué le président du CIO, M. Samaranche. Si c'est vrai et que tombe malgré tout un gros poisson comme Ben Johnson, que se passe-t-il dans l'aquarium où frétillent des athlètes de moindre niveau de gamme mais pas moins ambitieux?

Et au niveau international, qu'en est-il de l'olympisme moderne bientôt centenaire? Si le recours aux drogues est aussi constant et répandu qu'on le dit avec autorité, quelle blague alors que ce sport dit «pur»! Il n'est ni plus ni moins qu'une grosse kermesse. Il est plus sophistiqué et prétentieux que les matches de lutte à l'aréna du coin. Mais ceux-ci sont moins hypocrites!

L'événement Ben Johnson vaut-il ce ton scandalisé? Ce garçon déchu, sans doute consentant, a été piégé par le système multi-millionnaire anabolisé de «*Citius, fortius, altius*», cette devise olympique issue de la noblesse surannée du baron de Coubertin.

La condamnation du Canadien, comme celle des nombreux autres déchus de Séoul pour une même histoire, c'est un blâme pour l'olympisme lui-même. L'affaire Ben Johnson aide à comprendre que cette gigantesque machine sportive a déraillé. Elle est dominée par les fabriquants d'image, les spécialistes en pharmacopée, voire les tricheurs, ceux qui écopent et les autres.

Au temple de l'Olympe, il y a des vendeurs à chasser!

Pierre Tremblay

LeDroit, OTTAWA-HULL, MERCREDI 28 SEPTEMBRE 1988 13

COMMENTAIRES

La chute du héros qui a triché

LA POLITIQUE

Michel Roy
LeDroit

Au début, on s'accroche à l'espoir d'une erreur.

La rumeur a couru durant quelques heures. On croit toujours qu'elle sera démentie. Mais voilà que les hautes autorités olympiques, preuves à l'appui, confirment la nouvelle. Les officiels canadiens, littéralement endeuillés, s'inclinent et confirment. Ben Johnson avait absorbé des stéroïdes anabolisants.

Nouvelle inconcevable. Il doit y avoir autre chose: peut-être la confusion chez les techniciens de laboratoire qui auraient procédé trop vite à l'analyse? Non, on a au contraire travaillé méthodiquement et sans précipitation. Ou alors, comme l'affirme son gérant, c'est un coup secrètement monté: on aurait substitué au thermos de l'athlète un autre récipient isolant dont Johnson aurait bu par mégarde le contenu, une boisson exotique contenant le stanazolol, peu avant la course.

Mais cette hypothèse, un instant plausible, ne résiste pas à un examen plus poussé des faits: l'analyse d'urine montre que Johnson devait s'être dopé bien avant les épreuves qu'on a vues à la télévision vendredi soir.

C'est donc la chute du héros. Il faut rendre la médaille d'or qui suscitait l'admiration du monde, l'orgueil des Jamaïcains, la fierté des Canadiens. Mais il a tout de même franchi les cent mètres en moins de dix secondes! Oui, mais ce n'était plus tout à fait lui. La déception est amère. Celle de ces millions de jeunes, en particulier, qui découvraient avec émotion depuis deux jours le nouveau dieu du stade, incroyable symbole de l'olympisme triomphant.

«Alors, il a triché?» demande l'enfant incrédule.

«Oui, d'une certaine manière, c'est vrai. Il a triché.»

Mais, au coeur de la déception, évitons les pièges de l'hypocrisie. Ben Johnson a fait ce que d'autres athlètes, de plus en plus nombreux, ont aussi décidé de faire. Cela est connu. Le Comité international olympique réprouve et condamne, comme il se doit. Mais le phénomène se répand. L'évolution des sociétés rattrape et souille la pureté olympique. Beaucoup de gens savaient que Big Ben se dopait. Beaucoup de gens savent que d'autres athlètes, d'autres médaillés absorbent des stéroïdes anabolisants.

Et tous ces athlètes, devant l'écrasant défi qui les sollicite, font comme tant d'êtres sur cette terre: pour surmonter les épreuves qui terrifient, ils absorbent des stimulants. Des millions d'hommes et de femmes consomment des tranquillisants pour faire face aux difficultés quotidiennes et, le soir, pour se remettre, absorbent de l'alcool ou d'autres substances enivrantes; et, plus tard, pour dormir, ils avalent des calmants. Et ainsi de suite jusqu'à la fin de la vie.

Mais les athlètes, surtout aux Jeux olympiques, doivent démontrer à l'humanité admirative leur aptitude à se surpasser sans recourir à d'autres moyens que l'entraînement, la volonté et l'effort. Tel est le sens que l'intégrité olympique.

Mais la réalité des choses de la vie quotidienne n'épargne rien ni personne. C'est une corrosion qui gagne les milieux les plus invulnérables, comme les athlètes de l'univers olympique, déjà perverti par les tensions mondiales et les forces indomptées de la politique entre les grands et petits pays.

Enivré de gloire, exalté par le succès, ne sachant plus résister aux millions que lui assuraient ses exceptionnelles performances, Johnson a soudain perdu l'équilibre et trébuché. Ne soyons pas naïfs. Ne lui jetons pas l'anathème. Il a fait ce que tant d'autres ont fait et font encore impunément. N'importe qui comprend cela. Mais une chose reste incompréhensible: comment n'a-t-il pas su qu'il se ferait prendre un jour? Ce n'était pas seulement un très gros risque à courir. Pour un athlète obligatoirement soumis à l'analyse, c'était suicidaire.

Ce drame national de l'olympisme canadien, blessant pour les athlètes réunis à Séoul qui se sentent trahis, consternant pour les couleurs du Canada et la fierté de ses compatriotes, interpellent la conscience de tous ceux qui assument encore la responsabilité de recruter, de former et d'encadrer les athlètes en vue des olympiades ou des grandes rencontres internationales.

Mais comment garantir l'intégrité de l'athlétisme, l'idéal olympique, la pureté des Jeux? Quel climat nouveau faudrait-il créer? Quel régime plus rigoureux doit-on définir? Cette interrogation, comme tant d'autres aujourd'hui, conduit tout droit à la question du choix des valeurs essentielles que nous voulons protéger.

Car il ne suffit plus de dresser les athlètes comme des bêtes de cirque, de les pousser jusqu'à l'extrême limite de leurs possibilités, de leur inspirer jusqu'à l'obsession la volonté de se surpasser, de les conditionner enfin à ne convoiter que des médailles.

On voudrait aussi restaurer les valeurs inhérentes à l'olympisme et au sport amateur: l'intégrité des athlètes, la solidarité, la fraternité, le développement des aptitudes physiques et intellectuelles.

Est-il trop tard pour maintenir ces valeurs qui paraissent anachroniques aujourd'hui? Sinon, il faudrait y veiller avec autant de souci que Séoul en a mis à garantir la sécurité des Jeux.

SI TU VEUX SAVOIR,
LE LAIT NON PLUS NE
FAIT PAS LE BONHEUR!

Rédacteurs en chef adjoints:
Jean Francoeur
Jean-Pierre Proulx

Directeurs de l'information:
Pierre Loignon
Gilbert Brunet

Trésorier:
Bernard Larocque

Directeur de la publicité:
Marcel Payette

La pollution sous l'angle d'un rapport coûts/bénéfices

par Alain Daneau

J'aimerais apporter quelques commentaires personnels au texte de Michel Jurdant paru dans LE DEVOIR du 16 août 1982 et intitulé: «Les inéquités écologiques: la dépollution est trop importante pour être laissée au dépollueur».

Je crois d'abord qu'il faut éviter d'encadrer la question de la pollution avec, d'un côté, les mauvais pollueurs et les mauvais experts de la pollution et, de l'autre, les bons écologistes. Cette approche de la réalité a peut-être permis à Ronald Reagan de pouvoir vivre de ses films de cow-boys il y a une trentaine d'années mais j'ai la conviction que la société est plus pondérée dans ses décisions.

J'ai l'impression d'ailleurs que la question de la pollution (et de façon plus large des problèmes écologiques) n'est pas du tout une affaire d'éthique mais est plutôt fondamentalement économique.

L'action écologique reflète un cas où un segment particulier dans la distribution des revenus veut obtenir certains biens et services économiques (un environnement propre) mais ne le peut sans une action collective. Par conséquent, ces personnes doivent persuader le reste de la société qu'il est important d'avoir un environnement propre et d'imposer des réglementations pour forcer les autres à produire un environnement propre.

Ainsi, l'action écologique est le produit d'une distribution des revenus qui a atteint le point où plusieurs individus trouvent qu'un environnement «propre» est important pour leur standard de vie. On constate que la demande pour un environnement «propre» provient surtout de la classe moyenne aisée. Avec un salaire de 40 à 50,000 dollars par année, un individu a les moyens de profiter de la nature (achat de voilier, canot, chalet, etc.) mais la pollution des lacs peut l'en empêcher. Il est d'ailleurs peu surprenant de constater que M. Jurdant, professeur d'université, fait partie de cet échantillon dans la distribution des revenus.

Le problème provient alors du fait que les deux autres groupes de la société (ceux situés dans le bas de l'échelle de la distribution des revenus et ceux situés dans le haut) s'opposent à la demande des écologistes.

LIBRE OPINION

Les gens dans le bas de l'échelle des revenus ne gagnent pas assez pour qu'un environnement «propre» soit élevé sur leur liste de biens et services en demande. Par exemple, une personne se contentant du balconville l'été est peu affectée par la pollution d'un lac en milieu rural. Mais surtout, elle n'apprécie pas que la demande des écologistes puisse menacer son revenu: qu'on pense par exemple à un travailleur de moulin à scie dans les Cantons de l'Est.

Les gens à revenus très élevés s'opposent également aux demandes écologiques pour la même raison qu'elles peuvent affecter négativement leurs ressources financières et que par ailleurs, ils ont les moyens de s'acheter des coins de nature plus à l'abri de la pollution.

Cette approche économique par la distribution des revenus permet de comprendre d'abord pourquoi les demandes pour un environnement propre se font de plus en plus nombreuses (avec l'expansion au cours des deux dernières décennies de la classe moyenne, générée en partie par l'offre d'emplois bien rémunérés par les différents paliers de gouvernement) et pourquoi également ces demandes sont plus ou moins satisfaites (dépendant entre autres du poids démographique et politique de la classe moyenne «aisée» dans une société démocratique).

Cette approche ne nie pas (ni n'avoue d'ailleurs) qu'il y ait des problèmes écologiques.

La meilleure façon de résoudre les problèmes écologiques à mon sens est de démontrer que les coûts de la pollution sont supérieurs aux bénéfices de la pollution.

Il est encourageant de voir que M. Jurdant a déjà commencé à s'attaquer à cette tâche en mentionnant dans son article que l'Ontario déplore la perte de 6,000 emplois à cause de lacs pollués et que Héritage Canada estime que le coût annuel des dégâts par les pluies acides aux édifices du pays est d'un milliard de dollars, etc. Il serait intéressant d'évaluer aussi le prix de «lacs malpropres» si cela pouvait se faire...

Il aurait cependant dû poursuivre l'analyse en montrant comment il estimait les «bénéfices» de la pollution: emplois accrus par le maintien de la position concurrentielle de certaines usines (papier, etc.) qui ne sont pas forcées d'acheter des équipements de dépollution, etc.

J'ai laconviction que c'est d'abord en démontrant que les coûts de la pollution sont supérieurs aux bénéfices que la société ne s'engagera plus (indirectement) dans cette entreprise. Mais pour en arriver là, il faut d'abord se convaincre que la pollution n'est pas un mal en soi mais est le reflet d'un ratio bénéfices/coûts. Chaque médaille a deux côtés, même la médaille écologique.

Le Devoir, 19 août 1982

Les décibels de la famine

BILLET

LISE BISSONNETTE

«PUISQU'IL voyagera en Concorde, le chanteur Phil Collins pourra participer aux deux concerts», disait la semaine dernière la légende d'une photo transmise par l'Associated Press. C'était peu avant la diffusion simultanée, de Londres et de Philadelphie, dans 88 pays et à un milliard d'auditeurs, de *Live Aid* pour l'Afrique, l'événement rock le plus charitable du siècle.

Mardi soir, un envoyé de la chaîne américaine CBS au Soudan perdait le ton habituellement détaché de la maison, devant la dernière catastrophe: le seul train poussif capable de rejoindre des centaines de milliers d'affamés gisait devant lui sur un flanc, emporté dans la boue des inondations, avec une portion de l'unique voie ferrée du pays. Les rares camions s'enlisaient dans des routes qui n'en étaient plus. La pluie elle-même, si attendue, tourne à la malédiction.

Je sais bien que si Phil Collins faisait un saut de Londres à New York en quatre heures, c'était aussi pour remplir des camions qui prennent vingt jours à traîner leur chargement de nourriture sur mille kilomètres, en Éthiopie ou au Soudan. Et qu'il est trop facile, si usé, de mettre le luxe des uns en relief sur la misère des autres. Et qu'après tout, *Live Aid* a généré, le 13 juillet, quelque $90 millions US pour l'Afrique éprouvée. Mais je n'arrive pas à m'esbaudir devant ce grand coup de coeur des vedettes et de leurs fans. Je revois cent images d'un récent séjour en Éthiopie, grises et lentes et fermées. Le bruit rock les tourne en dérision. Pas un interstice pour la fête.

Sauf si on prend pour de l'espoir, ou pire, de la gratitude, les grappes d'enfants qui vous étreignent dans les camps, qui rient au flash d'un photographe, qui réclament vos crayons, et qui lèvent ensemble, comme en un jeu, leurs centaines de petites tasses bleues remplies de bouillie blanche, lait, sucre, farine et huile, le matin, le midi, le soir, et demain matin, demain midi, demain soir. Le grand délire de Philadelphie et de Londres, qui va assurer la bouillie pour quelques semaines de plus, c'est la fête de bienfaisance revue et corrigée par satellites. Les décibels ont remplacé les petits fours, les rockers les dames d'oeuvres, et il reste bien, dans des accoutrements, quelques épingles à chapeaux. Les résultats ne sont pas sans mérite, mais à tout prendre, j'aime mieux la sollicitation austère de l'Armée du Salut. Elle est moins primaire. Elle respecte tellement mieux le drame de ceux qu'elle aide. Hélas, elle rapporte peu.

Admettons donc les formes de générosité des temps modernes. Pour vibrer, nos cordes sensibles doivent désormais avoir besoin d'amplification. L'énormité ressemble au problème, elle ne le résoud toujours pas. Ou si légèrement. Faisant le compte, les organisateurs du concert double ont décidé de divertir quelques millions vers l'achat de camions, vers le support logistique pour le transport de nourriture. On aura au moins gagné, depuis quelque temps, ce petit bout de raison.

Il y a plus de six mois que les responsables de la coordination des opérations d'urgence, sur place, répètent qu'ils ne peuvent pas acheminer plus de la moitié des dons alimentaires, qui s'empilent dans les ports et dans les entrepôts de fortune. Le Canada a décidé tout récemment d'envoyer moins de blé et plus de camions; l'URSS, qui n'a jamais donné de blé, a expédié des camions. Le problème des camions, comme n'importe qui vous le dira sur le terrain, est mille fois plus grave que les quelques interventions du régime militaire mar xiste éthiopien dans la distribution de l'aide, dans les régions qui lui sont rebelles. On commence enfin à le comprendre, au moment même où les camions ne suffisent plus. Là où la pluie détruit les routes, là où il n'y a jamais eu de routes sauf pour la progression de la famine, il faut maintenant des avions, des hélicoptères.

Et même si des flottes volantes allaient rejoindre celles qui oeuvrent déjà, les polonaises, les britanniques, les allemandes, pour empêcher que la fin de 1985 ne tourne à l'hécatombe après l'épuisement de la mini-récolte du printemps, le problème ne serait repoussé que d'un cran. Les enfants à la bouillie retourneront chez eux, boire de l'eau polluée et traîner leurs diarrhées ou leur tuberculose. Toute une génération portera, dans ses handicaps physiques et mentaux, la lourde et coûteuse trace de ces deux années d'agonie. Il y aura encore des régions, grandes comme la France, sans un médecin, sans une clinique, et nul n'oserait parler vraiment d'école. Les organismes des Nations unies nous entretenaient là-bas comme d'un rêve de leurs appels à l'aide internationale pour fournir aux agriculteurs, aux éleveurs, des outils, des semences, quelques animaux, pour un nouveau départ. Non seulement la réponse était-elle mince, mais l'idée un peu dérisoire: une tentative semblable, il y a trois ans, avait échoué dans la sécheresse. On ne peut rien contre la météo quand l'irrigation la plus rudimentaire est un impensable développement technologique, et que le désert gagne du terrain plus vite que les armées qui piétinent dans leurs interminables guerres de frontières.

Devant cette fatalité contre laquelle ne combattent, ici et là, que quelques organismes volontaires détournés actuellement du creusage des puits vers les secours d'urgence, on se prend à souhaiter, cynique, que la météo reste impitoyable. S'il a fallu tout ce temps pour comprendre le rôle essentiel des camions, après l'envoi du lait en poudre, il en faudra infiniment plus pour qu'on se rende compte de cette chose sidérante: l'Éthiopie, le pays le plus pauvre du monde, n'est un «pays de concentration» d'aide au développement pour aucune puissance, moyenne ou grande, de la planète. Pas même, malgré les apparences, pour l'URSS, qui vient tout juste de commencer à dépasser timidement sa coopération militaire. Nul ne se donne de responsabilité particulière pour l'avenir et, après la grande peur, on ne laissera sur place que de mini-projets de coopération. Les États sont comme les rockers, et les rockers, cela se conçoit, ne peuvent guère aller plus loin que les États.

Voilà pourquoi l'Éthiopie restera un immense désastre, et pour longtemps, malgré le plaisir qu'on s'est offert à se croire bons le 13 juillet. Ma morale ne va nulle part, je le sais, mais elle n'est pas plus absurde que celle qui propose aujourd'hui *Live Aid* au prix Nobel de la paix. La paix de nos consciences, on suppose.

Le Devoir, 18 juillet 1985

Rétrospective de Maltais à la galerie Lavalin

Paul-André Comeau

POUR avoir droit de cité, un peintre doit-il faire preuve d'une totale fidélité à un style, à un courant ? Cette question revient indirectement dans les propos de Marcella Maltais dont la rétrospective se terminera samedi prochain à la galerie d'art Lavallin, boulevard René Lévesque, à Montréal.

La trajectoire de Marcella Maltais est originale. Elle rompt aussi avec les schèmes classiques. Fin des années 50, cette jeune femme, venue de son Saguenay natal, après un séjour à Québec, compose un quatuor qui illustre la version montréalaise de l'automatisme. Puis, au moment où mai 1968 fait basculer préjugés et certitudes, elle abandonne l'abstraction pour renouer avec l'expressionnisme de ses débuts. Depuis, elle poursuit une expérience solitaire, rare, en marge de la colonie artistique de Montréal.

Entre les gouaches des années 60, où la spatule dicte une façon de voir les choses, et les grandes toiles qui disent les paysages de la Grèce ou le charme vétuste de la Beauce, l'impression se fixe difficilement. C'est dire l'intérêt de cette rétrospective qui permet de suivre les 39 ans de carrière de ce peintre.

Au fil des 129 toiles — huiles, encres, et autres — rassemblées par Marcella Maltais elle-même, le cheminement singulier d'une artiste se précise. Et soulève de nombreuses questions qui passionnent Mme Maltais, mais qui laissent indifférente la critique d'ici.

Avec un bel acharnement, qui lui permet de vivre de son chevalet, Marcella Maltais a résolument tourné le dos à tout un milieu qui ne semble pas lui avoir pardonné son infidélité au courant issu de Borduas. Entre sa ferme des confins de la Beauce et sa maison à Hydra, en mer Égée, entre deux séjours à Paris où elle a longtemps vécu, les toiles s'accumulent au rythme de trois ou quatre par année.

Milieu des années 70, Marcella Maltais professait une vénération envers Vermeer. Fascinée par la lumière du maître hollandais, elle transpose dans ses oeuvres cette interrogation sur la relation entre êtres, objets et source lumineuse. Depuis, l'influence de Vermeer semble s'estomper, mais la même quête relie entre elles ces toiles où la lumière en est le dénominateur commun.

Dans sa période Lemieux et Dallaire, Mme Maltais avait signé une toile intitulée *Fenêtres de Québec*. Comme pour boucler la boucle, l'une de ses dernières huiles représente un hommage à Félix Leclerc. Une façon de bien situer son appartenance, malgré ses errances.

Dès le 25 mars, cette rétrospective Maltais se retrouve à Chicoutimi au Musée du Saguenay-Lac Saint-Jean. Le retour au pays natal après 40 ans d'une carrière qui intrigue et désarme tout à la fois.

Le Devoir, 2 mars 1989

L'invasion de la Grenade

FORÇANT la communauté internationale à se détourner momentanément du drame de Beyrouth, l'administration américaine a mis son prestige, une partie de sa force, et sa crédibilité dans une entreprise indéfendable. L'invasion de la Grenade déborde la simple opération militaire visant à nettoyer une île où les valeurs et les droits démocratiques ont été violés, niés et contrariés par les leaders successifs du pays depuis son indépendance. Cette île, si minuscule soit-elle, jouit de la souveraineté. À ce titre, l'État de Grenade est inviolable sauf pour des motifs tout à fait exceptionnels et pouvant être établis hors de tout doute. Or ces preuves n'ont été fournies ni par le président Reagan, ni par le secrétaire d'État, M. Shultz, ni par aucun des porte-parole de l'administration américaine. Les motifs invoqués pour justifier l'invasion ne sont pas concluants, pour dire le moins.

Protection des ressortissants, sécurité nationale, restauration de la loi et de l'ordre et rétablissement des institutions démocratiques, tels sont ces motifs. À une semaine du coup militaire qui a renversé le gouvernement de Maurice Bishop et selon les informations disponibles, aucun d'entre eux n'est recevable.

S'agissant de la sécurité des ressortissants américains, il est loin d'être prouvé que ces derniers encouraient un danger imminent. Aucun d'entre eux n'était soumis à des mesures d'exception, sauf aux règles prévalant pour tous les habitants de l'île. Aucun d'entre eux n'a subi de sévices, même légers. Aucun d'entre eux n'était retenu contre son gré. Les nouveaux gouvernants semblaient plutôt désireux de régler correctement le problème posé par la présence des ressortissants étrangers. Ottawa avait reçu des assurances claires. D'autres capitales aussi. Mais dans la perspective de difficultés appréhendées ou réelles, la communauté internationale a prévu des mécanismes de médiation. Il fallait les épuiser avant de passer à l'intervention directe. Certes, cette dernière n'est pas absolument exclue quand des ressortissants sont tenus en otage et soumis à des traitements physiques ou psychologiques inacceptables. Mais même dans un contexte aussi détérioré, peu d'états s'y résignent, par crainte de multiplier les victimes.

S'agissant de la sécurité nationale des États-Unis, on se surprend de son évocation même. Les forces en présence sont si totalement déséquilibrées, les moyens de l'une éclipsent tellement ceux de l'autre que, dans l'état actuel des choses, cet argument est aberrant.

Certes, l'appartenance claire de la Grenade à la famille des nations dites « libres » fait problème. Certes, son amitié avec Cuba, ses liens récents avec le bloc de l'Est, ses nouvelles relations avec la Syrie, la Lybie et l'Iraq notamment, ont suscité appréhensions et inquiétudes à Washington ces dernières années. Mais la question essentielle est ailleurs. Colonie britannique jusqu'en 1974, toujours membre du Commonwealth, partie aux pactes régionaux de l'hémisphère, la Grenade avec ses 120,000 habitants est d'abord fragment du tiers-monde. Le revenu annuel moyen n'y atteint pas $700, le taux de chômage flotte près des 40%, la dette nationale équivaut à la valeur annuelle de toutes ses exportations, la balance des paiements y est déficitaire de près de $100 millions par année. Ce bref bilan indique assez la faillite du lien historique de Grenade avec l'Ouest, ou du moins l'absolue nécessité de sa révision radicale. Or cette révision, que recherchait et souhaitait Maurice Bishop, n'a jamais eu lieu. D'où le glissement progressif vers l'autre monde, vers le tiers-monde, Cuba, l'Union soviétique et les républiques populaires.

Ce glissement est bien plus une conséquence qu'un choix. Une conséquence qui s'impose maintenant en Amérique centrale et dans l'immense continent plus au sud. À moins de tenir par la force tout un faisceau de nations, ce qui sera impossible, il est devenu impérieux de comprendre que la sécurité, au double sens politique et militaire du terme, est indissociable du développement et de la justice. Ce ne sont pas 2,000 soldats qu'il faudra dépêcher demain dans cette région du monde pour préserver la « sécurité nationale » américaine et sans doute la nôtre, mais bien des dizaines de milliers. Cette politique est insensée. Il faut la condamner.

L'objectif du rétablissement des valeurs démocratiques, qu'invoque le président américain pour justifier l'invasion de la Grenade, est trompeur. Ces valeurs n'ont jamais existé dans l'ancienne colonie britanique, ni avant ni après l'indépendance. Elles ne s'imposeront pas par la force des armes, ni à Grenade, ni au Nicaragua. Ces valeurs sont inséparables du développement et de la justice. Dans l'intervalle, il est peu probable qu'elles empruntent exactement le modèle qui prévaut dans les sociétés industrielles avancées. Dans l'ordre des tout premiers besoins des individus et des peuples, certaines des formes sophistiquées de nos habitudes dites « démocratiques » constituent un véritable luxe politique. Elles sont souhaitables, mais non essentielles.

Bien près de la réprobation formelle, la première réaction du premier ministre Trudeau tenait compte des normes du droit et des pratiques internationales. Sceptique, le chef du gouvernement canadien a exprimé un doute devant les motifs déclarés par le président Reagan. De l'autre côté de la Chambre, le chef de l'opposition buvait la prose présidentielle comme un partisan inconditionnel. M. Mulroney tiendrait-il deux raisonnements contradictoires selon qu'il s'agit de l'Union soviétique ou des États-Unis? « Des pays voisins ont sollicité l'intervention américaine », répétait le chef conservateur avec emphase. Bien. Selon cette théorie infirme, la Pologne est à la merci d'une demande adressée à Moscou par Bucarest et Sofia. Cette simple affaire de courrier n'est pas sans importance. Elle dissout absolument la première règle du droit international public, qui fait de la souveraineté nationale un rempart contre l'arbitraire, l'usage de la force et la multiplication des zones de conflit. On se félicitait mardi que M. Mulroney soit chef de l'opposition plutôt que chef du gouvernement.

— JEAN-LOUIS ROY

Arguments tendancieux

Dans une opinion publiée dans LE DEVOIR du 9 juillet. Mme Yolande Geadah dénonce les pressions faites par les Etats-Unis pour empêcher la « politisation » de la conférence de Nairobi sur la condition féminine. Mais en tentant de démontrer que cette politisation est légitime, l'auteur ne réussit qu'à prouver le bien-fondé des appréhensions américaines, car elle se livre précisément au genre de perversion idéologique que les Etats-Unis, à juste titre, redoutent.

Ainsi les exemples qui lui servent d'arguments pour tenter de lier politique et condition féminine sont à la fois non pertinents et tendancieux. Ils sont non pertinents, parce que les souffrances des Palestiniennes dont les maisons sont dynamitées par les Israéliens, ou les conditions de vie misérables des femmes sud-africaines dans les bentustants, ne tiennent pas au fait que ce sont des femmes, mais au fait que ce sont respectivement des Palestiniennes et des Noires. Quant aux femmes nicaraguayennes qui font la queue pour acheter du pain, l'embargo américain, même en supposant qu'il soit la cause de la pénurie, n'expliquera jamais pourquoi ce sont les femmes qui doivent attendre pendant des heures. Comme on le constate dans ces trois cas, ou bien le problème évoqué n'a pas de rapport avec la condition féminine, ou bien il en a un et il a des causes autres que politiques.

Ces exemples sont également tendancieux, parce que le responsable du mal est toujours dans le camp américain. Mme Geadah aurait bien pu parler des femmes afghanes bombardées par les Soviétiques, des femmes polonaises qui font la queue (sans embargo américain) ou des Indiennes Miskitos mortes ou restées veuves à la suite des raids sandinistes? Pourquoi ne l'a-t-elle pas fait? La réponse est claire: c'est que la question de la condition féminine n'est pour elle, comme sans doute pour bon nombre des futures déléguées à la conférence de Nairobi, qu'un prétexte pour faire le procès des Etats-Unis et de leurs alliés.

C'est ce genre de dérapage que les Américains veulent parvenir, et on voit mal comment on pourrait les en blâmer.

— **JACQUES LAGACÉ,**

Sainte-Foy, 9 juillet

Le Devoir, 16 juillet 1985

La porte étroite en médecine

Le contingentement frappe aussi bien les étudiants québécois

LA MÉDIATION spéciale que le gouvernement du Québec vient de confier au Dr Paul David a reçu un accueil plutôt mitigé de la part de la quinzaine de médecins immigrants qui font la grève de la faim pour obtenir un permis d'exercice.

Le mandat du Dr David, qui sera assisté de deux collègues, paraît d'ordre plutôt humanitaire.

Il devra 1) s'assurer que le processus de sélection pour l'attribution des postes de résidence réservés aux médecins formés à l'étranger respecte les critères établis, 2) veiller à ce que ceux qui se représenteront aux examens de mai soient traités avec équité, et 3) faire des recommandations touchant la réorientation professionnelle des candidats qui essuyeront un nouveau refus.

Pour le gouvernement, il n'est pas question d'admettre à la pratique de la médecine tous les diplômés venus de l'extérieur.

Son analyse de la situation ne le permet pas.

Il y a 25 ou 30 ans, avant l'instauration du système public de santé au Canada, les planificateurs appréhendaient une pénurie de médecins et les gouvernements donnaient le feu vert à la création de nouvelles facultés de médecine — dont celle de Sherbrooke — en même temps qu'ils pratiquaient une politique de portes ouvertes à l'endroit des médecins venus de l'étranger.

Il a fallu déchanter.

Les fruits n'ont pas passé les promesses des fleurs. La population stagne. Si bien que le Canada se retrouve aujourd'hui avec un ratio habitants-/médecin jugé amplement suffisant. Au Québec, au tournant des années 80, il était même question de surnombre. C'est alors que le gouvernement péquiste imposa une réduction de 10 % du nombre des entrées en première année de médecine. Aujourd'hui, après les travaux de la table de concertation réunissant tous les intervenants (facultés, corporations, fédérations syndicales...), on est moins catégorique. Compte tenu de certaines tendances qui se dessinent, il est maintenant question de stabiliser à 575 le nombre des admissions. Telle est du moins la proposition que l'on retrouve dans le document d'orientation rendu public lundi par Mme Thérèse Lavoie-Roux.

(Le fait que les médecins soient mal répartis sur l'ensemble du territoire et que certains établissements éprouvent même des difficultés de recrutement constitue un problème distinct qui appelle des solutions spécifiques.)

Pendant ce temps, quelques centaines de médecins continuent de franchir chaque année les barrières de l'immigration.

Au début de 1986, le Québec se retrouvait avec une liste d'une centaine de nouveaux arrivants en attente d'un poste d'internat. Le gouvernement décida de les intégrer au rythme d'une trentaine par année. Deux ans plus tard, la liste, loin d'être réduite, s'était allongée : elle comptait alors plus de 140 inscrits. Nouvel effort du gouvernement pour absorber 25 médecins de plus par année pendant quatre ans. En outre, pour éviter que la liste ne se gonfle encore, le gouvernement décidait d'admettre dix autres candidats chaque année par voie de concours.

Rien n'y fait. Il reste toujours une quarantaine de médecins sur le carreau. C'est parmi ces refusés que se recrutent les grévistes qui ont choisi de dramatiser leur situation aux yeux de l'opinion.

D'où la mission confiée au Dr David.

Mais la porte reste étroite. Dans le document de Mme Lavoie-Roux, il est aussi question de « contrôler davantage la venue d'étudiants étrangers et l'immigration de médecins ».

C'est une orientation qu'on ne saurait, dans le contexte actuel, qualifier de déraisonnable. Il ne faut pas perdre de vue que le contingentement frappe aussi durement les jeunes Québécois : sur cinq aspirants à la carrière de médecin, un seul sera admis en première année.

— JEAN FRANCOEUR

Le Devoir, 13 avril 1989

Le public rit souvent, devant le *Who's afraid of Virginia Woolf ?* du Rideau Vert. Des phrases terribles, de Martha à Georges surtout, rarement dans l'autre sens, provoquent une certaine hilarité. Pas parce que la comédienne, Louise Latraverse, cabotine, ou joue faux. Cela n'est pas en cause. Latraverse propose une Martha légère, moins brisée que désabusée, mais son interprétation n'est pas du genre pousse-au-rire : et pourtant le public rit. Ceux qui signent ce spectacle un peu fragile et trop loin du drame devraient y réfléchir.

Le Devoir, 8 mars 1988

La prière dans les écoles

Cinq familles de Sudbury ayant des convictions religieuses différentes ont contesté l'usage de la prière dans les écoles publiques ontariennes jusque devant la Cour d'appel de l'Ontario cette année. Verdict de cet appel à un jugement préalable de 1986: cette habitude contrevient à la Charte canadienne des droits et des libertés.

Autrement dit, à moins qu'un verdict différent obtenu en Cour suprême du Canada si la décision est portée en appel, il faudra cesser de dire le *Notre Père* au début de la journée de classe dans les écoles publiques ontariennes.

Déjà l'argument a été émis que cette interdiction violera la liberté de comscience et d'expression des élèves et de leurs tuteurs ou parents qui tiennent à ce que la journée de clase commence par une pareille invocation religieuse.

Le droit d'une minorité — les Juifs, Musulmans, Boudhistes ou les athées — à ne pas se sentir obligés par une prière chrétienne ne sauraient prévaloir sur le besoin du grand nombre.

Or, dans un contexte de pluralisme, une autre voie s'offre, tout ausi riche que celle que le tribunal a jugé inconstitutionnelle.

Une minute de réflexion silencieuse, un court texte de la Bible ou du Coran, que sais-je encore, voilà qui devrait plutôt être offert aux élèves en début de journée.

La société ontarienne — et pas que celle-là d'ailleurs — devient de plus en plus multiculturelle. Les communautés ethniques y sont nombreuses, venues de milieux différents, atttachées à leurs valeurs propres qui sont tout aussi valables que celles des peuples dits fondateurs.

Il n'est plus possible d'imposer quoi que ce soit, mais de proposer, le plus respectueusement possible.

Pierre Tremblay

Le Droit, 29 septembre 1988

Le boycott du JOUR

Le geste de Macdonald et la "société juste" de Trudeau

M. Trudeau,

Nous venons par la présente protester avec véhémence contre les paroles et gestes de votre ministre fédéral de l'Energie, des Mines et Ressources du Canada, ce M. Donald S. MacDonald, qui a fait annuler par une agence de publicité de Toronto, trois pages de réclame publicitaire que cette dernière avait réservée dans le journal LE JOUR.

Cette réclame n'avait pour but que d'informer les citoyens sur les moyens d'économiser les ressources énergétiques; sans plus. Il n'était nullement question dans cette réclame d'appuyer les idées fondamentales du JOUR.

Il aurait dû, lui aussi, ce M. MacDonald économiser ses propres ressources énergétiques, afin de pouvoir prendre le temps (il semble que certains ministres s'acharnent à ne rien comprendre en dehors de leurs propres idées et qu'ils tiennent à garder leurs oeillères) de discerner entre une réclame publicitaire et un programme. S'il fallait que toutes les compagnies de savon ou d'automobiles se sentent responsables ou prennent à leur compte les idées, les vols de voitures, les accidents, leurs meurtres, etc... qui se déroulent au cours des programmes qu'ils commanditent, on ne verrait plus nulle part d'annonce publicitaire. Mais non, ils sont assez lucides eux, pour laisser leurs agences de publicité s'organiser avec le tout; sachant que les citoyens, peu importe la langue, la race ou la religion, savent faire la différence entre une réclame et un programme. Ce M. MacDonald semble vieux jeu, il veut encore faire l'autruche.

En plus de l'odieux de son action, votre ministre donne comme explication dans le Montréal-Matin en parlant du JOUR, qu'un tel journal ne doit pas s'attendre à la coopération du gouvernement du Canada dans ses efforts et que les contribuables ne doivent pas lui fournir de subvention. Comme si les gens qui lisent LE JOUR n'étaient pas des contribuables, comme s'ils ne payaient pas pour ces mêmes réclames. Allons donc! le ministre, arretez d'avoir mauvaise MINE en gaspillant votre ÉNERGIE en employant ces RESSOURCES. On a déjà entendu parler de gens haut placés et de compagnies aux noms similaires, que leurs écrits ne s'envolent pas en fumée; ils pensaient, paraît-il, un peu mieux.

Nous aimerions bien savoir, ce que pense votre ministre de la publicité que fait alors le Canada en Russie et de celle que font les Etats-Unis aussi. Et ces méchants Russes qui font de l'annonce chez nous et nos voisins. Et bien plus, on va pousser le comble jusqu'à contaminer notre jeunesse en envoyant des équipes de tous jeunes garçons en Russie. On a pas peur au système établi? Qu'en pense MacDonald? Peut-être s'est-il réjoui lorsque des gommes lancées, il y a quelques semaines, dans les estrades par nos petits Ontariens ont été la cause de vingt-et-un morts chez les Russes? Avis au ministre de la Défense: lancez des gommes au lieu des bombes. Oui, ces Russes qui veulent détruire notre système si bien organisé, pour les grosses poches.

Devant ce mercantilisme du ministre MacDonald, nous ne pouvons que crier très haut: "Cette intervention du ministre fédéral de l'Energie, des Mines et des Ressources du Canada, constitue une violation flagrante du droit du citoyen à l'information et un outrage à la liberté de presse."

Nous comptons donc sur vous, Monsieur le Premier ministre, afin que tous les contribuables, sans exception, soient traités comme ils doivent s'attendre à l'être, dans une **société juste**, que vous prônez depuis longtemps.

Un groupe de Manic-Trois,
L. Girard
Patrick Tcherwish
Claude Gélinas
Léo Powed
Normand Lavoie
Claude Junault
Jacques Millette
Marc Tremblay
L. Grand
Gaston Grand
R. Vincent
Pierre Bouchard
Jean-Claude Durand

Le Jour, 11 avril 1979

Téléjournal : à notre image et à notre ressemblance?

« La télévision, c'est un miroir grossissant. Alors, on peut-dire que le *Téléjournal* ressemble aux Québécois : mêmes défauts, mêmes lacunes », estime Denise Bombardier, journaliste à Radio-Canada.

« Une chose est certaine, ajoute Paul Racine, correspondant à Ottawa, c'est que nous jouons maintenant dans les mêmes ligues que les autres (CBC, CTV). »

« Il n'y a pas longtemps, dit un autre, travailler au *Téléjournal*, c'était comme pelleter le charbon dans la salle des machines pendant que les « smattes des affaires publiques » (*Télémag* et cie) admiraient le paysage sur le pont. » Maintenant, la vapeur est renversée. « Le 15 novembre 1976 a fait de nous un service essentiel! » blague un journaliste.

Le *Téléjournal* a assez d'équipement pour amuser l'École Polytechnique, de l'argent plein ses poches, le vent dans les voiles. Et dix minutes d'antenne de plus par soir (sauf l'été) pour mieux remplir son mandat de « rendre compte de la réalité canadienne ». Sans oublier celui de Radio-Canada, qui est aussi de promouvoir l'unité nationale...

Mais il n'attire pas plus de téléspectateurs que le bulletin de nouvelles de TVA. 700,000 chacun, en moyenne. Ce qui prouve... ce que vous voudrez.

Ce n'est sûrement pas faute de moyens que Radio-Canada n'écrase pas son compétiteur. Quiconque fait une déclaration importante un jour peut s'attendre à recevoir des demandes d'entrevue de cinq, six, sept journalistes de la société d'État. Pour couvrir l'important congrès du PQ, à Québec, en juin, Radio-Canada loue 200 chambres au Hilton pour loger son monde...

« Le *Téléjournal*, c'est une machine énorme. Rien n'est jamais simple ici. Tu arrives au montage quinze minutes en retard, et tu chambardes l'horaire de cent personnes! dit un cameraman. Rendu au soir, quelqu'un panique de peur que tout le bulletin de nouvelles soit en retard! »

Le *Téléjournal*, ses quelque 25 nouvelles quotidiennes, c'est près de 200 journalistes, et une armée autrement plus considérable de techniciens, patrons, employés de soutien. 33 reporters, affectés exclusivement aux nouvelles nationales, dans 9 villes canadiennes. Des correspondants à Paris, Londres, Bruxelles, Washington, et, dès l'automne, Pékin. D'autres journalistes, de treize salles régionales : quatre au Québec, neuf ailleurs au pays. Plus le film d'événements importants acheté de la télévision américaine ou du service de satellites *Visnews*. Plus les dépêches tirées des téléscripteurs des agences internationales, lues à l'écran devant une carte du sud-Liban...

Toutes les grosses organisations ont le même problème : elles s'enlisent avec une volupté coupable dans un sillon confortable et organisé dont il est presque impossible de les extraire. D'où le paradoxe : le bulletin de nouvelles (ce qui s'est produit aujourd'hui, inattendu hier, oublié demain) devient de plus en plus prévisible. On sait d'avance qu'on aura droit, le soir, aux déclarations des politiciens d'Ottawa, puis à ceux de Québec. À trois conférences de presse de Montréal, une de Toronto (généralement le Conference board). Un Paul-André Comeau devant son building à Bruxelles, la maison Blanche de Normand Lester, une « shot » de la rue Sainte-Catherine, coin de Peel (zoom-in/zoom-out sur la foule du midi) à chaque fois que Statistiques Canada commet de nouveaux chiffres sur le chômage, la pollution, le coût de la vie. Et la petite flèche du dollar qui monte qui baisse...

Censure au *Téléjournal*? Pressions politiques? Manipulation de l'information? Les journalistes disent : « Non, pas vraiment. » Croyons-les. Sensibles comme des sismographes, ils repèrent les scandales-maison avec la précision d'un vérificateur d'impôts. Mais des critiques à faire, oui, ils en ont. En voici un échantillon:

- Les journalistes sont devenus des « teneurs de micros » pour les « faiseurs de déclarations politiques ». Les « gars » d'Ottawa, Québec, Toronto ne parlent plus de leurs villes, mais de leurs politiciens. Raison avancée : l'équipement est aux parlements. On sait, le matin, qu'on y trouvera de la nouvelle.

- La télé est au service de l'élite. Le Conseil du patronat parle dans un hôtel un midi? Il passe à la télé le soir. Les syndicats kidnappent l'attention en manifestant à la porte? Ils passent à la télé. Jos Bleau ne passe jamais. Raison présumée : Jos Bleau n'a rien à dire. Raison véritable : Jos Bleau n'a pas de « tribune ».

- Un avion s'écrase à midi à Tokyo? On a des images, via satellite, le soir même. Il tombe à Sept-Îles l'après-midi? Rien à faire. Il faut expédier une équipe de Québec, retourner le film à Montréal pour développement. Il sera prêt pour le lendemain, s'il ne neige pas. Raison : les relais à micro-ondes qui émettent de Montréal fonctionnent à sens unique.

- Le *Téléjournal* est une émission d'intérêt national, mais 90 p. cent de son auditoire est au Québec. Résultat : tiraillements. Le soir des élections partielles dans Argenteuil et Jean Talon, par exem-ple : les journalistes de Québec ragent. Ils n'ont pas une minute et quart d'antenne, « parce qu'on a un film de trois minutes sur les inon-dations au Manitoba ». Ce genre de chicane reprend chaque soir.

Qu'est-ce qui est d'intérêt national? Régional? Local? La rue Saint-Jean est bloquée tout le printemps à Québec. Seuls les Québécois l'apprennent. Les gens de Rimouski qui lisaient surtout le *Soleil* et *Montréal-Matin* (RIP) n'ont presque pas entendu parler des grèves dans « leurs » journaux, traitées séparément aux bulletins régionaux de Québec, et Montréal... « Il faudrait peut-être un « vrai » bulletin provincial, suggère quelqu'un.

Radio-Canada ne prend pas ses nouvelles où elles se produisent, mais là où elle a de l'équipement. Elle a des reporters francophones à Régina, pas au Saguenay.

Autant que celui de la « réalité canadienne », son *Téléjournal* est le reflet de sa structure opérationnelle.

L'Actualité, juillet 1979

6. CONCLUSION

En tant que pratique sociale, l'argumentation suppose une double compétence : une compétence logico-linguistique et une compétence contextuelle.

Ces compétences font l'objet d'un apprentissage qui peut être le résultat d'une sorte d'expérience vitale -- on vit dans un milieu donné avec ses institutions, ses façons de faire et de penser, ses croyances et ses préjugés; par le simple fait d'être là, modérément éveillé, cet apprentissage se fait.

Cette expérience vitale, ou encore cette familiarité avec le milieu nous permet de nous engager dans toutes les transactions interindividuelles définitoires de ce milieu. En particulier, elle nous permet de nous engager dans les transactions argumentatives. Elle nous permet d'accepter, de rejeter ou de modifier les argumentations qui s'offrent à nous tous les jours. Elle nous permet de faire l'économie des raisons, de les supposer (parce qu'elle sont connues et évidentes) et de les rendre explicites. Elle nous permet de supposer que telle information peut intéresser notre interlocuteur. Enfin, elle nous autorise à tenir tels savoirs et tels savoir-faire comme des savoirs et savoir-faire **fondamentaux** et **obligatoires** et tels autres comme des savoirs et savoir-faire facultatifs qui n'intéressent pas tout le monde. Nous apprenons quoi faire et comment faire dans ce milieu social commun.

Mais cet apprentissage peut être -- et, dans les faits, il est -- l'objet d'interventions d'un autre ordre où le contexte est défini comme champ de spécialisation. Les principes contextuels qui lient les raisons et les conclusions sont dès lors l'objet d'apprentissage dans les champs spécialisés : la science, le génie, la médecine, le droit, mais aussi la menuiserie, le jardinage, etc.

D'un champ à l'autre, ces principes ne sont pas les mêmes. C'est pourquoi ce qui compte comme raison ou relation argumentative dans un champ ne compte pas nécessairement de cette façon dans un autre champ. Il faut savoir que le propos « il est fou » compte différemment selon que le champ discursif est celui du droit, de la psychologie ou de l'échange quotidien. De même, il faut savoir, par exemple, que le raisonnement analogique n'est pas très prisé en économie.

Néanmoins, quel que soit le champ de l'argumentation -- science, politique, médecine, éducation, moralité, esthétique, horticulture --, il est possible de dégager dans une argumentation :

- les raisons;
- les conclusions;
- les modalités;
- les relations argumentatives et (jusqu'à un certain point) les présuppositions qui les fondent.

Toute argumentation comprend ces éléments, mais ceux-ci sont « actualisés » différemment d'un champ à l'autre.

6.1 Raison et raisons

Les expressions telles que :

« Logiquement, c'est très correct, mais [...]. »;

« Je vois bien ce que vous voulez dire, toutefois [...]. »;

ou encore :

« C'est très clair, c'est très exact, néanmoins [...]. »

conduisent à demander comment les refus d'une argumentation indiqués par **mais**, **toutefois**, **néanmoins** peuvent se faire. Si une argumentation **tient**, comment se fait-il qu'elle n'est pas acceptée? qu'elle ne produit pas son effet? Évidemment, si l'argumentation tient et l'interlocuteur la reconnaît comme telle (c'est le sens de « Logiquement, [...]. »), il ne peut être question de la compétence des interlocuteurs; c'est plutôt le lieu dans lequel la transaction argumentative se produit qui est en cause. Car il suffit que les interlocuteurs soient dans des univers discursifs différents pour que l'argumentation ne produise pas son effet, ou que les valeurs et les priorités qui définissent ce lieu soient conflictuelles ou même autres, pour que les « raisons » offertes soient disqualifiées. C'est ainsi, par exemple, que l'homme politique peut être insensible à l'argumentation de l'homme d'affaires ou l'amateur d'art à celle des critiques d'art spécialisés et le spécialiste à celle de l'amateur. Pour mieux illustrer l'importance du « lieu de la transaction », voici deux autres exemples :

Pierre : « Depuis la dernière guerre, la productivité de l'ouvrier canadien a augmenté, il y a plus de biens et de services et alors la qualité de la vie est supérieure à ce qu'elle était en 1945. »

Claude : « Tu présupposes qu'un plus grand nombre de biens et de services produit nécessairement une meilleure qualité de vie. »

Pierre : « Bien sûr. Comme le disait le sociologue Daniel Bell, plus la tarte est grande, plus il y a de morceaux, et la vie est d'autant plus agréable. »

Claude : « Pour moi, la question de la distribution de ces produits est plus importante que leur quantité; il faut que la richesse produite par la collectivité revienne de fait à la collectivité. Ici, au Canada, la distribution de la richesse collective est très inégale. Mais je ne crois pas que le nombre de produits et la qualité de la vie soient liés comme tu le voudrais. »

L'argumentation de Pierre est logique et tient si l'on admet que les produits et le bonheur (qualité de vie) sont liés comme il le pense. Claude n'accepte pas la conclusion qui dit que **la qualité de la vie a augmenté**, parce qu'il n'accepte pas la présupposition. Il refuse cette argumentation à la lumière d'autres présuppositions : **la qualité de la vie est une question de distribution des biens et des services**. Il s'agit de valeurs et de priorités différentes.

Ou encore :

Claude : « J'ai lu à peu près tout sur les voitures; l'argumentation de ***Protégez-vous*** et celle des écologistes m'ont convaincu : j'achète la petite voiture italienne, l'Innocenti. »

Pierre : « C'est très bien, mais je préfère le confort et les performances de ma BM. »

6.2 Une raison commune

Les univers de discours, les valeurs et les priorités de chacun déterminent l'admissibilité des raisons et donc l'efficacité de l'argumentation. Dès qu'il y a confusion à l'égard du lieu de l'argumentation ou conflit de valeurs ou de priorités, une argumentation peut ne pas produire son effet.

S'il est vrai que les valeurs et les priorités relèvent de la conscience individuelle, qu'elles sont **choisies** et, par là, qu'elles échappent à la discussion -- *de gustibus et coloribus non est disputandum* --, il n'en est pas moins vrai que les règles de la transaction argumentative sont telles que le refus d'une argumentation, quelle qu'elle soit, n'est raisonnable que dans la mesure où les raisons de ce refus deviennent elles-mêmes objets d'examen, c'est-à-dire dans la mesure où elles deviennent objets d'échange. C'est de cette façon et à cette condition que, dans la transaction argumentative, nous pourrons construire ensemble une **raison** et un **monde communs**. Autrement dit, notre société maintient d'une façon principielle, sans pour autant mettre en doute la spécificité des univers discursifs ni celle des options individuelles, que la **raison** doit traverser tous les univers et toutes les options pour qu'il y ait interaction sociale et communication.

Ce que nous savons faire

1. Nous savons reconnaître (et reconstituer) l'**organisation discursive** d'un discours (texte ou conversation). En particulier,

1.1 Nous savons reconnaître ce que le discours **fait** (raconter une histoire, rapporter des faits, des nouvelles, décrire quelque chose ou un procédé, présenter (exposer) une thèse, une idée, argumenter, commenter, commander, exhorter, demander, dénoncer, critiquer, analyser, expliquer, promettre, refuser, interroger, etc.).

1.2 Nous savons reconnaître ce que **les éléments du discours font les uns aux autres** (circonstancier, nuancer, restreindre, préciser, éclaircir, commenter, motiver, expliquer, etc.).

Autrement dit,

1.3 Nous savons reconnaître les **éléments nucléaires** et les **éléments satellites** et les **rapports** qui les lient ensemble.

1.4 Nous savons faire la **représentation graphique** de l'organisation discursive (EN et ES, et leurs rapports).

2. Nous savons reconnaître l'**organisation informationnelle** d'un discours (texte ou conversation). En particulier,

2.1 Nous savons reconnaître le **thème principal** et le **propos principal**.

2.2 Nous savons reconnaître les **thèmes** et les **propos secondaires**.

2.2.1 Par le fait même, nous savons reconnaître les informations **supposées** (anciennes) et les informations **posées** (nouvelles).

2.3 Nous savons faire le **plan thématique** d'un discours.

3. Nous savons reconnaître la **qualité** des informations supposées et posées. En particulier,

3.1 Nous pouvons reconnaître les informations qui sont **indéterminées** ou **ambiguës.**

3.2 Nous pouvons reconnaître les informations qui sont **indéfinies** ou **floues.**

3.3 Nous pouvons reconnaître les stratégies de valorisation.

4. Nous savons reconnaître les **présuppositions** d'un discours. En particulier,

4.1 Nous savons reconnaître les **présuppositions linguistiques.**

4.2 Nous savons reconnaître les **présuppositions factuelles.**

4.3 Nous savons reconnaître les **présuppositions situationnelles.**

5. Nous savons reconnaître ce qui est **sous-entendu** et ce que le discours **laisse entendre**.

6. Nous savons différencier le **discours argumentatif** des autres types de discours. En particulier,

6.1 Nous savons différencier les **raisons** et les **conclusions**;

6.2 Nous savons différencier les raisons **principales** et les raisons **secondaires**; les conclusions **principales** et les conclusions **secondaires**.

7. Nous savons reconnaître les **modalités** qui changent la portée ou la force de la conclusion.

8. Nous savons reconnaître les **relations argumentatives**.

9. Nous savons reconnaître les **présuppositions** mises en jeu dans une transaction argumentative de manière explicite ou seulement sous-entendue.

10. Nous savons reconnaître ce que le locuteur **laisse entendre** dans une transaction argumentative.

11. Nous savons reconnaître le **parcours argumentatif** aménagé par le locuteur; nous pouvons le suivre.

11.1 Nous savons faire la **représentation graphique** de ce parcours ou le **plan logique** de l'argumentation.

12. Nous savons repérer les **maladresses** dans une transaction argumentative; nous savons déterminer ses **forces** et ses **faiblesses**, c'est-à-dire en faire l'**examen critique.**

Le papier utilisé pour cette publication satisfait aux exigences minimales contenues dans la norme American National Standard for Information Sciences - Permanence of Paper for Printed Library Materials, ANSI Z39.48-1992.

ACHEVÉ D'IMPRIMER
EN AVRIL 2013
PAR MARQUIS IMPRIMEUR
MONTMAGNY (QUÉBEC)